改訂

NBA

新 オフィシャル・カクテルブック

OFFICIAL COCKTAIL BOOK

一般社団法人 日本バーテンダー協会／編著

柴田書店

はじめに

　本書は、2009 年に N.B.A. が創立 80 周年を迎える記念事業として出版した、「NBA 新オフィシャル・カクテルブック」を改訂し、発刊するものです。

　N.B.A. は、昭和のはじめより日本の洋酒飲料文化の発展とカクテル・ムーブメントの推進に力を注いできました。1929 年に機関誌「The Drinks」を発刊。1936 年には我が国初のオフィシャル・カクテルブック「大日本基準コクテール・ブック」を出版しました。

　1962 年にはアジアで最も早く国際バーテンダー協会 [IBA：International Bartenders Association] に加盟、以来、世界のカクテル競技の中で最も権威ある大会「ワールド・カクテル・チャンピオンシップス (WORLD COCKTAIL CHAMPIONSHIPS)」に出場する代表選手の選考会を毎年開催し、その重責を担ってきました。

　このように、黎明期より我が国の洋酒飲料文化の礎を担ってきた当協会には膨大な資料やノウハウ、世界基準の情報がふんだんに蓄積されています。

　本書は、内外より多大な賞賛を得た「NBA オフィシャル・カクテルブック (1990 年刊)」および「新版 NBA オフィシャル・カクテルブック (1994 年刊)」を継承しつつ、世界のカクテル飲料事情を包括的に考察し、より現代にふさわしい内容に改めたものであります。

　本書は、カクテルの主要材料である酒類の基本知識や、プロフェッショナル・バーテンダーの日常業務に必要なユーザビリティー情報など、目まぐるしく移ろう世界のカクテル・ムーブメントにおいて、現代のバーテンダーにもとめられる新知識をコンパクトに網羅しました。さらには N.B.A. が開催するカクテル・コンペティションや世界大会の優勝カクテルも掲載しています。

　今日、我が国のカクテルづくりはより洗練され独自の文化を形成しています。カクテルはつくり手の知識と感性、技術によりデリケートな違いを見せます。

　美味しさを探究するには正しい知識と技能が必要となります。技法は道理に適った基本技術を身につけ研鑽することで生まれる知恵です。

　N.B.A. は未来に向け、日本の素晴らしい伝統と芸術を融合させ、西洋と東洋の調和をはかり、カクテルづくりの新たなるグローバルスタンダードを構築してまいります。本書が、すべてのカクテル愛好者とプロのバーテンダーにとっての基本教書としてご活用いただけることを願っております。

平成 28 年 9 月
一般社団法人　日本バーテンダー協会

Contents

カクテルの基本技術―1 ［カラー］

- 10 **カクテルの4技法**
  シェーク…10　ステア…13　ビルド…15　ブレンド…15
- 16 **その他の基礎技術**
  メジャー・カップの持ち方と注ぎ方…16　グラス・チルド…17
  複数のグラスに注ぐ方法…17　アイス・ピックの使い方…18
  グラスの拭き方…19
- 20 **バー・ツール**
- 22 **グラス**
- 24 **氷**

カクテルの知識と技術

- 26 **1. カクテルとは**
  カクテルの歴史…………26
  ミックス・ドリンクの分類…………28
  カクテルのT.P.O.…………31
- 33 **2. カクテルの基本技法**
  カクテルの4技法…………33
  フレアバーテンディング…………35
  カクテルの度量衡…………37
  カクテルのアルコール度数…………40
  カクテルのデコレーションとガーニッシュ…………42
- 44 **3. バー・ツール**
  カクテル調整器具…………44
  氷関連器具…………46
  カクテル提供器具…………46
  カクテルのグラス…………47

カクテルの基本材料

- 52 **1. 酒類**
  酒類の定義…………52
  エチルアルコールについて…………53
  酒類の分類…………53

酒の熟成……………55
◎ウイスキー……………58
ウイスキーの歴史……………58
スコッチ・ウイスキー……………61
アイリッシュ・ウイスキー……………63
アメリカン・ウイスキー……………63
カナディアン・ウイスキー……………65
日本のウイスキー……………65
◎ブランデー……………67
ブランデーの歴史……………67
グレープ・ブランデー……………67
フルーツ・ブランデー……………70
◎ジン……………72
ジンの歴史……………72
ジンの種類……………72
◎ウオッカ……………74
ウオッカの歴史……………74
ウオッカの種類……………75
◎ラム……………76
ラムの歴史……………76
ラムの種類……………77
◎テキーラ……………78
テキーラの種類……………79
◎アクアビット……………80
◎コルン……………80
◎アラック……………81
◎焼酎（しょうちゅう）……………81
◎その他のスピリッツ……………82
◎リキュール……………82
リキュールの歴史……………82
リキュールの製法……………83
リキュールの種類……………83
◎ワイン……………88
ワインの歴史……………88
ワインの種類……………89
ワインの法的規制……………91
ヴィンテージ……………95
◎ビール……………95

ビールの製法…………95
ビールの種類…………96
◎清酒…………97
清酒の製法…………97
清酒の種類…………98
◎その他の醸造酒…………98

99　2. ソフト・ドリンク
清涼飲料…99　炭酸飲料…100　果実飲料…100　乳および乳性飲料…100
その他（嗜好飲料）…101

102　3. 副材料
ハーブ、スパイス類…102　野菜類…102　フルーツ類…103
砂糖、シロップ…103　その他…104　氷…104

カクテルの基本技術―2［カラー］

106　副材料
ハーブ、スパイス類…106　野菜、フルーツ…107
シロップ類、蜂蜜…108　塩…109　砂糖…109　乳製品、卵…109
ソフト・ドリンク…110
コーヒー、紅茶、ココア…110

111　フルーツの技法とデコレーション
オレンジのくし形切り…111　オレンジの果肉を切り出す…111
ホーセズ・ネック…112
レモン・スライスでつくるニコラシカのデコレーション…112
リンゴの皮をむく…113　パイナップルを切る…113　オリーブ…113
チェリー…113　スクイーザーの使い方…114　ピールの技法…114

115　塩や砂糖を使うグラス・デコレーション
スノー・スタイル…115　コーラル・スタイル…116
ウェーブ・スタイル…116

カクテル・レシピ―1

117　◎ショート（ベース別）
ウイスキー・ベース…118　ブランデー・ベース…126
ジン・ベース…137　ウオッカ・ベース…156
ラム・ベース…161

テキーラ・ベース…168　リキュール・ベース…170
アクアビット・ベース…176　ワイン・ベース…177

カクテル・レシピ—2

183　◎ロング（スタイル別／ビール・ベース／その他／ノン・アルコール・ドリンク）
　　バック…184　コブラー…185　コリンズ…186　クーラー…188
　　クラスタ…192　カップ…193　デイジー…194　エッグ・ノッグ…195
　　フィックス…197　フィズ…198　フリップ…203　フラッペ…204
　　フローズン・スタイル…205　ハイボール…208
　　ホット・ドリンク…210　ジュレップ…213　オン・ザ・ロック…215
　　プース・カフェ…221　パンチ…223　リッキー…226　サンガリー…227
　　スリング…228　スマッシュ…230　サワー…232　スウィズル…234
　　トディー…235　ビール・ベース…236　その他…238
　　ノン・アルコール・ドリンク…250

253　全国バーテンダー技能競技大会　総合優勝作品／
　　世界大会　優勝作品［カラー］

278　五十音順索引
292　アルファベット順索引
305　ベース別索引

撮影　　　　　髙橋栄一、海老原俊之
装丁　　　　　矢内　里
本文デザイン　石山智博
編集　　　　　長澤麻美

1 本書のカクテル・レシピは、ショート・ドリンク（狭義のカクテル）はベースの酒類別に、ロング・ドリンクはカクテルのスタイル別、ビール・ベース、その他、ノン・アルコール・ドリンクの順にまとめた。

2 ショート・ドリンクのグラスは、原則として90ml容量のカクテル・グラスを使用。ロング・ドリンクは使用グラスを明示した。グラスの標準的な容量は、カラー頁(p.22～23)で解説している。

3 使用材料の分量表記は、原則としてショート・ドリンクは分数で、ロング・ドリンクはmlで表記している。卵を使用するショート・ドリンクは、卵を除いた他の材料の割合を分数表記した。また、tsp.(ティー・スプーン)、dash(ダッシュ)なども全量にプラスするものとした。

4 カクテルづくりの技法を以下のように記号で表記している。

シェーク　　ステア　　ビルド　　ブレンド

カクテルの
基本技術―1

Basic Techniques

カクテルの4技法
その他の基礎技術
バー・ツール
グラス
氷

カクテルの4技法

　パンチなど少数の例外はあるが、ほとんどのカクテルは、シェーク(Shake)、ステア(Stir)、ビルド(Build)、ブレンド(Blend)の4種の方法によってつくられる。カクテルによっては、シェークした材料をグラスに注ぎ入れ、さらにプレーン・ソーダなどを加えてビルドする、といったように、2種類の技法を使ってつくるものもある。

シェーク Shake

　シェークの技法は、シェーカーに材料と氷を入れ、シェーカーを強く振って混ぜる。ジュースなど混ざりにくい材料を急速に混ぜ合わせたり、アルコール度数の高い酒のカドをなくして(刺激を抑えて)飲みやすくするのがシェークの目的だが、シェーキングの強さ、振る回数などは、使用材料の性質や使用量によって加減することが大切だ。

■ シェーカーに材料を入れる順序

　材料をシェーカーに入れる順序は、ベースになる酒から入れるという考え方と、逆に副材料から入れていくという考え方があるが、基本的には、レシピに記載されている順序(現在のカクテルブックではベースから順に記載している例が多い)に従って入れるほうが、カクテルの構成、特徴などを把握しやすいといえる。現在、日本バーテンダー協会が開催するカクテル・コンクールでは、材料を入れる順序は自由とし、採点の対象としていない。
　氷はボディーの8～9分目まで、十分に入れる。

■ ストレーナー、トップのかぶせ方

　ストレーナーとトップは右手で一緒に持つが、このときあらかじめトップを少し浮かせるようにしておく(写真①)。ボディーに所定の材料、氷を入れ終わったら、まずストレーナーをしっかりとボディーにはめ(写真②)、次いでトップをかぶせる。再びトップをはずして空気を抜き(写真③)、再びかぶせる(写真④)。ストレーナーとトップを一緒にボディーにかぶせると、シェーカー内部の空気圧が高くなり、シェーキング中にストレーナーがはずれ、液漏れの原因となることがある。

1　　　　　　2　　　　　　3　　　　　　4

■ シェーカーの持ち方、構え方

　右利きの人の場合、右手の親指でシェーカーのトップを押さえ(写真①)、中指と薬指の間、または薬指と小指の間にボディーを挟み、人差し指や中指でシェーカーを支える。左手は、中指(または中指と薬指の2本)の第一関節から先をボディーの底にまわし、親指でストレーナーを押さえ、人差し指と薬指(または小指)でボディーを挟む(写真②)。
　指や手のひらを必要以上にシェーカーに密着させると、手の熱がシェーカーに伝わって氷を溶けやすくするので注意する。左利きの人は、左右の手を逆にする。

1　　　　　　　　　　　2

■ シェーカーの振り方

　シェーカーを胸の前の位置に構え、斜め上に突き出し、元の位置に引き、次に斜め下に突き出して、また元の位置に持ってくる二段振り（写真①〜④）と、構えてからそのまま前方に突き出して引くピストン運動を繰り返す一段振りなどの振り方がある。

　シェーキングのスタイルは個人の体型等に合わせて工夫するが、手首のスナップをきかせ、リズミカルで見た目に美しいシェーキングを身に付けたい。シェークする時間は、シェーカーを持った手の指先が冷たくなり、シェーカーの表面が霜の降ったような感じに白くなるあたり、回数にして15、16回が適当だが、卵や生クリームなど特に混ざりにくい材料を使うときは、この倍近くシェークする。また、大型のシェーカーで一度に多人数分のカクテルをシェークする場合も、回数を増やしてよく混ぜる。シェーキングが終われば、トップをはずし、人差し指でストレーナーを押さえながらグラスに注ぐ。

1　胸の前の位置に構え、

2　斜め上に突き出し、

3　スナップをきかせ、

4　また元の位置に戻す（次に斜め下に突き出して同様にスナップをきかせ、戻す）。

ステア *Stir*

　ステアの技法は、ミキシング・グラスに材料と氷を入れ、バー・スプーンで手早くかき混ぜ、ストレーナーをミキシング・グラスにかぶせて、あらかじめ用意したカクテル・グラスなどに注ぐ。スピリッツとベルモットなど、比較的混ざりやすい材料をミックスしたり、材料の持ち味を生かして仕上げたいときに行なう。

■ バー・スプーンの持ち方、入れ方

右手の手のひらを上に向け、中指と薬指の間にバー・スプーン中央のらせん状の部分を軽く挟み、親指と人差し指を上部に添える。親指と人差し指はバー・スプーンが倒れない程度に軽く支え、中指の腹と薬指の背側でスプーンを時計回りに回転させる。

バー・スプーンの背の方を上にしてミキシング・グラスに入れる。スプーンの背が常に外側を向いているように、グラスの内側に沿って回転させる。スプーンをグラスから抜くときも、背を上にしてアーチを描くように抜き取る。

■ ステアの手順

1
材料を入れる前に、ミキシング・グラスに氷と水を入れ、軽くステアして水気を切る(ミキシング・グラスを冷やし、氷の角や霜を取る)。

2
材料を注ぎ、バー・スプーンを入れてステアする。このときもう一方の手の指先でミキシング・グラスの下部を押さえる。グラスの注ぎ口は、ステアが終わってスピーディーに注げるように、あらかじめ左側(右利きの人の場合)に向けておく。

3
ステアが終わったらバー・スプーンを所定の場所に置き、ストレーナーをミキシング・グラスにはめる。ストレーナーは人差し指でしっかりと押さえ、注ぐときにミキシング・グラスからはずれないようにする。

4
カクテル・グラスなどの下部に左手(右利きの人の場合)の指先を添えてグラスを支えながら注ぐ。

ビルド Build

　ビルドの技法は使用グラスに直接材料や氷を入れて仕上げ、そのまま提供する方法。もっとも幅広く使われている技法だが、材料を入れる順序によっては（比重の関係で）うまく混ざらない場合がある。また、プレーン・ソーダなど発泡性の材料を加えるときは、混ぜ過ぎてガスを逃がしてしまうことがあるので注意したい。

■ フロート、プース・カフェ

1
使用する（客に供する）グラスに直接氷を入れ、材料を注ぎ入れる。

2
バー・スプーンでステアするなどして、カクテルを仕上げる。プレーン・ソーダなど発泡性の材料を使う場合は、ステアの回数を軽く1〜2回転にとどめ、混ぜ過ぎてガスが抜けてしまわないように注意する。

材料を他の材料の上にフロートさせたり、プース・カフェなどのように重ねて注ぐときは、バー・スプーンの背を使って静かに注ぎ入れる。

ブレンド Blend

　ブレンドの技法は、バー・ブレンダー（ミキサー）を使って強い力で混ぜる方法。アメリカでは、さまざまなカクテルづくりに用いられているが、わが国では、フローズン・カクテルや、フレッシュ・フルーツを混ぜ込むカクテルなどに主として使われる。バー・ブレンダーのカップに材料とクラッシュド・アイスを入れて高速回転させる。硬めのシャーベット状にしたり、液状にしたりと、カクテルの硬さは使うクラッシュド・アイスの量によって加減する。

その他の基礎技術

メジャー・カップの持ち方と注ぎ方

材料をメジャー・カップに注ぐときは、ボトルのキャップを親指と人差し指の付け根部分に挟んだまま、メジャー・カップを持つ。誤ってカップから材料が溢れてもシェーカーやグラスに入らないように、カップはシェーカーなどからやや離して手前に保持する。

メジャー・カップは、人差し指と中指で挟むようにして持つ。人差し指をメジャー・カップのくびれた部分の手前に添え、中指は向こう側に添える。薬指と小指は、写真のように中指と同じ側に添えるか、人差し指と同じくメジャー・カップの手前に添える。

シェーカーなどに材料を入れるときは、手首を向こう側にひねってメジャーカップを傾け、注ぎ入れる。ボトルのキャップは挟んだまま。

グラス・チルド

　ショート・ドリンクの使用グラスは、あらかじめ氷を入れて冷やしておく。より しっかりと冷やすためにはバー・スプーンでステアする。氷と溶け出した水を切る。

複数のグラスに注ぐ方法

　日本バーテンダー協会が主催する全国バーテンダー技能競技大会の競技規定では、選手は一度に5杯分のカクテルをつくることになっており、並べた5個のグラスに順に注ぐ。その場合、1杯目から4杯目までのグラスに5分目ずつ注いでいき、最後の5杯目のグラスには9分目まで(1杯分)注ぐ。次いで4杯目、3杯目と順に戻りながら、それぞれのグラスに9分目まで注いでいく。

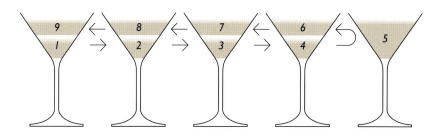

アイス・ピックの使い方

■ アイス・ピックの持ち方

アイス・ピックは、通常薬指1本で握るような気持ちで持ち、親指と人差し指で支える。中指と小指は、添える程度で力を入れない。ピックの先端は、手のひらから2cm程度出す。

■ 氷の割り方

1

ブロック・オブ・アイスを割るときは、氷の目に沿って直線に、ピックの先を小刻みに打ち込んでいく。大きい氷を割る場合は、アイス・ピックは柄の部分を持ってもよい。

2

片手で持てる大きさになったら、アイス・ピック自体の重さを利用して割るつもりで打ち込んでいき、あまり力を入れない。

3

手のひらに収まる大きさになったら、右手の手のひらの下部を、左手の手のひらに打ち付けるようにする。

＊目的の大きさに割った氷は、水洗いして角を取り、溶けにくくして使用する。

グラスの拭き方

　グラスは、中性洗剤で汚れを落とした後、汚れていない水または温湯で十分にすすぎ、伏せてしずくを切る。次に、麻または麻と綿混紡の専用グラス・タオルでていねいに拭き上げる。

■ グラスを拭く手順

1

2つ折りにしたグラス・タオルの両端を持って広げ、

2

左手の親指に、端を一巻きするようにする。右手でグラスを持ち、グラス・タオルを持った左手の手のひらに当ててグラスの下を握る。

3

右手でグラス・タオルのもう一方の端を持ち、グラスの中に詰めていく。

4

グラスの底まで詰めたら、右手の親指をグラスの中に入れ、残りの4本の指はグラス・タオルの外側からグラスを押さえ、左右の手を交互に逆方向に回してグラスを拭く。

＊拭き終わったら、グラスの下部を持って、所定の場所に収納する。

バー・ツール

グラス・タオル

①アイス・ピック　②アイス・トング

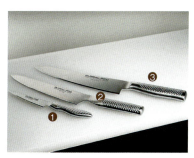

①ペティ・ナイフ　②牛刀　③牛刀

スクイーザー

①シェーカー
②ボストン・シェーカー
③バー・ブレンダー(ミキサー)
④ミキシング・グラス
⑤ストレーナー
⑥バー・スプーン
⑦メジャー・カップ
⑧ビターズ・ボトル
⑨缶切り
⑩ポアラー
⑪ソムリエ・ナイフ(バーテンダーズ・フレンド・ナイフ)
⑫バーズ・ネスト
⑬ペストル

ウイスキー・グラス	ウイスキー・グラス	リキュール・グラス	リキュール・グラス	シェリー・グラス	サワー・グラス
Whisky Glass シングル(30ml)用のグラス	Whisky Glass ダブル(60ml)用。容量は90mlある	Liqueur Glass 容量は 30 〜 45ml のものが一般的	Liqueur Glass ブース・カフェに向いたデザイン	Sherry Glass 一般的に、容量は75ml程度	Sour Glass 120mlが標準。平型のものもある

グラス

ワイン・グラス	ワイン・グラス	ゴブレット	ブランデー・グラス	オールドファッションド・グラス	6 オンス・タンブラー
Wine Glass 白ワイン用。容量150ml程度のもの	Wine Glass 赤ワイン用。容量200ml程度のもの	Goblet 容量300mlが標準だが、より大型も	Brandy Glass 容量180ml〜300ml。香りを利きやすい	Old Fashioned Glass 180ml 〜 300ml	6oz. Tumbler 180mlの小型タンブラー

　カクテルは、それにふさわしいグラスに注がれたとき、さらに味わいを増す。

　グラスは、底の平らなグラス（平底型グラス）と脚（ステム）の付いたグラスに大別できる。一般的に、平底型グラスはカジュアルな雰囲気、脚付きグラスはフォーマルな雰囲気の場で使用されることが多い。また、ガブ飲みが不適当なアルコール度数の高い酒や濃い風味の酒には小さいグラスを、ビールなど度数の低い酒やロング・ドリンクには大きい

カクテル・グラス
Cocktail Glass
容量90ml。材料60mlでちょうどいい

カクテル・グラス
Cocktail Glass
もっとも一般的な逆三角形

大型カクテル・グラス（マティーニ・グラス）
Large Cocktail Glass
容量120ml〜150ml

シャンパン・グラス
Champagne Glass
ソーサー型。容量120mlが標準

シャンパン・グラス
Champagne Glass
フルート型。ガスが逃げにくい

8オンス・タンブラー
8oz. Tumbler
わが国では、もっとも使われている

10オンス・タンブラー
10oz. Tumbler
IBAの標準グラスになっている

コリンズ・グラス
Collins Glass
300ml〜360ml。別名トール・グラス

ジョッキ
Jug
大型ビール・ジョッキ、小型のワイン・ジョッキなど

パンチ・カップ
Punch Cup
パンチ用。容量200ml程度

グラスを使う。いずれもグラスいっぱいに注がず、飲みやすいように上部を少し余しておきたい。
　グラスの材質は、透明感のあるクリスタルがカクテルの色彩をもっとも美しく見せる。色彩を愉しむことも酒の与えてくれる大きな喜びのひとつなので、グラスの材質、カットなどの装飾には注意が必要。色付きガラスの製品は、一般的にカクテルのグラスとしては適当でないと考えたほうがいいだろう。

氷

━氷の大きさ、形状

　氷は、カクテルづくりの必需品といってもいい。それだけに、硬くて透明度の高い良質の氷を使うようにしたい（白い気泡が入っている氷は柔らかく溶けやすい）。氷店が扱っている工業的に製造された機械氷を割って使うのがもっともいいが、最近では、業務用の製氷機でも、硬度の高い氷をつくれるものが出てきている。
　カクテルに使う氷の大きさは各種あり、レシピで氷の大きさを指定している例も多い。大きい順に記すと下記のようなものがある。

①ブロック・オブ・アイス（Block of Ice　1kg以上の大きさ）
②ランプ・アイス（Lump Ice　握りこぶし大の氷塊）
③クラックド・アイス（Cracked Ice　直径3〜4cmほどに割った氷）
④キューブド・アイス（Cubed Ice　1辺が3cmほどの立方体の氷）
⑤クラッシュド・アイス（Crushed Ice　小さな粒状に砕いた氷）
　チップド・アイス（Chipped Ice　粉々にした氷）
　シェーブド・アイス（Shaved Ice　わが国でいうかき氷）

カクテルの知識と技術

Knowledge and Technique

カクテルとは
カクテルの基本技法
バー・ツール

1 ── カクテルとは

　カクテル(Cocktail)は、通常、「数種の酒、果汁、薬味などを混ぜ合わせた飲料」のことと考えられている。
　単一の酒類や果汁、清涼飲料水などをそのまま飲むストレート・ドリンク(Straight Drinks)に対して、いくつかの材料を混ぜ合わせた飲料をミックス(ミクスト)・ドリンク(Mixed Drinks)と呼ぶが、カクテルは、このミックス・ドリンク全般を指す言葉として使われている(広義のカクテル)。アルコールの有無に関わりなく、2つ以上の材料を混ぜ合わせてつくる飲み物が、広い意味でのカクテルなのだ。
　また、カクテルは「主としてカクテル・グラスに入れて、短時間で飲むミックス・ドリンクの一種。いわゆるショート・ドリンク」といった、より狭く限定した意味の言葉としても使われている。後に触れるように、使用材料やつくり方で、ミックス・ドリンクはフィズ(Fizz)、コリンズ(Collins)、サワー(Sour)など、いくつかの共通したスタイルを持つものに分けることができるが、カクテルは、このスタイルのひとつを表す言葉でもある(狭義のカクテル)。

■■ カクテルの歴史

　Cocktailを日本語に直すと「おんどりの尾」となるが、なぜミックス・ドリンクがこのような名前で呼ばれるようになったのかについては、諸説があって定かではない。
　材料を混ぜるのに使った木の根が鶏の尾の形で、誤って飲み物の名前として伝えられた、あるいは鶏の羽根を使って材料をミックスしたというように、鶏または鶏の羽根が関わっているとする説が、当然ながら多い。アメリカ独立戦争の戦勝祝いにつくったミックス・ドリンクに、反独立派の家で飼っていたおんどりの尾を飾って喝采を浴びたという、アメリカの建国の歴史に結び付けた話もある。また、あるミックス・ドリンクをつくった男(またはその娘)の名からとったなど、人物名に由来するとする説も数多く残されている。いずれも伝説の域を出ないが、カクテルに興を添える物語として楽しまれている。
　酒になんらかの材料を混ぜて飲むことは、かなり古い時代から行なわれていた。紀元前のエジプトでは、ビールに蜂蜜やナツメヤシのジュースを加えて飲んでいた、と伝えられている。また、ギリシャやローマでは、ワインを海水、泉の水などで割って飲んでいた。7世紀半ばの唐には、ワインに馬乳を混ぜた乳酸飲料があったことが知られているし、中世ヨーロッパの人々は、冬になると、ワインにスパイスを加え、温めて飲んでいた。このホット・ワインの伝統は、フランスのヴァン・ショ

ー(Vin chaud)、北欧のグレッグ(Glögg)などの形で現在も生きている。

17世紀後半になると、インドで考案されたといわれるパンチ(Punch)が東インド株式会社の社員などを通じてイギリスにもたらされ、家庭でも飲まれるようになっていった。パンチ(近代インド語で5を意味するPanchが英語に転訛したものといわれる)は、インドの蒸溜酒アラックに砂糖、ライム、スパイス、水をミックスした飲み物だった。

1855年に出版されたサッカレーの小説『ニューカムズ』には、ブランデー・カクテルが話題になる描写があり、この時代のイギリス社交界で、カクテルと呼ばれる飲料が飲まれていたことがわかる。ちなみに、カクテルという名称が使われたもっとも古い事例は、1748年にイギリスで出された『ザ・スクァイア・レシピーズ(The Squire Recipes)』という小冊子だとされている。

現在のような、氷で冷やすカクテルが本格的につくられ始めたのは、1870年代、ドイツのカール・フォン・リンデ(Karl von Linde)によって製氷機が発明され、四季を通じて氷が手に入るようになってからのこと。こうした現代的なカクテルは、20世紀初頭、多民族国家であり、まだ固定した飲酒文化の伝統を持たないアメリカで誕生し、大きく成長していった。既製の形式にとらわれない自由なアメリカ生まれの飲料であるカクテルは、やがてヨーロッパの主要都市に多数のアメリカン・バーを登場させた。

大型客船による世界旅行ブームを背景に、アメリカ仕込みの腕を振るうバーテンダーが活躍したアメリカン・バーは、盛況を極めた。サヴォイ・カクテルブック(1930年初版刊)の著者として知られるハリー・クラドック(Harry Cradock)は、そうしたバーテンダーの先駆者のひとりだった。また、1920年から13年間続いたアメリカの禁酒法時代に多くのバーテンダーがヨーロッパに渡ったことも、カクテルの世界的な普及をいっそう進めたといえよう。

わが国にカクテルが伝えられたのは、比較的早く、明治初期の鹿鳴館時代には、上流階級の人々に飲まれていたといわれる。そして大正時代に入って登場してきたバーによって、カクテルは広く知られるようになっていく。

が、本格的に普及したのは、第二次世界大戦後、全国の都市にスタンド・バーが「雨後のタケノコ」のように増えてからだといっていい。手頃な価格と親しみやすい雰囲気のスタンド・バーは、戦後の開放された社会風潮もあって若い世代を中心に爆発的な人気となり、カクテル・ブームを呼んだ。この時期、女性の飲酒が広がっていったのも、ブームに拍車をかけた。

その後、ボトルキープ制によるウイスキーの水割り全盛時代にカクテルへの関心が衰微する時期があったものの、現在では、多様化する嗜好にこたえ、豊かな飲料文化を象徴する飲み物として、カクテルは確固たる地歩を築きつつある。

ミックス・ドリンクの分類

　一般的に、ミックス・ドリンクは、次のように分類することができる。
　まず、短時間で飲むか、ゆっくり時間をかけて飲むかによって、ショート・ドリンク(Short Drinks)、ロング・ドリンク(Long Drinks)に分けられる。ショート・ドリンクは、主として氷で冷やし、カクテル・グラスなど脚の付いたグラスに注がれ、あまり時間をかけずに飲むもの。ロング・ドリンクは、タンブラーやコリンズ・グラスなどの大型グラスにつくられ、氷を入れていつまでも冷たい感じを持たせるものと、熱湯やホット・ミルクなどを加えて熱い状態で飲むものとがある。コールド・ドリンク(Cold Drinks)は、暑い夏にふさわしい飲み物ということからサマー・ドリンク(Summer Drinks)ともいわれ、ホット・ドリンク(Hot Drinks)は、寒い冬にふさわしいのでウインター・ドリンク(Winter Drinks)ともいわれる。
　ホットにしろコールドにしろ、人がおいしいと感じる温度は、個人差はあるが、平均的には体温のプラスマイナス25～30℃といわれている。したがって、体温を37℃とすると、コールド・ドリンクは、およそ7～12℃、ホット・ドリンクでは、62～67℃が適温ということになる。
　また、ストレート・ドリンク、ミックス・ドリンクいずれも、アルコールを含むアルコーリック・ドリンク(Alcoholic Drinks)をハード・リカー(Hard Liquor)と呼び、アルコールを含まないノン・アルコーリック・ドリンク(Non Alcoholic Drinks)はソフト・ドリンク(Soft Drinks)と呼ぶが、これは日本でもポピュラーな呼称になっている。

飲み物の分類

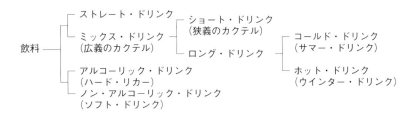

ショート・ドリンク(*Short Drinks*　狭義のカクテル)

　主として、スピリッツ類、ワインなどをベースにリキュール類、果汁、卵、香辛料などをミックスし、カクテル・グラスに注いで飲む。ミックスには、シェーカー、

ミキシング・グラスなどを使用、ほとんどのものが氷で冷たくし、短時間で飲まれる。ミックス・ドリンクでは、このグループに属するものがもっとも多数を占めている。

それぞれのショート・ドリンクは、たとえばマティーニなら、マティーニ・カクテル(Martini Cocktail)、マンハッタンなら、マンハッタン・カクテル(Manhattan Cocktail)とするのが正式な表記。それがサワー(たとえばウイスキー・サワー／Whisky Sour)やフィズ(たとえばジン・フィズ／Gin Fizz)、コリンズ(たとえばトム・コリンズ／Tom Collins)などと同様に、狭義のカクテルというスタイルを持つグループに属していることを明確にしているわけだが、煩雑になるのでカクテルブックなどでは省略することがある。本書でも、ウイスキー・カクテル(Whisky Cocktail)などのように省略が不適当な例を除き、簡略に表記している。

ロング・ドリンク(Long Drinks)

ロング・ドリンクに属するミックス・ドリンクは、使用する材料やつくり方など、共通するスタイルを持つものをまとめて、以下のように分類することができる(各スタイルの具体的な使用材料、つくり方などは、本書p.183以降の「カクテル・レシピ2・ロング」各項の初めに説明してある。ここでは、特に触れるもの以外は、名称を紹介するのみにとどめた)。

- **バック**(*Buck*)　　*p.184参照*
- **コブラー**(*Cobbler*)　　*p.185参照*
- **コリンズ**(*Collins*)　　*p.186参照*
- **クーラー**(*Cooler*)　　*p.188参照*
- **クラスタ**(*Crusta*)　　*p.192参照*
- **カップ**(*Cup*)　　*p.193参照*
- **デイジー**(*Daisy*)　　*p.194参照*
- **エッグ・ノッグ**(*Egg Nogg*)　　*p.195参照*
- **フィックス**(*Fix*)　　*p.197参照*
- **フィズ**(*Fizz*)　　*p.198参照*
- **フリップ**(*Flip*)　　*p.203参照*
- **フロート**(*Float*)

Floatとは、浮かべるという意味。酒の比重の違いを利用して、ひとつの酒の上に他の酒や生クリームを浮かべたり、ウイスキー・フロート(Whisky Float)のように水(あるいはソフト・ドリンク)に酒を浮かべる方法などがある。

- **フラッペ**(*Frappé*)　　*p.204参照*
- **フローズン・スタイル**(*Frozen Style*)　　*p.205参照*
- **ハーフ・アンド・ハーフ**(*Half and Half*)

2種の材料を半分ずつミックスする。濃色ビールと淡色ビールを半々に割ったり、ベルモットのスイートとドライを半々に混ぜるのが、ポピュラーなスタイル。

●**ハイボール**（*Highball*）　　*p.208参照*

わが国では、ハイボールといえばウイスキーのソーダ割りと考える人が多いが、本来ハイボールは、あらゆる酒がベースに使われ、水、ジンジャー・エール、トニック・ウオーター、ジュース類など各種のソフト・ドリンクがミックスされた飲み物を指している。

●**ジュレップ**（*Julep*）　　*p.213参照*

●**ミスト**（*Mist*）

主として、ウイスキー、ブランデーなどのスピリッツを十分にシェークして、氷も一緒にオールドファッションド・グラスに注ぎ入れてつくる。また、クラッシュド・アイスをいっぱいに詰めたオールドファッションド・グラスに材料を直接注ぎ、強くステアする方法もある。Mistは霧のことで、グラスの表面に細かな水滴が霧のように付くことからきたネーミング。フラッペに似たスタイルだ。

●**オン・ザ・ロック**（*On the Rock*）　　*p.215参照*

大きめの氷を入れたオールドファッションド・グラスに材料を注いでつくるスタイル。氷を岩に見立て、「岩の上に」注ぐところからきたネーミングだ。近年、マティーニ、マンハッタンなど、従来のショート・ドリンクをオン・ザ・ロックでつくる例が増えてきていることもあり、本書では、「カクテル・レシピ2」にオン・ザ・ロック・スタイルの項を設けている。

最近のアメリカでは、オーバー・ロック（Over Rock）あるいはオーバー・アイス（Over Ice）、略してオーバーと呼ばれるようになってきた。これに対して、カクテル・グラスなどに注ぐのは、ストレート・アップ（Straight Up）、略してアップという。

●**プース・カフェ**（*Pousse Café*）　　*p.221参照*

●**パンチ**（*Punch*）　　*p.223参照*

●**リッキー**（*Rickey*）　　*p.226参照*

●**サンガリー**（*Sangaree*）　　*p.227参照*

●**スリング**（*Sling*）　　*p.228参照*

●**スマッシュ**（*Smash*）　　*p.230参照*

●**サワー**（*Sour*）　　*p.232参照*

●**スウィズル**（*Swizzle*）　　*p.234参照*

●**トディー**（*Toddy*）　　*p.235参照*

●**ズーム**（*Zoom*）

蜂蜜を使ったミックス・ドリンク。好みのスピリッツに蜂蜜と生クリームなどを加えてシェークし、カクテル・グラスに注ぐのが一般的なつくり方で、ロングではなく、ショート・ドリンクとして飲まれる。

■カクテルのT.P.O.

　カクテルは、それを飲む時間、場所、目的などによって、アペリティフ（Apéritif）、クラブ・カクテル（Club Cocktail）、ダイジェスティフ（Digestif）、ナイトキャップ（Night Cap）、シャンパン・カクテル（Champagne Cocktail）、その他に分類することができる。

●アペリティフ（Apéritif）

　アペリティフは、食前酒という意味のフランス語で、英語ではアペタイザー（Appetizer）。喉をうるおし、食欲を増進する目的で飲まれる。マティーニとマンハッタンが代表的なものだが、現在では、ワイン系、シェリー系、スピリッツ系とさまざまなカクテルがアペリティフとして飲まれている。また、ショート・ドリンクだけでなく、ロングのスタイルも少なくない。一般に甘味を抑え、辛口に仕上げたカクテルが多い。

　アペリティフはまた、プレ・ディナー・カクテル（Pre Dinner Cocktail）あるいはビフォア・ディナー・カクテル（Before Dinner Cocktail）とも呼ばれるが、その場合、文字どおりディナー（正餐）の前に飲むカクテルとして、単に食欲を増進するだけでなく、豊かな食事の前奏といった意味合いも込められている。

●クラブ・カクテル（Club Cocktail）

　ディナーで、オードブルやスープの代わりに供されるカクテルであり、食事と調和し、料理の味を引き立てる。クローバー・クラブ（Clover Club）などが代表的なもの。

●ダイジェスティフ（Digestif）

　フランス語で、消化を助ける食後酒のこと。英語では、アフター・ディナー・カクテル（After Dinner Cocktail）。食後の口直し、あるいは消化の促進のために飲まれるカクテルで、甘口に仕上げたものが多い。ブランデーやリキュールを主体に使ったカクテル（アレキサンダー／Alexander、グラスホッパー／Grasshopperなど）、あるいはプース・カフェ（Pousse Café）などが代表的なダイジェスティフだが、近年、わが国でも多様なスピリッツ、リキュール、生クリームなどをミックスしたカクテルが盛んにつくられるようになってきた。

●サパー・カクテル（Supper Cocktail）

　ビフォア・ミッドナイト・カクテル（Before Midnight Cocktail）とも呼ばれ、夜遅くなってから飲むカクテル。比較的アルコール度が強く、辛口。

●ナイトキャップ・カクテル（Night Cap Cocktail）

　就寝前、熟睡できるように飲む、いわゆる寝酒。ブランデー・ズーム（Brandy Zoom）などブランデーをベースにした濃厚なカクテル、卵を使ったカクテルなどがナイトキャップ向きとされている。

●シャンパン・カクテル（Champagne Cocktail）

結婚披露宴など、さまざまな祝宴やパーティー時に供される。シャンパンの優雅な雰囲気を生かしたカクテル。欧米のカクテルブックでは、シャンパン・ベースのカクテルをひとつのスタイルとして、まとめて紹介している例が多い。

●**リバイバー**（Reviver）
　上記のカクテル群とはややおもむきが違うが、わが国でいう「迎え酒」で、気分をスッキリさせるために飲まれている。ピック・ミィ・アップ（Pick-Me-Up）、アイ・オープナー（Eye Opener）などとも呼ばれる。ブランデーなどスピリッツをベースにしたものとノン・アルコールのリバイバーがある。

日本におけるカクテルのT.P.O.

　このようなT.P.O.によるカクテルの分類は、欧米の飲食習慣が基礎になっており、日本人の生活には（飲食の欧米化が著しいといわれる現在でも）なじまない面がある。そのため、わが国では従来から食事（ディナー）を基準にして、食前のカクテル、食後のカクテル、食事に関係なくいつ飲んでもかまわないカクテル、というように、おおまかに分けて考えられてきた。

●**食前のカクテル**（プレ・ディナー・カクテル　*Pre Dinner Cocktail*）
　アペリティフの項に該当する、甘味が強くなく、さっぱりとした風味のカクテル。
●**食後のカクテル**（アフター・ディナー・カクテル　*After Dinner Cocktail*）
　ダイジェスティフの項に該当する、リキュールを生かした甘く、濃厚な風味のカクテル。
●**食事に関係なく、いつ飲んでもかまわないカクテル**（オール・デイ・カクテル　*All Day Cocktail*）
　上の2つの分類に属さないミックス・ドリンク。

2 ── カクテルの基本技法

■ カクテルの4技法

　カクテルづくりの技法には、シェーカーを使って混ぜ合わせるシェーク(Shake)、ミキシング・グラスに材料や氷を入れ、バー・スプーンでかき混ぜてつくるステア(Stir)、材料をグラスに直接注いでつくるビルド(Build)、材料をバー・ブレンダー(ミキサー)で強く混ぜるブレンド(Blend)の4技法がある。　　　　カラーp.10〜15参照

1 ── シェーク(Shake)

　アルコール度数の高い酒のカドをなくして(刺激を抑えて)飲みやすくしたり、ジュース、牛乳、比重の差の大きい酒など、比較的混ざりにくい材料を急速に混ぜ合わせるときにシェークする。早く、目的の冷たさになるように、スピーディーにシェーカーを振る。

　基本的なシェーカーの持ち方は、右利きの場合、トップを手前にして右手親指で押さえ、中指と薬指の間、または薬指と小指の間にボディーを挟み、人差し指や中指でシェーカーを支える。左手は、中指(または人差し指と中指の2本の指)の第一関節から先をボディーの底にまわし、親指でストレーナーを押さえ、人差し指と薬指(または小指)でボディーを挟む。指や手のひらを必要以上にシェーカーに密着させると、手の熱がシェーカーに伝わって氷を溶けやすくするので要注意。左利きの場合は、左右の手を逆にする。

　シェーカーを振る姿勢は、正面に向かって斜め右または斜め左に構える。シェーキングのスタイルは個人の体型等に合わせて工夫するが、手首のスナップをきかせ、リズミカルで見た目に美しい、プロにふさわしいシェークを身に付けたい。

　シェークする時間は、シェーカーを持った手の指先が冷たくなり、シェーカーの表面が霜の降ったような感じに白くなるあたり、回数にして15、16回が適当だが、卵や生クリームなど特に混ざりにくい材料を使うときは、この倍近くシェークする必要がある(本書のレシピ中、十分にシェークする、としているのは、このケースが多い)。また、大型のシェーカーで一度に多人数分のカクテルをシェークする場合も、回数を増やしてよく混ぜる。シェーキングが終われば、トップをはずし、人差し指でストレーナーを押さえながらグラスに注ぐ。

2──ステア（Stir）

　混ぜ合わせる酒の比重があまり違わないとき、また、シェークするとカクテルが濁ったり、味がまるくなってドライな風味が得られない場合にステアする。

　基本的なステアは、ミキシング・グラスに氷と材料を注ぎ入れ、バー・スプーンをミキシング・グラスの内側に沿って滑らせるような感じで、スピーディーに回転させる。このとき、ミキシング・グラスの注ぎ口を左にし（右利きの場合。次のグラスに注ぐ作業をスピーディーに行なうため）、左手でミキシング・グラスの下部を押さえて固定する。一応の目安として15回ぐらいバー・スプーンを回転させるが、あまり時間をかけると氷が溶けてカクテルが水っぽくなってしまうので、加減が大切。

　バー・スプーンは、グラスに入れるときも抜くときも背を上に向けて、アーチを描くような気持ちで取り扱う。材料が十分に冷えたらバー・スプーンを抜き、上からミキシング・グラスにストレーナーをかぶせて氷を押さえながらグラスに注ぐ。

3──ビルド（Build）

　シェーカーなどの器具を使わず、飲用のグラスに直接、氷や酒などの材料を注いでつくるビルドは、もっとも幅広く使われている技法だといえる（Buildは、グラスに直接つくり上げる、といった意味）。

　ただし、材料の比重の違いに注意して、目的（材料を混ぜるのか、重ねるのか）にかなった順序で材料を注がないと、混ざりにくかったり、きれいな層にならなかったりする。また、プレーン・ソーダなどの炭酸飲料を使う場合は、混ぜ過ぎて炭酸ガスが抜けてしまわないように加減し、バー・スプーンを1、2回転させる程度にとどめる。オン・ザ・ロック・スタイルの場合も、水っぽくならないように混ぜ過ぎに注意する。プレーン・ソーダやジンジャー・エール、トマト・ジュースなどの副材料は、あらかじめ十分に冷やしておきたい。

4──ブレンド（Blend）

　バー・ブレンダー（日本ではミキサーと呼ぶ）を使って、材料を強力に、スピーディーに混ぜ合わせる。フローズン・ダイキリなど、クラッシュド・アイスを加えて、シャーベット状のフローズン・スタイルのカクテルをつくる場合や、イチゴ、バナナなどのフレッシュな果実を混ぜ込んだフルーティーなカクテルをつくるときにブレンドの技法が必要になってくる。

フレアバーテンディング　*Flair Bartending*

フレアバーテンディングの起源

　フレア（Flair）という言葉には、「才能」や「素質」、また、「見せびらかし」「気取り」などの意味がある。これに、カクテルを作製するというバーテンディングを組み合わせ、お客様を楽しませながらカクテルをつくる、フレアバーテンディングというスタイルが生まれた。

　バーテンダーが自己表現をしながらカクテルを作製するという行為の起源は、サンフランシスコのエルドラド・サロンのバーテンダー、ジェリー・トーマスが、酒に火をつけて提供した「ブルー・ブレイザー」が始まりとされている。このカクテルは、銅製のマグカップを2つ用意し、片方に温めたスコッチ・ウイスキーを、もう片方にお湯を入れ、スコッチ・ウイスキーに火をつけて、これをお湯が入ったマグカップに注ぎ入れ、燃える炎が消えるまで、交互に2つのマグカップを行き来させたといわれているもの。そしてこれが、お客様を楽しませるという意味で行なわれた、フレアバーテンディングの始まりとされている。1849年のできごとだったようである。

フレアバーテンディングの変遷

　時の流れとともに、コスチュームに凝ったり、マジックを取り入れたりとさまざまな要素が融合し、フレアバーテンディングは変化していった。

　現在のようなボトル・パフォーマンスは、ラスベガスなどでショーを終えた大道芸人が、バーテンダーにジャグリングを教えたのが始まりで、曲に合わせ、ボトルを投げたり、回したりする現在のフレアバーテンディングが生まれた。

　1988年公開の、トム・クルーズ主演映画「カクテル」によって、このフレアバーテンディングはたちまち全世界に広まったといわれている。

　しかしながら、アメリカで生まれたこのフレアバーテンディングは、大型のバーの設備の中で行なわれていたため、日本などバー設備が小さい国々では、あまり発展しなかった。

　具体的にいえば、アメリカではすべてのボトルにポワラーが装着され、ボトルをそのまま冷やすための大型の冷蔵設備があるため、シェーキングもやや短めに行なうのが主流だった。つまり、フレアバーテンディングを行なうための条件が揃っていたといえる。

　やがてヨーロッパに広まる中で、作製されたカクテルの味の完成度なども重視されるようになり、今日では、ボトルなどを投げるといったテクニカル面ばかりでなく、出来上がったカクテルのテイストなどの完成度についても、高いレベルが要求

されるようになった。

　近年は酒類メーカーなどもこのフレアバーテンディングに注目し、ボトルを持ちやすい形状に変更するなどしている。

　ただパフォーマンスをするだけでなく、おいしいカクテルを作製するという、バーテンダーとしての仕事も忘れてはいけない。基本的なバーテンディング技術と、フレアテンディングの技術を兼ね備えることが要求される分野だといえるだろう。

フレアバーテンディングの種類

●**ワーキング・フレア**
　営業時に使える実用的なフレア。ボトル内に半分ぐらいの酒が入った状態で行なうのが一般的。ボトルが重く、扱いにくいため、主にティンなどでテクニカルを披露する。

●**エキシビジョン・フレア**
　パフォーマンス性の高いフレア。ボトル内に30〜45mlの酒の量で行なうのが一般的。ボトルやティンなどを使用し、テクニカルを披露する。

●**スピード・ミキシング**
　素早く4、5種類のカクテルを作製する。カクテルのレシピを完全に記憶する必要がある。

フレアバーテンディングの基本用語

●**ルーティーン**：ボトルを投げてから注ぐまでの技の組み立て
●**ポアー**：ボトルから酒を注ぐこと
●**ドロップ**：ボトルやティンなどを落とすこと
●**スピル**：ボトルから空中に酒をこぼすこと
●**カウント**：ボトルから酒を注ぐ際の目安（1カウント＝7.5ml）
●**フリップ**：ボトルを回すこと
●**キャッチ**：ボトルやティンをつかみ取ること
●**カップイン**：ティンにボトルを入れること
●**バランス**：手の甲や腕の上にボトルやティンをのせること
●**バウンス**：ボトルやティンを腕などで跳ね上げること
●**スライド**：腕などの上を転がすこと

フレアバーテンディングを行なうために必要な器具

- **ポアラー**：酒をボトルから注ぎ出すための器具
- **ティン**：シェーカーのボディーに相当するもの
- **パイントグラス**：ティンにかぶせると、ボストン・シェーカーになる
- **ショートティン**：ティンにかぶせると、シェーカーになる。ストレーナーの役割もある
- **ジュースコンテナ**：ジュース類を入れる容器

カクテルの度量衡（Table of Measurements）

　カクテルづくりでは、まず、定められた材料を所定の分量、正確に計ることが大切になる。ある程度習熟してくると、ボトルから直接目分量で注いでも、かなり正しく計ることができるが、常に正確を期すためにはメジャー・カップの使用が望ましい。

1──ショート・ドリンクの分数表記

　通常、カクテル・レシピに書かれている分量の表示は、ショート・ドリンク（狭義のカクテル）の場合、グラス1杯分のカクテルに占めるそれぞれの材料の割合を分数で表す。分数表記は、ベースの酒類はじめ使用材料の構成、バランスといったものがひとめでわかる長所がある。

　通常カクテルは、グラスの8分目ほど注ぐのが適切な量とされるので、たとえば90mlのグラスなら70mlほどが適量になる。シェークやステアする間に氷が溶ける分（その量はベテラン・バーテンダーの作業でも、10mlに近いといわれる）を考えると、使用する材料の総量は60mlということになり、ウイスキー2/3というレシピなら、使用するウイスキーの量は、60ml×2/3＝40mlになる。近年カクテル・グラスが大型化しているが、必ずしもグラスの総量に対して分数表記どおりの大容量入れるべきではない。

　シロップ、ビターズなど少量使う材料は、ダッシュ（dash）、ティー・スプーン（tsp.）などの単位を使って、全体の量にプラスする形で表記する。1dashは約1ml、1tsp.は約5mlに相当する。

　本書に収録しているマンハッタン（Manhatten）のレシピに従って、それぞれの材料の具体的な使用量を計算すると、以下のようになる。

ライ・ウイスキー	3/4	60ml × 3/4 ＝ 45ml
スイート・ベルモット	1/4	60ml × 1/4 ＝ 15ml
アンゴスチュラ・ビターズ	1dash	1dash ＝ 1ml

したがって、マンハッタンには、ライ・ウイスキー45ml、スイート・ベルモット15ml、アンゴスチュラ・ビターズ1ml、が材料として使われていることになる。
　また、卵（全卵、卵白、卵黄）も、全量にプラスする表記とするが、これでは通常のカクテル・グラスに入り切らないので、大型カクテル・グラス、シャンパン・グラス、ワイン・グラスなど容量の大きいグラスを使用する。卵1個分の容量は、中くらいの大きさの全卵で50ml、卵白30ml、卵黄20ml程度と考えてよい。

2──ロング・ドリンクのml表記

　大きなグラスを使うことが多いロング・ドリンクでは、使用材料の量をmlやオンス（oz.）の単位で具体的に表記する。メートル法の単位が普及しているわが国のカクテルブックは従来からmlを使うのが一般的になっており、本書でもml表記を採用している。国際バーテンダー協会ではcl（センチ・リットル）が採用されている（30ml＝3cl）。以前からWCC（ワールド・カクテル・チャンピオンシップス）など世界大会のレシピはcl表記であった。国際的には一般的なようだ。

3──オンス法とメートル法の関連

　近年、メートル法の国際規格化にともない、メートル法を採用する国が増えているが、液量・容量表示では、まだかなりガロン（Gallon〈gal〉）やオンス（Ounce〈oz.〉）などを基準とした単位が世界的に通用しており、特にアメリカにその傾向が強い。次頁の表は、こうしたオンス法とメートル法の関連を示したもの。アメリカとイギリスでは、表のように少し違いがあるので、ここではアメリカのオンス法を例にとって説明する。
　業務用の大瓶に当たる1ガロン（Gallon＝128oz.）を基本として、その1/4が1クォート（Quart＝32oz.）、1クォートの1/2が1パイント（Pint＝16oz.）、1パイントの1/16が1オンスとなり、これはちょうどシングル1杯分の量になる。アメリカにおけるハード・リカーの普通サイズボトルの容量は1クォートになっており、ボトル1本でシングル32杯分取れる、とすぐに計算できる。日本に入ってきているボトルのサイズは輸出仕様で、アメリカ国内の普通サイズよりひとまわり小さい4/5クォートすなわち1/5ガロンにあたる（これをFifth〈フィフス〉といい、25.6oz.、約760mlとなっている）。日本では、習慣的に1oz.を30mlに換算している。

オンス法とメートル法

	1ガロン	1クォート	（1ボトル）	1パイント	1オンス
アメリカ	3785ml (U.S.ガロン)	946ml (1/4ガロン)	757ml (4/5クォート ＝フィフス)	473ml (1/2クォート)	29.56ml (1/16パイント)
イギリス	4546ml (インペリアル・ ガロン)	1136ml (1/4ガロン)	758ml (1/6ガロン＝ シックスス)	568ml (1/2クォート)	28.4ml (1/20パイント)

注）　米ガロン（U.S.ガロン）と英ガロン（インペリアル・ガロン）の比率は1：1.2

カクテルに使われる主な単位

1ドロップ（drop）＝約1/5ml（ビターズ・ボトルを逆さにして自然に滴り落ちる量）
1ダッシュ（dash）＝約1ml（ビターズ・ボトルをひと振りしたときの量）
1ティー・スプーン（tsp.）＝約5ml（tsp.は、ティー・スプーン〈茶さじ〉の略）
1オンス（oz.）＝約30ml（日本での換算）
1ジガー（jigger）＝〈米〉1.5oz.（約45ml）〈英〉2oz.（約60ml）
1グラス（glass）＝約60ml
1カップ（cup）＝200ml
1ボトル（bottle）＝760ml（日本で一般的なボトル容量）

注）　欧米で見られるバー・スプーンは、スプーンの部分が5mlになっているものが多いが、わが国で販売されている一般的なバー・スプーンは、3mlほどである。

注）　わが国では、1oz.に当たる30mlをシングル（Single）といい、60mlをダブル（Double）ということがある。また、アメリカではシングルをワン・ショット（One Shot）というが、これはちょうどショット・グラスにシングル分注いだときの量に当たるところからきている。

注）　ボトルの容量は、その国の度量衡のあり方によって多少の違いがあるが、実際に我々が手にするものの多くは、mlに換算すれば1000ml、750ml、700mlが主である。

■■■カクテルのアルコール度数（Strength of the Cocktail）

ショート・ドリンク、ロング・ドリンクを問わず、カクテルのアルコール度数を計算する基本の式は、次のようになる。

$$アルコール度数X = \frac{(材料の量A×材料のアルコール度数a)+(同B×b)+(同C×c)+……}{使用材料の総量Y = A+B+C+……+a}$$

ただし、レシピからカクテルのアルコール度数を算定する場合、材料の酒類のアルコール度数のバラつきに注意する必要がある。同じジンでも、37度のものや47.5度のもの、あるいは50度を超えるジンがあり、ウオッカにしても、同じメーカーから複数のアルコール度数の製品が出されているのは珍しくない。リキュールに至っては、同種のものでも、メーカーごとにアルコール度数が違うと考えたほうがいい。正確なアルコール度数を知るには、本来、そのカクテルに使われている酒類ひとつひとつの銘柄が明らかになっていなければならない。

1──ショート・ドリンクのアルコール度数

ショート・ドリンク（狭義のカクテル）では、前記「ショート・ドリンクの分数表記」で見たように、材料の量は分数で表示されているので、使用材料の総量60ml×分数で、mlの単位に換算する。それにアルコール度数をかけて、順次、基本式のAa、Bb、Cc、……をもとめ、足し算する（ジュースや清涼飲料水、シロップ、卵などアルコールを含まない材料は、アルコール度数0なので、掛け算の答えも0。実際には計算する必要はない）。

分母の材料の総量は、90mlのカクテル・グラスを使うショート・ドリンクの場合、60mlと決まっている（$A+B+C+……=60ml$）。ただし、より実際に近い数値をもとめるために、シェークやステア時の氷の溶けた量 $a=10ml$ を加え、総量Yを70mlとする。卵（全卵＝50ml、卵白1個分＝30ml、卵黄1個分＝20ml）やティー・スプーン（1tsp.＝5ml）で総量にプラスする材料を使う場合は、a の数値をその分増やす。ダッシュ（dash）やドロップ（drop）は無視して構わない。

●アフィニテイ（Affinity）の場合
［レシピ］

スコッチ・ウイスキー	1/3	60ml × 1/3 = 20ml
ドライ・ベルモット	1/3	60ml × 1/3 = 20ml
スイート・ベルモット	1/3	60ml × 1/3 = 20ml
アンゴスチュラ・ビターズ	2dashes	

シェークして、カクテル・グラスに注ぐ。

$$\frac{(20\text{ml}\times 43\%)^{\text{ウイスキー}} + (20\text{ml}\times 18\%)^{\text{ドライ・ベルモット}} + (20\text{ml}\times 18\%)^{\text{スイート・ベルモット}}}{60+10} = \frac{860+360+360=1580}{70} = 約22.57$$

アフィニティのアルコール度数は、約23度になる。

● **クローバー・クラブ**(*Clover Club*)**の場合**
［レシピ］

ジン	3/5	60ml × 3/5 =	36ml
グレナデン・シロップ	1/5	60ml × 1/5 =	12ml
レモン・ジュース	1/5	60ml × 1/5 =	12ml
卵白	1個分		30ml

シェークして、ソーサー型シャンパン・グラスに注ぐ。

$$\frac{(36\times 47)^{\text{ジン}} + (12\times 0)^{\text{グレナデン・シロップ}} + (12\times 0)^{\text{レモン・ジュース}} + (30\times 0)^{\text{卵白}}}{60+10+30} = \frac{1692}{100} = 16.92$$

クローバー・クラブのアルコール度数は、約17度になる。

2――ロング・ドリンクのアルコール度数

　ロング・ドリンクのレシピでは、基本的には使用材料の分量をmlの単位で具体的な数値として表記しているが、中にはフィズやクーラーなどのように「プレーン・ソーダ適量」といった量のはっきりしない指定もある。「適量」とは、仕上がりでグラスの8分目程度まで満たすプレーン・ソーダなどの量を指している。こうした「適量」指定のカクテルのアルコール度数は、まず、グラスの容量を知り、それに8分目注いだ場合の使用材料の総量を計算するが、これは、グラスの中に氷をどれだけ入れるかによって違いが大きい。正確を期すには仕上げたカクテルを計量してみるのが一番だが、おおよそのめやすとしては、グラスの容量の約半分が使用材料の総量に当たると見ていい（それぞれの使用グラスの容量は、p.47「カクテルのグラス」参照）。

● **ゴッドファーザー**(*God Father*)**の場合**(オン・ザ・ロック・スタイル)
［レシピ］

ウイスキー	45ml
アマレット・リキュール	15ml

氷を入れたオールドファッションド・グラスに注ぎ、ステアする。

$$\frac{(45\times 43)^{\text{ウイスキー}} + (15\times 28)^{\text{アマレット・リキュール}}}{45+15+10} = \frac{2355}{70} = 約33.64 = 約34度$$

オン・ザ・ロック・スタイルの場合、ステアしたときの氷の溶け分10mlを分母にプラスする。また、氷を入れたグラスにビルドの技法でつくるロング・ドリンク(「適量」指定のないもの)も、氷の溶け分10mlを分母に加算する。プース・カフェ(Pousse Café)などのように氷を使わないミックスでは、当然、氷の溶け分を考える必要はない。

● ジン・フィズ(Gin Fizz)の場合(適量指定のロング・ドリンク)
[レシピ]

ジン	45ml
レモン・ジュース	20ml
砂糖	2tsps.
プレーン・ソーダ	適量

プレーン・ソーダ以外の材料をシェークして、タンブラー(容量300ml)に注ぎ、氷を加えて、冷やしたプレーン・ソーダを満たし、軽くステアする。

$$\frac{\overset{ジン}{(45 \times 47)} + \overset{ジュース}{0} + \overset{砂糖}{0} + \overset{プレーン・ソーダ}{0}}{300 \div 2} = \frac{2115}{150} = 14.10 = 約14度$$

氷(クラックド・アイス)を3、4個グラスに入れ、シェークした材料を注ぎ、全量がグラスの8分目ほどになるよう、プレーン・ソーダを「適量」満たすものとする。

カクテルブックによっては、上の式の分母を300×0.8＝240としているものもあるが、それでは氷が全部溶けた状態になり、現実に飲んでいるカクテルのアルコール度数から著しくかけ離れたものになってしまう。

また、ちょっとした計量の間違いや、つくり手の技術の巧拙といったことも、仕上がりのアルコール度数に大きく影響する。時間がかかって氷をよけいに溶かしてしまったカクテルは水っぽく、当然、アルコール度数も低くなる。現実には、こうしたバランスを崩したカクテルほど刺激が強く、逆にアルコールを強く感じてしまう。十分に冷えていないカクテルも雑味が感じられ、飲み手は強くアルコールを意識する。一方、甘酸味のバランスがよく、キリッと冷やされたカクテルは、口当たりが柔らかく、アルコール度も低く感じる。感覚と実際のアルコール度数には、かなりの隔たりがあるといっていいだろう。

■ カクテルのデコレーションとガーニッシュ

カクテルを飾るデコレーション(Decoration)は、カクテルに色彩の変化をつけ、あるいは香りを付加してカクテルの持ち味を深める。またガーニッシュ(Garnish)は、基本的にデコレーションと同じ意味合いのものだが、カクテルとともに口に含むなど、直接味覚にかかわる場合などに用いる。デコレーションは「飾り付け」、

ガーニッシュは「付け合わせ」というふうにとらえるとわかりやすい。スタンダード・カクテルでは、デコレーション、ガーニッシュの有無、使う材料などによってカクテル名が変わることもあるので、原則として処方に記載されているデコレーション、ガーニッシュに従うことが大切。
　デコレーションの材料は、チェリー、オリーブ、レモンなどの果実、セロリ、キュウリといった野菜、蘭などの花、ミント、パイナップルなどの葉などが使われるが、いずれにしてもカクテルの色彩、味や香りとの調和を考えて選ばなければならない。
　塩や砂糖を使ったスノー・スタイル（Snow Style）も古くから行なわれており、そのバリエーションで、シロップやリキュールを使い、グラスに幅広く塩などを付けるコーラル・スタイル（Coral Style）やウエーブ・スタイル（Wave Style）も定着している。

カラーp.115～116参照

3 — バー・ツール

　カクテルを手際よくつくり、顧客に供するには、必要な設備や器具類が揃っていなければならない。器具類には、長いカクテルの歴史の中で、機能的に完成されたものが多いが、バー・ブレンダー(ミキサー)のように近年になって登場したものもある。ここでは、現代のカクテルづくりに必要なバー・ツールを、調整器具、氷関連器具、提供器具、他に分けて整理しておきたい。

カラーp.20参照

カクテル調整器具

●シェーカー(Shaker)
　混ざりにくい材料を強く混ぜ、同時に冷たくする器具。ステンレス製のものが使いやすい。トップ(Top)、ストレーナー(Strainer)、ボディー(Body)の3つの部分からできている。ボディーに材料と氷を入れ、ストレーナーとトップをかぶせてシェークし、トップをはずしてストレーナーを通しながら注ぎ出す。金属製のカップと大型グラスの2つの部分でできているボストン・シェーカーは、シェーク後、別にストレーナーをはめて氷を押さえ、中のカクテルを注ぎ出す。

●ミキシング・グラス(Mixing Glass)
　比較的混ざりやすい材料をステアするための大型グラスで、バー・グラス(Bar Glass)ともいう。注ぎ口が付いており、バー・スプーンでステアしやすいように内側の底部が丸くなっている。

●バー・スプーン(Bar Spoon)
　材料を混ぜるために使うスプーン。ロング・スプーンより柄が長く、中央部がらせん状にねじれており、スムーズに回転しやすい。スプーンの部分は、1tsp.の分量を計量するために使う。スプーンの反対の端がフォーク状になっているものがあるが、瓶からチェリーやオリーブを出したり、レモン・スライスをのせるなど、さまざまな用途に使うことができる。

●ストレーナー(Strainer)
　へら型のステンレス板にらせん状のワイヤーを取り付けたもの。ミキシング・グラスにはめ、シェーカーのストレーナーと同じく、カクテルを漉して(Strain)氷を除く働きをする。単にストレーナーというときは、こちらを指している。

●ブレンダー(Blender)
　わが国でいうミキサーのこと。アメリカでミキサーというと、次のスピンドル・ミキサーを指す。フローズン・スタイルのカクテルをつくったり、フレッシュ・フルーツを使ったカクテルには欠かせない器具。

●**スピンドル・ミキサー**(Spindle Mixer)
　アメリカで開発された電動式シェーカー。金属製カップに材料と氷を入れ、スピンドル・ミキサーのプロペラで急速に混ぜる。

●**メジャー・カップ**(Measure Cup)
　酒やジュース、シロップなどを計量する金属製カップ。30mlと45mlのカップが背中合わせになっているものが一般的だが、30mlと60ml、15mlと30mlの組み合わせのものもある。

●**ペストル**(Pestle)
　フルーツやハーブなどを潰したりするのに使う棒。

●**バーズ・ネスト**(Bird's Nest)
　フルーツやハーブなどをシェーカー内で直接潰し、酒類とともにシェークしたカクテルをグラスに注ぐ際、フルーツの繊維や種などを漉すのに使う漉し網。

●**スクイーザー**(Squeezer)
　レモン、オレンジなど柑橘類からジュースを絞る器具。中央にあるらせん状の突起に、胴切りした柑橘類の切り口を軽く押し当て、左右に回しながら絞る。陶製、プラスチック製など各種あるが、大型のガラス製が使いやすい。

●**ビターズ・ボトル**(Bitters' Bottle)
　ビターズを入れ、カクテル調整時に必要な量をドロップしたりダッシュ(振り出し)するためのガラス製のボトル。

●**コルクスクリュー**(Corkscrew)
　ワインのコルク栓抜き。さまざまな使用法のコルクスクリューがあるが、テコ型のコルクスクリューとバー・ナイフ、オープナーが折り畳み式でセットになったもの(ソムリエ・ナイフ〈バーテンダーズ・フレンド・ナイフ〉という)が便利。

●**シャンパン・ストッパー**(Champagne Stopper)
　開栓したシャンパンなど発泡性ワインの炭酸ガスが抜けないようにボトルの口を密栓する器具。これによってシャンパンなどのグラス売りが可能になり、カクテルづくりにも使いやすくなった。プレーン・ソーダなど炭酸飲料用のストッパーもある。

●**オープナー**(Opener)
　ビールなどの王冠を抜く栓抜き。

●**カン・オープナー**(Can Opener)
　缶切り。

●**ペティ・ナイフ**(Petit Knife)
　小型の包丁。フルーツを切るなど、カウンター内のさまざまな作業に活躍する。

●**ポアラー**(Pourer)
　キャップを外したボトルに差し込んで使う注ぎ口。

●**その他**

まな板(Cutting Board)、牛刀(Meat Knife／葉付きのパイナップルなど大きな果物をカットするときにも便利)、グラス・タオル(Glass Towel／グラスを拭くための布)など。

氷関連器具

●**アイス・ピック**(Ice Pick)
　氷を割る錐。
●**アイス・ペール**(Ice Pail)
　割った氷を入れておく器具で、底に水切りが付いているものが便利。金属、ガラス、陶器製などがある。アイス・バケツ(Ice Backet)ともいう。
●**アイス・トング**(Ice Tongs)
　氷挟み。氷が滑らないよう、先がギザギザになっている。
●**アイス・シャベル**(Ice Shovel)
　氷をすくうシャベル。
●**アイス・クラッシャー**(Ice Crusher)
　クラッシュド・アイスをつくる氷粉砕機。手動型、電動型がある。
●**その他**
　水差し(Water Jug)など。

カクテル提供器具

●**マドラー**(Muddler)
　飲み手がカクテルを攪拌したり、グラスに入っている砂糖やフルーツを潰すために添える器具。
●**カクテル・ピン**(Cocktail Pin)
　ガーニッシュのフルーツなどに刺し、つまんで食べやすくする楊枝状のピン。
●**ストロー**(Straw)
　特にクラッシュド・アイスをグラスに入れたカクテルでは、飲みやすくするためにストローが必要。
●**ロング・スプーン**(Long Spoon)
　ティー・スプーンとバー・スプーンの中間ぐらいの長さ。グラスに入れたフルーツなどを食べるために使う他、マドラーの代用に添えることも多い。
●**グラス・ホルダー**(Glass Holder)
　タンブラーにはめる金属製の取っ手。ホット・ドリンク用。
●**その他**
　コースター(Coaster)、ワイン・クーラー(Wine Cooler)など。

■■カクテルのグラス

　カクテルに使うグラス(Glass)には、大別して底の平らなグラスと脚(ステム)の付いたグラスの2種類がある。平底型のグラスはカジュアルな雰囲気、脚付きグラスはフォーマルな雰囲気を持っており、同じカクテルでも、オールドファッションド・グラスに注ぐのと、カクテル・グラスに注いだのでは、印象がまるで違ってくる。スタンダード・カクテルの場合、長い歴史の中でカクテルのスタイルとイメージにふさわしいグラスの組み合わせが磨かれてきたが、現在では、そうした形式にとらわれず、つくり手や飲み手の自由な感性でグラスを選ぶ傾向も目立っている。

1──平底型グラス

●**ウイスキー・グラス**(*Whisky Glass*)
　ウイスキーなどをストレートで飲むためのグラス。ストレート・グラス(Straight Glass)、あるいは1杯を意味するショット(Shot)を付けてショット・グラスともいう。容量30mlのシングル・グラス、60mlのダブル・グラスがある。

●**オールドファッションド・グラス**(*Old Fashioned Glass*)
　現在のタンブラーの原形とされる古いスタイル(Old Fashioned)のグラス。ウイスキーやカクテルをオン・ザ・ロック(On the Rock)スタイルで飲むときに使う。アメリカや日本では、ロック・グラスという名称のほうがポピュラーになっている。近年、さまざまなショート・ドリンクをカジュアルなロック・スタイルで飲むようになっており、出番の多いグラスだ。容量は、180〜300ml。

●**タンブラー**(*Tumbler*)
　ハイボール・グラス(Highball Glass)とも呼ばれ、ハイボールやジン・トニックなどのロング・ドリンク、ソフト・ドリンクのグラスとして広く使われている。容量は180〜300mlで、さらに大型のものもある。わが国では、240mlのもの(8oz.タンブラー)がポピュラーだったが、近年、300mlのタンブラーも人気がある。

●**コリンズ・グラス**(*Collins Glass*)
　円筒形の背の高いグラスで、トール・グラス(Tall Glass)、チムニー・グラス(Chimney Glass／煙突グラス)とも呼ばれる。タンブラーに比べて背が高く、口径が小さいので炭酸ガスの持ちがいい。コリンズ・スタイルのカクテルをはじめ、炭酸飲料、発泡性ワインなどの入ったカクテルに使われる。容量は、300〜360ml。

●**ジョッキ**(*Jug*)
　取っ手の付いた平底グラス。英語の発音はジャグだが、日本ではジョッキと呼ばれている。ビール・ジョッキのような大型のものから、小型のワイン・ジョッキまで、容量はさまざま。小型のジョッキは、パンチ・カップとしても使われる。

●**パンチ・カップ**(*Punch Cup*)

パンチ・ボウル(Punch Bowl)でつくったパンチを注ぎ分ける取っ手付きの平底グラス。ボウルとセットになっていることも多い。容量200ml程度。

2――脚付きグラス

●**リキュール・グラス**(*Liqueur Glass*)
　リキュールをストレートで飲むためのグラス。現在では、ウイスキーやスピリッツをストレートで飲む場合にも使われている。ボウル(Bowl／液体を入れる部分)が円筒形の、プース・カフェに向いたデザインのリキュール・グラスもある。容量は30〜45mlのものが一般的。

●**シェリー・グラス**(*Sherry Glass*)
　シェリーを飲むためのグラスだが、近年では、ウイスキーやスピリッツをストレートで、香味をじっくり味わって飲む場合にも使われている。ワイン・グラスより一回り小さく、スリムなデザインで、容量は60〜75ml。

●**サワー・グラス**(*Sour Glass*)
　サワー・スタイルのカクテルを飲むグラスで、容量120ml程度の中型のもの。わが国では脚付きグラスがほとんどだが、外国では平底型のグラスも使われている。

●**カクテル・グラス**(*Cocktail Glass*)
　ショート・ドリンクのカクテル(狭義のカクテル)のためのグラス。あまりグラスを傾けなくても飲み干せる逆三角形のボウルを持ったものや、優雅な曲線のものなど、デザインも豊富になってきた。容量は90mlが標準的なものだが、60ml、75mlのカクテル・グラスもある。容量120〜150mlの大型カクテル・グラス(Large Cocktail Glass)は、卵を使ったカクテルなどに用いられている。

●**シャンパン・グラス**(*Champagne Glass*)
　口の部分が広いソーサー型シャンパン・グラスと、口の部分が狭く、細身で背の高いフルート型シャンパン・グラスがある。ソーサー型は、乾杯用に使われることが多いが、炭酸ガスが早く抜けやすい。むしろ卵を使って量が多くなったカクテルや、フラッペ、フローズン・スタイルのカクテルなどに便利なグラスといえる。フルート型はガスが逃げにくいので、シャンパン(スパークリング・ワイン)の泡立ちを生かしたカクテルにふさわしい。容量は、いずれも120mlが標準。

●**ワイン・グラス**(*Wine Glass*)
　世界各国で、お国ぶりを感じさせるさまざまなデザインのワイン・グラスが受け継がれている。また、赤ワイン用、白ワイン用など、ワインの種類によってもデザイン、大きさが違う。一般的に、ワインの色、香り、味を十分に楽しむために、無地、無色透明、ガラスの肉質が薄く脚付き、グラスの縁がやや内側にカーブして香りをグラス内にこもらせるデザインであり、口径が6.5cm以上(飲むときに鼻がグラス内に入る)のものが理想とされる。容量は、150〜200ml以上は必要。

● **ゴブレット**（*Goblet*）
　氷を入れたロング・ドリンクやソフト・ドリンク、ビールなどに使われる。容量300mlが標準だが、大型のゴブレットも多い。

● **ブランデー・グラス**（*Brandy Glass*）
　チューリップ形の大型グラスで、上部のすぼまった部分に香りが集まるようにつくられている。スニフター（Snifter／香りをかぐもの）とも呼ばれ、ブランデーの香味をストレートで味わうグラス。容量は、240〜300mlが標準。

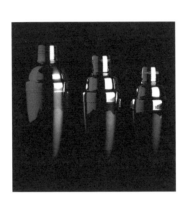

カクテルの
基本材料

Basic Ingredients

酒類

ソフト・ドリンク

副材料

1──酒類

■酒類の定義

　酒類の定義は、国によって違いがあるが、わが国の酒税法では「酒類とは、アルコール分1度以上の飲料をいう」と規定されている。

　このアルコール分とは、15℃で原容量100分中のエチルアルコールの容量をいう。つまり、100mlの液体中に何mlのエチルアルコールが含まれているかを指している。仮に1ml含まれているとすると、アルコール含有率1%で、日本ではこれをアルコール度数1度とする。

　このようなアルコール分の表示法は国によってさまざまで、わが国のように容量パーセント(Percent by Volume)方式をとっている国はEC諸国など比較的多数だが、重量パーセント(Percent by Weight／100gの液体に含まれるエチルアルコールの重量)を使っている国、アメリカやイギリスのようにプルーフ(Proof)という単位を採用している国もある。

　ただし、同じプルーフでもアメリカのプルーフ(American Proof)とイギリスのプルーフ(British Proof)では、基準が大きく異なっている。アメリカン・プルーフでは、華氏60度(摂氏15.6度)の純水を0プルーフ、純エチルアルコールを200プルーフとする。したがって、わが国のアルコール度数(容量パーセント)を2倍にしたものがアメリカン・プルーフになるわけで、86プルーフのバーボンなら、アルコール分43度に相当する。

　ブリティッシュ・プルーフは、華氏51度(摂氏13.2度。イギリスの酒蔵の平均的な気温とされる)で容量率57.1%のアルコール含有液を100プルーフとする。これだと、純水は0プルーフ、純エチルアルコールは175プルーフになる。そして100プルーフを基準にして、それより容量率が高いものをオーバー・プルーフ(o.p.)、低いものをアンダー・プルーフ(u.p.)と表記する。純水はu.p.100、純エチルアルコールはo.p.75ということになる。ラベルにu.p.25と表記されているスコッチ・ウイスキーの容量率によるアルコール度数は、

　　$(100-25)$プルーフ$\times 57.1\% = 75 \times 0.571 = 42.8$

となり、約43度になる。

　このように、ブリティッシュ・プルーフは複雑なので、近年、輸出用のスコッチ・ウイスキーなどでは、アメリカン・プルーフや容量パーセントで表示する傾向が強くなっている。

■ エチルアルコール（Ethyl Alcohol）について

　アルコールは、一般的に、植物の種子、果実、根などを原料とし、糖化、発酵によって得られる揮発性、可燃性を持った液体。純粋なアルコールは、アルコールを含む発酵液（もろみ）を蒸溜して分離する。化学的には、炭素原子（C）と水素原子（H）が結合した炭化水素の、水素原子のひとつまたは2つが水酸基（OH）に置き換わったもの、とされている。

　糖化とは、アミラーゼなど澱粉質分解酵素によって澱粉質をブドウ糖、果糖などの糖質に変える作用で、普通、大麦麦芽、麹カビなどのアミラーゼが使われている。また、発酵とは、酵母によって糖分を分解、アルコールと炭酸ガスを生成する作用であり、その化学式は、一般に次のようになる。

$$C_6H_{12}O_6（ブドウ糖など）\rightarrow 2C_2H_5OH（エチルアルコール）+2CO_2（炭酸ガス）$$

　アルコールには、エチルアルコール（Ethyl Alcohol／エタノール、酒精）、メチルアルコール（Methyl Alcohol／メタノール、木精）とフーゼル油（アミルアルコールなど）といった高級アルコールがあるが、通常、アルコールといえばエチルアルコールを指す。飲用できるアルコールは、エチルアルコールのみで、メチルアルコールは人体に有害。エチルアルコールは、プラスチックの原料であるエチレンから合成することもできるが、飲用はできない。

● エチルアルコールの性質
　① 純粋なものは、無色透明
　② 比重は水よりも軽く、15℃で0.7936（約0.8）
　③ 沸点は、78.325℃（1気圧で）
　④ 凝固点は、－135℃（－80℃で粘りが出てくる。ただし、－20度ほどの冷凍庫でジンなどがトロトロになるのは、水が凍りかけて粘性が出てきたもの）
　⑤ 水を吸収する力が非常に強く、水に溶けやすい。酸、アルカリもよく溶ける（少しでも水があれば吸収するため、純粋アルコールというのは普段は見られない）
　⑥ 燃えやすい
　⑦ 致酔作用を持つ

■ 酒類の分類

　酒類は、製造法によって、醸造酒、蒸溜酒、混成酒に分類される。

1―醸造酒

　醸造酒は、酵母のアルコール発酵作用で生まれた酒。醸造による酒は、紀元前6,000年頃から知られていたという。

　醸造酒には、糖質原料をそのまま酵母で発酵させるタイプ（単発酵酒ともいう）と、澱粉質原料をいったん糖化してから酵母で発酵させるタイプ（複発酵酒ともいう。酵母には澱粉を糖化する酵素がないため、あらかじめ澱粉質を糖分に変えなければならない）がある。前者ではブドウ原料のワイン、後者では穀物原料のビール（大麦）、日本酒（米）などが代表的なもの。糖化には、大麦麦芽（ビール、ウイスキーなど西洋の酒）、麹カビ（清酒など東洋の酒）などを使用し、発酵には、天然酵母または培養酵母を使用する。

　高濃度のアルコール溶液中では不活性になる酵母の性質から、醸造酒のアルコール分はあまり高くない（一般的に15〜16％。清酒では20％以上になることがある）が、原料の特性はよく残っている。

2―蒸溜酒

　発酵によって生まれた酒を、さらに蒸溜してつくった酒で、アルコール分が高いのが大きな特徴。ブドウをはじめとするさまざまな果実、サトウキビ、穀類、イモ類、竜舌蘭など、産地の実情によって多彩な原料が使われている。

　アルコールの沸点の低さを利用した蒸溜の技術は、10〜11世紀頃、中国あるいはペルシャに起こり、錬金術の流行とともにヨーロッパに伝わったとされる。15世紀頃には、薬としてのオードビー（Eau de Vie／生命の水＝蒸溜酒）の生産がヨーロッパ各地で盛んになり、17世紀に入ると、フランスのコニャック地方などでブランデーの本格的な生産が始まった。

　蒸溜には、1回ずつもろみを取り替える単式蒸溜器、または連続してもろみを投入できる連続式蒸溜機が使われる。一般に、単式蒸溜では。アルコール分70％前後、連続式蒸溜では90〜95％以下の蒸溜液を得る。蒸溜精度が低ければ、相対的に蒸溜液に含まれる香味成分は多い。精度を高くすると、香味成分は少ないが、それだけ、穏やかなスッキリとした味わいの蒸溜酒が得られる。

3―混成酒

　醸造酒や蒸溜酒を原料にして、草根木皮、果実、香料、糖類などを混ぜたり、エキスを浸出させたりしてつくった酒で、リキュールとも呼ばれる。混成酒は、使用する材料に由来する香味などの違いによって、香草・薬草系（シャルトリューズ、カンパリなど）、果実系（キュラソー、スロー・ジンなど）、種子・核系（アマレット・

リキュール、カカオ・リキュールなど)、その他に分類することができる。

▬ 酒の熟成

　多くの酒は、醸造(蒸溜)後、すぐに飲用せず、一定期間、貯蔵・熟成して香味を安定させてから飲まれる。とりわけ、蒸溜酒は、短期長期の別はあるにしても、熟成が欠かせない。ウイスキーやブランデーのように、長期間の樽貯蔵による熟成効果が、品質向上に大きな役割りを果たしている酒も少なくない。

　酒類の熟成がどのようなメカニズムで進むのかについては、現在でも、十分に解明されていないが、アルコールや水の分子が熟成中に結合すること(分子結合)、貯蔵に用いられる樽の成分が影響することなどが知られている。

1─分子結合

　熟成中、水の分子、アルコールの分子がくっつき(結合)、大きな分子の塊になる現象。初期には、水と水、アルコールとアルコールの分子が結合するが、やがて水とアルコールの分子が結合し始める。こうなると、アルコールの刺激を強く感じなくなり、なめらかな香味になるなど、酒の質的向上が実現する。

　これは、あらゆる酒に当てはまる熟成効果だが、特にジン、ウオッカ、ラムなどホワイト・スピリッツの品質向上にとって重要な現象だ。

2─樽の効果

　ブラウン・スピリッツの代表的な存在であるウイスキーを例にして、樽による熟成効果を見ておこう。

　一般的に、ウイスキーは、もっとも樽材の影響を受けやすいとされるアルコール度数60度ほどで樽貯蔵する。貯蔵中のウイスキーの99％以上はアルコールと水であり(40％近くが水)、残りの1％に満たない微量成分が熟成に大きな役割りを果たしている。その熟成による主要な変化は、次のようになる。

①酸素がウイスキー中の微量成分を酸化、芳香成分に変える。
②樽材の成分(主としてタンニン)が溶け出し、ウイスキーを琥珀色に着色、さらにバニラのような芳香を生成する。
③微量成分同士が反応し、香味成分に変化する。
④アルコールが酸化してアルデヒドを生成、さらに花の香りのアセタールに変化する。
⑤貯蔵中、ウイスキーは年に2％ほどの割合で蒸発し(貯蔵室の湿度が高いとアルコールが蒸発しやすくなり、逆に低いと水が蒸発しやすい)、香味成分が濃縮

される。

　熟成とは、分子結合を含めて、これらの変化の総合的な現象であり、したがって、人為的に香味成分を加えたりしても、本来の熟成効果は得られない。自然の営みと時間の営みだけが、望ましい酒の熟成を可能にするといっていいだろう。

　この他に、熟成に影響を与える要素として、
① 新樽か、古樽か
② シェリー樽、バーボン樽の別(特にスコッチ・ウイスキー、ジャパニーズ・ウイスキーの場合)
③ 樽の大きさ(小さい樽ほど樽材の影響を受けやすい)
④ 樽の焼き(チャー)の度合い
⑤ 貯蔵室の気温(低温ほど熟成はゆっくりと進む)、湿度
⑥ 貯蔵場所の条件(土間かコンクリートか、地表からの高さなど)
⑦ 貯蔵期間(長ければいい、というものでもなく、熟成のピークは酒類ごとに異なっている)

などが挙げられる。原料の大麦麦芽や水、酵母などの違いだけでなく、こうした熟成条件を変えることでも、性格の異なったウイスキーをつくることができる。ブランデー、ダーク・ラムなど他のブラウン・スピリッツの熟成も、基本的に同様の変化と考えられている。

酒の分類

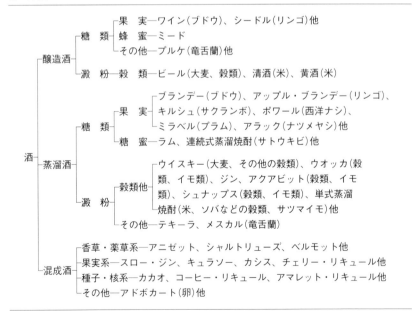

酒税法による酒類の分類

酒類の分類(酒類)	該当する酒(品目)	品目の定義の概要
発泡性酒類	ビール	・麦芽、ホップ、水を原料として発酵させたもの（アルコール分20度未満のもの） ・麦芽、ホップ、水、麦等を原料として発酵させたもの（アルコール分20度未満のもの）
	発泡酒	麦芽又は麦を原料の一部とした酒類で発泡性を有するもの（アルコール分20度未満のもの）
	【その他の発泡性酒類】（品目ではありません） ＊ビール及び発泡性酒類以外の酒類のうち、アルコール分が10度未満で発泡性を有するもの	
醸造酒類	清酒	・米、米麹、水を原料として発酵させてこしたもの（アルコール分22度未満のもの） ・米、米麹、水、清酒かす等を原料として発酵させてこしたもの（アルコール分22度未満のもの）
	果実酒	・果実を原料として発酵させたもの（アルコール分20度未満のもの） ・果実及び糖類を原料として発酵させたもの（アルコール分15度未満のもの）
	その他の醸造酒	糖類等を原料として発酵させたもの（アルコール分20度未満のもの）
蒸留酒類	連続式蒸溜焼酎	アルコール含有物を連続式蒸溜機で蒸溜したもの（アルコール分36度未満のもの）
	単式蒸溜焼酎	アルコール含有物を単式蒸溜器で蒸溜したもの（アルコール分45度以下のもの）
	ウイスキー	発芽させた穀類、水を原料として糖化させて発酵させたアルコール含有物を蒸溜したもの
	ブランデー	果実、水を原料として発酵させたアルコール含有物を蒸溜したもの
	原料用アルコール	アルコール含有物を蒸溜したもの（アルコール分が45度を超えるもの）
	スピリッツ	リキュール、粉末酒、雑酒を除く品目のいずれにも該当しない酒類でエキス分2度未満のもの
混成酒類	合成清酒	アルコール、焼酎又は清酒とぶどう糖等を原料として製造した酒類で清酒に類似するもの（アルコール分16度未満等のもの）
	みりん	米、米麹に焼酎、アルコール等の原料を加えてこしたもの（アルコール分15度未満、エキス分40度以上等のもの）
	甘味果実酒	・果実及び糖類を原料として発酵させたもの（アルコール分15度以上のもの） ・果実酒に一定量以上の糖類、ブランデー等を混和したもの
	リキュール	酒類と糖類等を原料とした酒類でエキス分が2度以上のもの
	粉末酒	溶解してアルコール分1度以上の飲料とすることができる粉末状のもの
	雑酒	上記のいずれにも該当しない酒類

（平成19年度版 「酒税法令通達集」より）

ウイスキー　Whisky

　ウイスキーは、大麦、ライ麦、トウモロコシなどの穀類を原料として、糖化、発酵させ、さらに蒸溜して、樽の中で熟成させた酒。蒸溜には、単式蒸溜器(ポットスチル／Pot Still)と連続式蒸溜機(パテントスチル／Patent Still)が使用されているが、蒸溜法の違いによって、ウイスキーの香味はかなり異なってくる。また、長期の樽(オーク材)熟成により、ウイスキー特有の琥珀色を帯び、熟成時の環境(気候など自然条件、樽材など)の影響を受けて、さまざまな個性を持ったウイスキーが生まれている。

■■■ウイスキーの歴史

　ウイスキーの語源とされるゲール語のUisge Beatha(ウシュク・ベーハー／生命の水)は、ラテン語のAquavitae(アクアヴィタエ／生命の水)からきており、ブランデーなど他のスピリッツ同様、錬金術と深い関わりを持っている。このUisge-beathaがUsquebaugh(アスキボーまたはウスケボー)に変化、さらに簡略にUsky(ウスキー)と呼ばれるようになり、Whisky(イギリスやカナダの表記)、Whiskey(アイルランドやアメリカでの表記)と転化したといわれている。

　ウイスキーがいつ頃つくられ始めたのかは明らかでないが、1172年、イングランドのヘンリー2世の軍隊がアイルランドに進攻したとき、現地でUsquebaughと呼ばれる穀物を蒸溜した酒を飲んでいるのを見た、と史書に記録が残っている。また、1494年のスコットランド大蔵省の記録には、「修道士ジョン・コーに発芽大麦8ボルを与え、生命の水(aquavitae)をつくらしむ」と記載されており、すでに、スコットランドでもウイスキーづくりが行なわれていたことがわかる。スコッチ・ウイスキーの生産者団体であるスコッチ・ウイスキー協会(本部・エジンバラ)は、この1494年を「ウイスキー誕生の年」としており、1994年には、盛大な「スコッチ・ウイスキー誕生500年記念式典」を開催した。

　15世紀末のスコットランドのウイスキーは、まだ蒸溜しただけの無色透明、荒い風味のスピリッツであり、現在のような琥珀色に熟成した香味豊かな酒ではなかった。ウイスキーの樽による貯蔵・熟成がいつ頃、どのようなきっかけで始まったのか、については、次のような密造にまつわる説が広く信じられてきた。

　1707年のイングランドによるスコットランド併合で大ブリテン王国が成立して以後、麦芽税の課税、500ガロン以下の小型蒸溜器の禁止など、スコットランドのウイスキー蒸溜業者に不利な施策が相次いで打ち出された。このとき、スコットランドのローランド地方に本拠を置いた規模の大きい蒸溜業者は、大麦麦芽以外の穀物を原料に取り入れ、麦芽の使用を減らすことで対抗したが、ハイランドの零細な蒸

溜業者は、山や谷深く隠れ、密造を始めた。彼らは、作業のしやすさから大麦麦芽を使い続け、麦芽の乾燥には従来の天日乾燥ではなく、人目に付かない屋内で、ハイランド山中に無尽蔵にあるピート（泥炭）を燃やして乾燥した。そして、蒸溜したウイスキーをシェリーの空樽に詰めて隠し、徴税吏の目から逃れようとした。この結果、ハイランドのウイスキーは、ピートのスモーキー・フレーバーを持つ琥珀色の口当たりの柔らかなスピリッツになった。人々は、偶然にも、樽貯蔵によるウイスキーの熟成効果を知ったのだ。

この説には、熟成効果が得られるほど長期間、危険を冒してウイスキーを隠匿する不自然さや、当時、マデイラ・ワインやシェリーの樽熟成が知られていたはずで、スコットランドのウイスキー蒸溜業者も意図的に樽貯蔵によるウイスキーの質的向上を図っていたのではないか、などの否定的な指摘も多い。ハイランドの有力者の娘であるエリザベス・グラントが書いた日記には、「1822年、ジョージ・スミスが樽で熟成させていたミルクのようにマイルドなウイスキーを、スコットランドを訪れたジョージ4世の求めに応じて献上した」とあり、いずれにしても、遅くとも19世紀初めには、ウイスキーの樽による熟成が行なわれており、一部の上流階級に珍重されていた、と考えられよう。

エリザベスの日記に登場するジョージ・スミス（George Smith）は、1823年、密造根絶のため小規模蒸溜を認めたウイスキー法の施行で、免許取得第1号となったザ・グレンリベット蒸溜所の創始者として知られる。この年以降、ハイランドの山中に隠れていたウイスキー蒸溜業者（彼らは、イングランド政府に抵抗した誇り高き密造者の意味でスマグラー〈Smuggler〉と呼ばれた）が相次いで表舞台に登場する。

一方、ローランドの大規模蒸溜所では蒸溜の効率化を進めていたが、1826年、蒸溜業者ロバート・スタイン（Robert Stein）が連続式蒸溜機を発明した。1831年には、アイルランド、ダブリンで徴税吏をしていたイーニアス・コフィ（Aeneas Coffey）が、より効率のいい連続式蒸溜機を発明、特許を取った。この連続式蒸溜機は、コフィ・スチル（Coffey Still）または特許（パテント）を取ったのでパテント・スチル（Patent Still）と呼ばれているが、これによって、トウモロコシや小麦など大麦麦芽以外の穀物を原料としたグレーン・ウイスキーが量産されるようになった。

1853年、エジンバラの酒商だったアンドリュー・アッシャー（Andrew Usher）がモルト・ウイスキーとグレーン・ウイスキーをブレンドしたブレンデッド・ウイスキーを発売、モルトの豊かな香味とグレーンの飲みやすさを併せ持ったこの新タイプのウイスキーは、人々に広く受け入れられた。ブレンデッド・ウイスキーが支持を広げていくに従い、スコットランドのウイスキー生産の主導権は、大規模なグレーン・ウイスキー蒸溜業者に移っていった。1877年、ローランドの大手蒸溜業6社によりD.C.L.（Distillers Company Limited）が結成され、生産、販売両面で大きなシェアを占めるようになった。

1880年代に入って、ブドウ畑に壊滅的な被害を与えたフィロキセラ虫害により、

フランスのワイン、ブランデーの生産が激減したが、これはブレンデッド・スコッチ・ウイスキーに有利に働いた。これまでコニャックなどフランスのブランデーを飲んでいたイギリスの上流階級は、コニャックに代わる熟成ブラウン・スピリッツとしてウイスキーを飲み始めたのだ。やがて、専らジンを愛飲していた庶民層にもウイスキーが浸透していった。以後、D.C.L.などの大手生産者は、アメリカはじめイギリスと関わりのある国々にウイスキーの輸出を始め、スコッチ・ウイスキーは、今日の世界の酒の地位を築いていく。

アメリカでのウイスキーづくりは、18世紀に入ってから始められた、と考えられている。蒸溜酒の生産自体は、植民地開拓が始まった17世紀初頭から行なわれていたが、ウイスキーではなく、果物を原料にしたブランデーや糖蜜(砂糖を精製した残液)を使ったラムが主体だった。アメリカのラムづくりは、奴隷売買を軸にした悪名高い三角貿易(サトウキビ栽培の盛んな西インド諸島に奴隷を売り、糖蜜を輸入する。アメリカで蒸溜したラムをヨーロッパに運んで売り、その利益でアフリカからさらに奴隷を買う)に支えられていたので、1808年、奴隷取引廃止令が施行されると、急速に衰退、代わりに穀物を原料にしたスピリッツ(ウイスキー)がペンシルバニアなどで生産されるようになった。当時の蒸溜は、農民の余剰穀物の処理として広がったもので、小型の単式蒸溜器による家内工業的、零細な規模がほとんどだった。

1791年、独立戦争後の経済再建のため、政府は蒸溜酒に課税する法律を公布したが、これに反対する農民は、いわゆる「ウイスキー暴動」(1794年)を起こすなど強く抵抗した。このとき、多数の農民が西部に移り、ケンタッキー、インディアナ、テネシーなどに新天地を求めた。農民たちは、この地域に適した穀物であるトウモロコシを栽培し、トウモロコシを原料にして蒸溜酒をつくり始めた。

現在、アメリカを代表するウイスキーとして知られるバーボン(Bourbon Whiskey)は、18世紀の末、ケンタッキー州バーボン郡で誕生した。この地で最初にバーボン(バーボン・ウイスキーという名称が一般に使われるようになるのは、1820年代以降とされるが…)をつくった人物として、エヴァン・ウイリアムス(Evan Williams)や牧師のエリア・クレイグ(Elijah Craig)などの名前が挙げられている。

アメリカの酒類生産は、1920年から13年間続いた禁酒法によって、表面的には廃止されたが、一部の人々は、バーボンやコーン・ウイスキーなどを密造した。彼らは、月明かりの下で蒸溜したのでムーンシャイナー(Moonshiner)と呼ばれ、密造ウイスキーは、ムーンシャイン、あるいはマウンテン・デュー(Mountain Dew／山の露)と呼ばれた。

ほとんど効果がなかったばかりか、密売、闇酒場の横行で飲酒人口を増やす結果に終わった禁酒法が廃止されると、アメリカのウイスキーづくりは、連続式蒸溜機が主流になり、資本力の大きい企業に集約されていった。

カナダの本格的なウイスキーづくりは、アメリカの独立戦争後、移住してきた王

党派(独立反対派)の人々によって、ケベックやモントリオールを中心とする地域で始められた。当初は、製粉業者が副業的に始めたが、しだいに専業の蒸溜会社が設立され、19世紀後半には、アメリカに輸出するまでになる。

アメリカの禁酒法時代には、カナダから大量のウイスキーがアメリカに密輸され、その量は、年間4万klにも上ったという。カナダのウイスキーづくりは、アメリカ市場に依存する形で発展してきたが、現在では、世界各国への輸出にも力を入れている。

わが国にウイスキーが伝えられたのは、1853年、アメリカのペリーが黒船(軍艦)を率いて浦賀に来航したとき、ウイスキーなど各種の洋酒を持ってきたのが最初だとされている。明治時代になると、薬種問屋などがウイスキーの輸入を始めたが、量的には、ごくわずかにとどまっていた。明治・大正期を通じて、ウイスキーは限られた一部の人々だけに飲まれ、庶民には遠い存在だった。

日本における本格的なウイスキーづくりは、1923年、寿屋(現サントリー)の鳥井信治郎が京都郊外の山崎に建設したモルト・ウイスキー蒸溜所に始まる。鳥井は、スコットランドでウイスキーの製法を学んだ初めての日本人である竹鶴政孝を技師として招き、国産ウイスキーの開発に精力を傾けた。6年後の1929年、山崎蒸溜所で熟成したジャパニーズ・ウイスキー第1号の製品が発売された。以後、東京醸造、大日本果汁(ニッカ。現アサヒビール)、東洋醸造(現アサヒビール)、オーシャン(現キリンビール)、キリン・シーグラムなど多数の企業がウイスキー事業に参入した。

第二次大戦後の日本では、開放された気分とアメリカ文化への関心もあって、若い世代にウイスキーが受け入れられた。全国に誕生したスタンドバーでは、国産ウイスキーが飲まれ、ウイスキーは大衆的な基盤に支えられて目覚ましい発展の時代を迎えることになる。

現在の世界の主要なウイスキー産地は、上記のスコットランド(イギリス)、アイルランド、アメリカ、カナダ、日本の5ヵ国で、原料、製法、風土の違いに由来する独特な香味を競っている。

スコッチ・ウイスキー(Scotch Whisky)

スコッチ・ウイスキーは、スコットランドで蒸溜、熟成、ボトリングされたウイスキーの総称。スコッチ・ウイスキーは、製造法の違いからモルト・ウイスキー、グレーン・ウイスキー、ブレンデッド・ウイスキーの3つに分けられる。

1─モルト・ウイスキー(Malt Whisky)

大麦麦芽(モルト)だけを原料に、発酵後、単式蒸溜器で2回蒸溜し、オークの樽で長期間(最低でも3年)じっくりと熟成させる。蒸溜精度(蒸溜液のアルコール度数)

は、60〜80％で、原料に由来する香味成分を豊かに残している。

　モルト・ウイスキーは、モルトに焚き込んだピート（泥炭）のスモーキー・フレーバーと重厚な香味が特徴。大麦麦芽に焚き込むピートの加減、使用する水の質、酵母の違い、蒸溜器の形状、樽熟成の方法や環境の違い、熟成年数などによって、さまざまな個性のモルト・ウイスキーがつくられている。

　現在、約100ヵ所ある蒸溜所でつくられたモルト・ウイスキーは、大部分ブレンデッド・ウイスキーに回されるが、一部はシングル・モルト・ウイスキー（Single Malt Whisky／単一の蒸溜所のモルト・ウイスキー）としても販売される。市販されているモルト・ウイスキーは、複数の蒸溜所のモルト原酒を混ぜ合わせた（ヴァッティングした）ヴァッテド・モルト・ウイスキー（Vatted Malt Whisky）と呼ばれるが、ブレンデッド・モルト・ウイスキー（Blended Malt Whisky）と表示されることも多い。シングル・モルト・ウイスキーとヴァッテド・モルト・ウイスキーは、いずれもピュア・モルト・ウイスキー（Pure Malt Whisky）と呼ばれる。また、グレーン・ウイスキーとブレンドしていないという意味で、アンブレンデッド・ウイスキー（Unblended Whisky）ともいう。

　モルト・ウイスキーは、蒸溜所ごとに異なった個性を持っており、厳密にいえば樽ごとに性格が違うが、それでも、生産地域によって共通する個性がある。

●**ハイランド・モルト**（*Higland malt*）
　北部ハイランド地域のモルト・ウイスキー。爽やかなピート香とまろやかな香味が特徴。蒸溜所が集中しているスペイ川周辺（スペイサイド／Speyside）のフルーティーな芳香と華やかな香味を持つモルトをハイランドから分離して、スペイサイド・モルトと呼ぶことがある。

●**ローランド・モルト**（*Lowland Malt*）
　南部ローランド地域のモルト・ウイスキーで、穏やかなピート香とソフトな風味を持っている。

●**キャンベルタウン・モルト**（*Campbeltown Malt*）
　西部のキンタイア半島先端のキャンベルタウンでつくられている。ヘビーな風味だが、アイラ・モルトほど個性は強くない。

●**アイラ・モルト**（*Islay Malt*）
　スコットランド西部のアイラ島でつくられるモルト・ウイスキー。強いピートのスモーキー・フレーバーとヘビーな香味に特徴がある。

●**アイランズ・モルト**（*Islands Malt*）
　オークニー諸島、スカイ島、マル島、ジュラ島、アラン島に所在する蒸溜所。近年「島のモルト」という意味で、アイランズ・モルトとして分類されることが多い。各蒸溜所の個性が異なり共通した特徴は見出しにくい。

2——グレーン・ウイスキー（*Grain Whisky*）

　大麦麦芽、トウモロコシ、小麦などの穀類を原料に、糖化、発酵させ、連続式蒸溜機で蒸溜し、樽で熟成する。蒸溜精度は、95％未満。ピート香をつけず、柔らかくライトな風味に仕上げる。ほとんどブレンド用に使われている。

3——ブレンデッド・ウイスキー（*Blended Whisky*）

　多種のモルト・ウイスキーと数種のグレーン・ウイスキーをブレンドし、豊かな風味と飲みやすさを持っている。ブレンダーのブレンドの技術（モルト・ウイスキーとグレーン・ウイスキーの配合比率など）で、多様な個性を持ったブレンデッド・ウイスキーがつくり出されている。

▰▰▰ アイリッシュ・ウイスキー（*Irish Whiskey*）

　アイルランド産のアイリッシュ・ウイスキーの伝統的な製法（ピュア・ポットスチル／Pure Pot Still）は、ピートを焚き込まない大麦麦芽、大麦、ライ麦、小麦などを原料に、大型の単式蒸溜器で3回蒸溜し、樽で3年以上熟成させる。こうして得られたアイリッシュ・ストレート・ウイスキー（Irish Straight Whiskey）は、スコッチのモルト・ウイスキーに比べてピート香がなく、やや軽い風味が特徴。

　1970年代になって、このストレート・ウイスキーにグレーン・ウイスキーをブレンドした軽快な味わいのブレンデッド・アイリッシュ・ウイスキーが生まれ、世界的なライト嗜好に乗って人気を得た。

　過去には何百という蒸溜所が存在していたが、現在では北アイルランド（イギリス領）のブッシュミルズ（Bushmills）蒸溜所、アイルランド共和国の南部コーク市郊外にあるミドルトン（Middlton）蒸溜所、北東部にあるクーリー（Cooley）蒸溜所の3ヵ所に集約されている。

　伝統的なアイリッシュ・ウイスキーの製法も残されているが、スコットランドのモルト・ウイスキーの製法のように単式蒸溜機で2回蒸溜したり、ピート香をつけたりしている。熟成も、シェリー樽などさまざまな樽の使い分けを見せる蒸溜所もある。

▰▰▰ アメリカン・ウイスキー（*American Whiskey*）

　アメリカのウイスキーは、主要原料（全体の51％以上を占める原料）によって、バーボン（トウモロコシ）、ライ（ライ麦）、ホイート（小麦）、モルト（大麦）、ライ・モルト（ライ麦麦芽）、コーン（トウモロコシ。コーン・ウイスキーは原料の80％以上

トウモロコシを使用しなければならない）・ウイスキーの6種に大別されている。そして、製造法によって、ストレート・ウイスキー、ブレンデッド・ストレート・ウイスキー、ブレンデッド・ウイスキーの3タイプに分類されている。

　アメリカにおけるウイスキーの表記は、法律上はWhiskyだが、一般には慣習的にeを加えてWhiskeyと表記している。

1―ストレート・ウイスキー（Straight Whiskey）

　アルコール度数80度以下で蒸溜し、内部を焦がしたホワイト・オークの新樽で最低2年貯蔵する。ただし、ストレート・コーン・ウイスキーには樽の制限がなく、貯蔵年数も必要な期間となっている。

●ストレート・バーボン・ウイスキー（Straight Bourbon Whiskey）

　51％以上のトウモロコシにライ麦、小麦、大麦麦芽などの原料を糖化、発酵させ、連続式蒸溜機でアルコール度数80％で蒸溜、内部を焦がしたホワイト・オークの新樽に入れて、2年以上熟成させる。ストレート・バーボンの発酵法には、糖化液（マッシュ／Mash）に純粋培養した酵母を加えるスイート・マッシュ（Sweet Mash）法と、マッシュに前回の蒸溜に使った発酵液（ウォッシュ／Wash）を25％以上加えるサワー・マッシュ（Sour Mash）法がある。サワー・マッシュ法では、複雑な風味を持ったバーボンが生まれる。ストレート・バーボンは、原料の配合、発酵法、水（石灰岩層をくぐり抜けたライムストーン・ウォーター／Limestone Water）の性質、樽の焦がし方、熟成期間など、さまざまな要因の違いで、バラエティーに富んだ製品がつくられている。

　ストレート・ウイスキーには、バーボンの他に、ストレート・ライ・ウイスキー（Straight Rye Whiskey）、ストレート・ホイート・ウイスキー（Straight Wheate Whiskey）、ストレート・モルト・ウイスキー（Straight Malt Whiskey）、ストレート・ライ・モルト・ウイスキー（Straight Rye Malt Whiskey）、ストレート・コーン・ウイスキー（Straight Corn Whiskey）がある。

　サトウカエデの炭で濾過（チャコール・メローイング／Charcoal Mellowing）するテネシー・ウイスキー（Tennessee Whiskey）もストレート・バーボンに分類されている。

2―ブレンデッド・ストレート・ウイスキー（Blended Straight Whiskey）

　ストレート・ウイスキー同士をブレンドする。

3──ブレンデッド・ウイスキー(Blnded Whiskey)

　ストレート・ウイスキー20％以上(100プルーフ換算)に、スピリッツや他のウイスキーなどをブレンド。アメリカン・ブレンデッド・ウイスキーとも呼ばれる。
　この他のアメリカン・ウイスキーには、アルコール度数80度以上95度未満で蒸溜、内部を焦がさない新樽か古樽で貯蔵したライト・ウイスキー(Light Whiskey)などがあるが、よく飲まれているのは、ストレート・バーボン、アメリカン・ブレンデッドの2種で、他のウイスキーはごくわずかにとどまっている。
　わが国に輸入されているバーボン・ウイスキーの中に、Bottled in Bond(ボトルド・イン・ボンド)と表示されているものがあるが、これは、ボトルド・イン・ボンド法(保税倉庫＝Bond内で、アルコール度数100プルーフで4年以上貯蔵し、瓶詰めしたウイスキー)に従って製品化したもの。

■■カナディアン・ウイスキー(Canadian Whisky)

　トウモロコシ主体の原料を連続式蒸溜機で蒸溜し、樽で3年以上熟成した軽い風味のベース・ウイスキー(Base Whisky)とライ麦主体の原料を連続式または単式蒸溜器で蒸溜、やはり3年以上樽貯蔵したフレーバリング・ウイスキー(Fravering Whisky)をブレンドする。蒸溜精度はベース・ウイスキーが95％以下、フレーバリング・ウイスキーは60〜70％程度。
　カナディアン・ウイスキーは穀物由来の風味が柔らかく、もっともライトなタイプのウイスキーといえる。ブレンド後の原料比率で、ライ麦が51％以上なら、ライ・ウイスキー(Rye Whisky)と表示できる。

■■日本のウイスキー(Japanese Whisky)

　わが国のウイスキーの生産は、1923年に始まった。当初は、スコッチ・ウイスキーの技術に学んだウイスキーづくりだったが、やがて特有の自然条件の中で、独自のマイルドな香味を特徴とするウイスキーを生み出した。
　基本的な製法は、スコッチと同じく、大麦麦芽(モルト)を原料にして、単式蒸溜器で2回蒸溜、樽で長期熟成したモルト・ウイスキーと、トウモロコシ主体の穀物原料を連続式蒸溜機で蒸溜して、樽熟成したグレーン・ウイスキーをつくり、これをブレンドしてブレンデッド・ウイスキーとする。モルト・ウイスキーは、スコッチに比べてピートによるスモーキー・フレーバーがソフトに抑えられている。
　1989年4月の酒税法改正によって、ウイスキーの級別課税が廃止され、わが国のウイスキーは、従来の特級、1級、2級の区別がなくなり、一本化された。

世界のウイスキー

ウイスキーのタイプ	原料	蒸溜法	蒸溜度数	特徴
●スコッチ モルト・ウイスキー グレーン・ウイスキー ブレンデッド・ウイスキー	ピーテッド・モルト コーン、モルト他 モルト・ウイスキー＋ グレーン・ウイスキー	単式2回 連続式	60～80 95未満	ディスティラリーが多いので多様な個性を持つ。スモーキー・フレーバーが強く、華やかな香りと、重厚な味わいがある。
●アイリッシュ ストレート・ウイスキー グレーン・ウイスキー ブレンデッド・ウイスキー	モルト、大麦他 コーン、モルト他 ストレート・ウイスキー＋グレーン・ウイスキー	単式3回 連続式	85未満 95未満	以前はストレート主体で重いものが多かったが、最近はブレンドして軽快な風味になっている。スモーキー・フレーバーはなく、穏やかな風味が特徴。
●アメリカン（バーボン） ストレート・バーボン ブレンド・オブ・ストレート・バーボン ブレンデッド・バーボン	コーン（51％以上）、モルト、ライ麦他 ストレート・バーボン＋他のストレート・ウイスキー	連続式 （タブラー）	80以下	ストレート・ウイスキーは内面を強く焦がした新樽に貯蔵するため、オークの香りや華やかな香味がある。ライトな風味を持つものから重厚な香りとコクを特徴とするものまで多彩な個性がある。
●カナディアン フレーバリング・ウイスキー ベース・ウイスキー ブレンデッド・ウイスキー	ライ麦、モルト他 コーン、モルト他 フレーバリング・ウスキー＋ベース・ウイスキー	連続式→ 単式 連続式	60～70 95未満	5大ウイスキー中もっとも軽い風味。ブレンデッド・ウイスキーは、軽快なベース・ウイスキーによりライト＆スムーズが特徴。カナディアン・ライ・ウイスキーは、ライ麦を51％以上使用。
●日本 モルト・ウイスキー グレーン・ウイスキー ブレンデッド・ウイスキー	ピーテッド・モルト コーン、モルト モルト・ウイスキー＋ グレーン・ウイスキー	単式2回 連続式	70未満 95未満	製法はスコッチの流れをくんでいるが、スモーキー・フレーバーが少なく、マイルドな香味。

ブランデー Brandy

　ブランデーは、フルーツを発酵させ、蒸溜した酒のすべてを指す言葉として使用されているが、単に「ブランデー」というときは、ブドウ原料のワインを蒸溜したグレープ・ブランデーを指している。ブドウ以外のフルーツを原料にした場合は、フルーツ・ブランデーと総称され、アップル・ジャック(Apple Jack／リンゴ原料)、キルシュワッサー(Kirschwasser／サクランボ原料)などブランデー以外の名称で呼ばれることが多い。

　ブランデーの語源は、オランダ語の焼いたワイン(英語ではBurnt Wine)を意味するブランデウェイン(Brandewijn)がイギリスで転訛して、ブランデーとなった、といわれている。また、Brandewijnは、コニャック地方の人々が「ワインを蒸溜した酒」の意味で使っていたヴァン・ブリュレ(Vin brulé／熱したワイン)をオランダ語に直訳したもの、とされている。

ブランデーの歴史

　ブランデーがいつ、どのようにしてつくられるようになったか、については不明だが、中世の錬金術師によって、ワインを蒸溜する技術がもたらされたと考えていいだろう。フランスのブランデーに関する最古の記録は、アルマニャック地方のオー・ガロンヌ県のもので、1411年には、この地方で「生命の水(フランス語でオー・ド・ヴィー／Eau de Vie)」がつくられていたと記録されている。16世紀になると、ボルドー、パリ、アルザスなどで蒸溜の記録が残っており、17世紀には、コニャック地方で企業化されたブランデーづくりが始まっている。

　コニャック地方のブランデーの起こりは、1562年から1598年にかけての宗教戦争が契機となった。古くからワインの産地として知られていたコニャック地方は、宗教戦争の主戦場となったためにブドウ畑が荒廃し、戦争が終結しても戦前のような声価は得られなかった。そこで当時、大西洋貿易の実権を握り、コニャック地方のワインも扱っていたオランダの貿易商が、ワインを蒸溜してオー・ド・ヴィーとすることを勧め、北欧やイギリスで販売したが、この新しい蒸溜酒は、特にイギリスで歓迎された。

グレープ・ブランデー(*Grape Brandy*)

　グレープ・ブランデーはワインを蒸溜してつくる。したがって、ワインの主要生産国は、フランスを筆頭に、スペイン、イタリア、ギリシャ、ドイツ、ポルトガル、アメリカ、南アフリカ、ロシア、ブルガリアなど、多少にかかわらずブランデーを

生産している。なかでもフランスのコニャック地方と、アルマニャック地方のブランデーは世界的に知られており、コニャック、アルマニャックという名称は、1909年のフランス国内法(A.C.法。原産地呼称統制法)で、厳しく規制されている。

1──コニャック(*Cognac*)

　コニャック地方のブランデーは、正式にはオー・ド・ヴィー・ド・ヴァン・ド・コニャック(Eau de Vie de vin de Cognac)といい、フランス西部、コニャック市を中心としたシャラント(Charente)と、シャラント・マリティーム(Charente Maritimes)の2つの県の法定地域内でつくられる。それ以外の地域で生産されたブランデーをコニャックと称することはできない。

　原料のブドウは大部分が、サンテ・ミリオン(Saint Émilion／現地ではユニ・ブラン〈Ugni blanc〉と呼んでいる)で、これから得られる酸味の強いワインを蒸溜する。蒸溜は、シャラント型と呼ばれる伝統的な単式蒸溜器で2度行ない、アルコール度数75%程度の蒸溜液を得る。それをリムーザン地方(Limousin)かトロンセ(Tronçais)の森で採れたオークの樽で、長期間熟成した後、ブレンドして瓶詰めする。

　コニャックの法定地域は、土壌の質によって6地域に区分されており、それぞれ特有の性格を持ったブランデーを生み出している。

①**グラン・シャンパーニュ**(*Grand Champagne*)
　石灰質の土壌で、ブランデーは熟成に年月がかかるが、香り高く繊細で、上品な香味を持っている。

②**プティ・シャンパーニュ**(*Petite Champagne*)
　やや個性に乏しいが、グラン・シャンパーニュに次ぐ優れたブランデーを産む。比較的、熟成は早い。

③**ボルドリ**(*Borderies*)
　腰が強く、豊かなボディーのブランデーができる。

④**ファン・ボア**(*Fins Bois*)
　若々しく、軽快なブランデーを産む。

⑤**ボン・ボア**(*Bons Bois*)
　ブランデーの香味は、やや痩せている。

⑥**ボア・ゾルディネール**(*Bois Ordinaires*)
　やや荒い風味のブランデー。

　グラン・シャパーニュ地域で、ブドウの収穫から出荷まで、一貫して作業した製品は、グラン・シャンパーニュと表示できる。また、グラン・シャンパーニュに50%以下の割合でプティ・シャンパーニュ地域のブランデーをブレンドした製品は、フィーヌ・シャンパーニュ(Fine Champagne)と表示できる。

2—アルマニャック（Armagnac）

　アルマニャック地方のブランデー、オー・ド・ヴィー・ド・ヴァン・ダルマニャック（Eau de Vie de vin d'Armagnac）は、フランス南西部アルマニャック地方の法定生産地域でつくられたもの。ブドウは、フォル・ブランシュ（Folle Blanche）、サンテ・ミリオンが主に使われる。蒸溜は独特の半連続式蒸溜機で1回だけ行なわれる（蒸溜精度55％程度。1972年以降、コニャック式の単式蒸溜器による2回蒸溜が認められており、72％まで蒸溜精度を高めることができる）。貯蔵に使う樽材は、ガスコーニュ産のブラック・オークが最良とされている。コニャックに比べ、香りが強く、フレッシュで、ハツラツとした味わいが特徴。

　アルマニャックでも、法定地域内を土質によって区分している。

①**バ・ザルマニャック**（Bas Armagnac）
　白亜質の土壌で、繊細、優雅な香りのブランデーを産む。

②**オー・タルマニャック**（Haut Armagnac）
　白亜質と粘土質の土壌。やや平凡な風味のブランデーになる。

③**テナレーズ**（Ténarèze）
　腰が強く、香りも高いブランデーができる。

　アルマニャックの場合、同一区域内で生産したブランデーのみを製品化したものは、その区域名を表示できる。

　コニャックやアルマニャックのラベルには、スリースター、V.S.O.P.、ナポレオン（NAPOLEON）、X.O. などの表示で熟成の度合いを示している。熟成期間について、フランスでは、コント（Compte）という単位を用いている。コントの数え方は、コニャックではブドウ収穫の翌年4月1日から、アルマニャックでは翌年5月1日から1年間をコント0とする。次の年の4月1日から（5月1日から）コント1になる。さらに次の年にはコント2になる、というように数えていく。したがってコント5のブランデーは、コニャックではブドウ収穫の翌年4月1日から最短で60ヵ月超、最長で72ヵ月以下の熟成期間を経ていることになる。

　このコントと表示の関係は、スリースターではコント2（いわゆる3年物）、V.S.O.P.やReserveではコント4以上、NAPOLEON、X.O.ではコント6以上のブランデーを使用することになっている（いずれもブレンドされたブランデーのもっとも若いもののコントで表示する）。コント7以上の表示には規定がない。ただし、これは法的に規制された下限で、一般的には、もっと長期に熟成したブランデーが使用されているようだ。

3—その他のフランス産グレープ・ブランデー

　コニャック、アルマニャック以外の地域で生産されるグレープ・ブランデーは、

フレンチ・ブランデー(French Brandy)と総称されている。主として連続式蒸溜機で蒸溜され、熟成期間も短い製品が多い。

　フランスでワイン用ブドウの絞りかすからつくるブランデーは、オー・ド・ヴィー・ド・マール(Eau de Vie de marc)と呼ばれ、ブルゴーニュ、シャンパーニュ、アルザスなど有名ワイン産地で生産されている。蒸溜は、主として単式蒸溜器で行なわれており、長期の樽熟成を経た後、製品化されている。

4―ドイツのグレープ・ブランデー

　ドイツのグレープ・ブランデーは、ブラントヴァイン(Branntwein)と呼ばれ、そのうち、85％以上をドイツ国内で蒸溜したものは、ヴァインブラント(Weinbrant)として区別され、高級品扱いされている。いずれも6ヵ月以上樽熟成させることが義務づけられ、1年以上熟成させたものは、ウアアルト(Uralt)と表示できる。ドイツのブランデーは、一般的にライトな香味を特徴としている。

5―イタリアのグレープ・ブランデー

　イタリアのグレープ・ブランデーは、単式蒸溜器と、連続式蒸溜機を併用しているメーカーが多く、重厚な風味に特徴がある。また、ワイン用ブドウの絞りかすを蒸溜したグラッパ(Grappa)は、フランスのオー・ド・ヴィー・ド・マールに当たるブランデーだが、樽熟成をせずに、無色透明のまま製品化される。

6―日本のグレープ・ブランデー

　わが国のブランデーの本格的な生産は、昭和10年(1935年)頃から始まったが、昭和30年代以降、品質の向上とともに生産量も大きく伸びている。日本のブランデーは、酒質がライトで、繊細な香味に特徴がある。

■ フルーツ・ブランデー(*Fruit Brandy*)

　フルーツ・ブランデーの主要な産出国は、フランスとドイツ。原料を破砕、発酵させ、蒸溜してつくる製法と、原料をアルコールに浸漬してから蒸溜をする製法がある。フランスではどちらもオー・ド・ヴィーと総称するが、ドイツにおいては前者の製法でつくられたフルーツ・ブランデーを～ワッサー(～wasser)、後者を～ガイスト(～geist)と呼んで区別している。樽で熟成させるものもあるが、フルーツ・ブランデーの多くは、蒸溜した後、タンクで味を慣らして製品化しており、無色透明のものがほとんど。

主なフルーツ・ブランデーには、次のようなものがある。

- **リンゴ：カルバドス**(Calvados)、**アップル・ジャック**(Apple Jack)

リンゴを発酵させ、シードル(Cidre／英語でサイダーCider)をつくり、蒸溜する。主な産地は、フランス北部とイギリス、アメリカ。フランスではオー・ド・ヴィー・ド・シードル(Eau de Vie de cidre)といい、北部ノルマンディーが生産の中心。特にカルバドス地方のオー・ド・ヴィー・ド・シードル・ド・カルバドス(Eau de Vie de cidre de Calvados)は、世界的にも著名。単式蒸溜器で蒸溜し、熟成期間も3年程度と比較的短い。アメリカ産のアップル・ブランデーは、アップル・ジャック(Apple Jack)と呼ばれる。同じアップル・ジャックでも、イギリスのものは、サイダー用などのリンゴのかす取りブランデーを指している。

- **サクランボ：キルシュ**(Kirsch)、**キルシュワッサー**(Kirschwasser)

フランスのアルザス地方、ドイツのシュヴァツルワルト地方、スイスが主産地。フランスではオー・ド・ヴィー・ド・スリーズ(Eau de Vie de cerise)が正式な呼び名だが、一般にはドイツ語の呼び名キルシュ(Kirsch)が使われている。キルシュとは、サクランボの意。原料のサクランボを破砕、発酵させ、蒸溜する。

- **スモモ：ミラベル**(Mirabelle)、**スリボビッツ**(Slivovitz)、**クエッチェ**(Quetsch)

黄色西洋プラム(スモモ)を原料にしたブランデーは、フランス北部、ドイツ、東欧諸国が主産地。フランスのオー・ド・ヴィー・ド・ミラベル(Eau de Vie de mirabelle)は無色透明だが、東欧諸国でスリボビッツ(Slivovitz)と呼ばれる製品には、樽熟成による黄色または褐色に着色したものがある。また、バイオレット・プラムを原料にしたフルーツ・ブランデーも、フランスでオー・ド・ヴィー・ド・クエッチェ(Eau de Vie de quetsch)と呼ばれて生産されている。

- **イチゴ：フレーズ**(Fraise)

フランス名オー・ド・ヴィー・ド・フレーズ(Eau de Vie de fraise)。

- **ウイリアム種洋梨：ポワール**(Poires)

オー・ド・ヴィー・ド・ポワール(Eau de Vie de poires)と呼ばれ、フランスが主産地。

- **木イチゴ：フランボワーズ**(Framboies)、**ヒンベアガイスト**(Himbeergeist)

フランス(オー・ド・ヴィー・ド・フランボワーズ／Eau de Vie de framboise)、ドイツ、スイス(ヒンベアガイスト／Himbeergeist)が主な産地。

- **あんず：アプリコーゼンガイスト**(Aprikosengeist)

ジン Gin

■ジンの歴史

　ジンの歴史は諸説あるが、1660年、オランダのライデン大学医学部教授フランシスクス・シルビウス（Franciscus Sylvius／この名前は、当時の学者が用いていたラテン語の通称で、本名、フランツ・ド・ル・ボエ／Franz de le Boë）によって開発されたといわれている。シルビウスは、熱病の特効薬をつくろうとして、利尿効果のあるジュニパー・ベリー（セイヨウネズの実）をアルコールに浸漬して蒸溜した。医学者シルビウスの意図とは別に、この薬用酒はむしろ、爽やかなアルコール性飲料として評判になり、ジュニパー・ベリーを意味するフランス語ジュニエーブル（Genièvre）からジュネバ（Geneva）と呼ばれて、オランダを代表する酒となった。

　ジュネバは、オランダ商人の手で世界各地に広がっていったが、特にイギリスでは英語風にジン（Gin）と呼ばれて大流行した。1689年にオランダから英国王に迎えられたウイリアム3世（オレンジ公ウイリアム）の影響もあって、爆発的な人気を得た。18世紀前半のイギリスでは、「ジンの時代」と呼ばれるほど庶民層にジンが飲まれ、未成年者や女性も巻き込んださまざまな悲劇が生まれている。

　イギリスでは、当初、飲みやすくするため砂糖で甘味付けされたオールド・トム・ジン（Old Tom Gin）が好まれていたが、19世紀後半になると、連続式蒸溜機によるスッキリとした風味のロンドン・ドライ・ジン（London Dry Gin）が登場してジュネバを圧倒、世界的にもロンドン・ドライ・ジンが主流になった。

■ジンの種類

　ジンは、大別するとオランダ・タイプ（ジュネバ）とイギリス・タイプがある。イギリス・タイプの代表的なものはロンドン・ドライ・ジンで、その他に1〜2％の甘味をつけたオールド・トム・ジンや、香りの強いプリマス・ジン、フルーツの香りをつけたフレーバード・ジンなどがある。またドイツにはシュタインヘーガーと呼ばれるジンがある。

1──ロンドン・ドライ・ジン（London Dry Gin）

　現在では単にジン、あるいは主産地の名をとってロンドン・ドライ・ジン（London Dry Gin）とも呼ばれる。トウモロコシ、大麦麦芽、ライ麦などを糖化・発酵させた後、連続式蒸溜機で蒸溜し、高アルコール度のグレーン・スピリッツをつくる。このグレーン・スピリッツをジュニパー・ベリーを主体とする香味原料とともに単

式蒸溜器で再蒸溜するが、それには2つの方法がとられている。ひとつは、グレーン・スピリッツと香味原料を混ぜ合わせ、単式蒸溜器で蒸溜する。他は、単式蒸溜器の上部に取り付けたジン・ヘッドと呼ばれる上下が網になった円筒の中に香味原料を入れ、蒸溜されてくる蒸気を通して香味成分を抽出する方法。

ロンドン・ドライ・ジンの香味づけには、ジュニパー・ベリーの他にコリアンダー、アニス、キャラウェイ、フェンネル、カルダモンなどの種子、アンジェリカなどの根、レモン、オレンジの果皮、肉桂などが用いられているが、どの原料をどんな割合で使用するかによって、風味の異なるロンドン・ドライ・ジンがつくられている。爽やかでライトな香味は、カクテル・ベースとして重用される。

2—ジュネバ（Geneva）

オランダ・タイプのジンは、ジュネバ、イエネーフェル（Jenever）、ダッチ・ジュネバ（Dutch Geneva）、ホランズ（Hollands）、スキーダム（Schiedam）などと呼ばれる。大麦麦芽、トウモロコシ、ライ麦などを糖化、発酵させ、伝統的な単式蒸溜器で蒸溜する（この段階でもう一度蒸溜する製品もある）。この蒸溜液（グレーン・スピリッツ）にジュニパー・ベリーやキャラウェイ・シード、オレンジの果皮、その他香草類を加え、さらにもう一度単式蒸溜器で蒸溜する。香味が濃厚で、麦芽の香りが残っている。カクテル・ベースよりは、強く冷やして、ストレートで濃い風味を楽しむ飲み方が多い。

3—プリマス・ジン（Plymouth Gin）

18世紀以来、イングランド南西部のプリマスでつくられている香りの強いジン。ドミニコ派の修道院でつくったのが始まりといわれる。

4—オールド・トム・ジン（Old Tom Gin）

現在は、ロンドン・ドライ・ジンに2%の砂糖を加えて製品化する。基本的な原料、製法はロンドン・ドライ・ジンと変わらない。

5—シュタインヘーガー（Steinhäger）

ドイツでつくられるオランダ・ジン系のジン。数世紀前ドイツのウエストファーレン州のシュタインヘーゲン村で生まれたことから、この名前がある。製法は、ジュニパー・ベリー自体を発酵、蒸溜してジュニパー・ベリーのスピリッツを得る。これをグレーン・スピリッツとブレンドし、単式蒸溜器で再蒸溜する、といった独

特な方法がとられている。柔らかな風味が特徴。

6──フレーバード・ジン（*Flavored Gin*）

　フルーツなどで香りをつけた甘口のジン。日本、アメリカではリキュールとして扱っているが、ヨーロッパではジンの一種として扱うことも多い。スロー・ジン（Sloe Gin）、オレンジ・ジン（Orange Gin）、レモン・ジン（Lemon Gin）、ジンジャー・ジン（Ginger Gin）などがある。

ウオッカ *Vodka*

■ ウオッカの歴史

　ウオッカの古い呼び名は、ズィズネーニャ・ワダといい、「生命の水」という意味を持っていた。16世紀ロシアのイワン雷帝の時代に、このワダ（Voda／水）からVodka、ウオッカと呼ばれるようになった、とされる。ウオッカの歴史は、12世紀になって最初の記録が見られるといわれるが、詳しいことはわかっていない。11世紀のポーランドで生まれたという説もある。原料は、ライ麦のビールや蜂蜜酒を蒸溜したのではないか、と考えられており、連続式蒸溜機が出現する以前は簡素な単式蒸溜器で蒸溜していたから、雑味も多く、香草によって香りがつけられることも多かったようだ。

　17〜18世紀頃のウオッカは、主としてライ麦を原料に使っていたようだが、18世紀後半からトウモロコシ、ジャガイモなども使われるようになった。1810年、ペテルスブルグのアンドレイ・アルバーノフという薬剤師が、白樺の炭の活性作用を発見、これをウオッカの濾過に利用する技術を開発したのはピョートル・スミルノフだと伝えられている。独自の濾過技術の確立と、19世紀半ばに蒸溜精度の高い連続式蒸溜機が登場したことにより、酒類の中で、ひときわピュアな風味のウオッカの個性が固まった。

　ウオッカがロシア以外の国でも製造、飲酒されるようになったのは、1917年のロシア革命以後のこと。ロシアから亡命した白系ロシア人は、亡命先の国々でウオッカを製造するようになった。1933年、禁酒法が廃止されると、アメリカにおいてもウオッカ製造が盛んになった。1939年頃からカリフォルニア州を中心にウオッカをフルーツ・ジュースで割ったロング・ドリンクが飲まれ始めた。さらに1950年代に入ると、ウオッカの中性的な性格がカクテル・ベースとして評価され、爆発的なブームになった。

　ウオッカの製法は、ライ麦、大麦、小麦、トウモロコシなどの穀類やジャガイモ

などを麦芽で糖化・発酵させ、連続式蒸溜機で蒸溜、アルコール分85％以上の純度の高い蒸溜酒をつくり、それを白樺の活性炭などの炭素の層をゆっくりと通過させる。これによって、無色透明、酒類の中でもっとも雑味のない酒が生まれてくる。原料はもちろん、蒸溜装置の構造、濾過時の炭素の層の性質と厚さ、そして炭層の通過速度などの差が品質に現れている。

現在、ウオッカの主要産地は、ロシア、バルト海沿岸諸国、ポーランド、フィンランド、スウェーデン、フランス、アメリカ、カナダなどで、それぞれの国の伝統に基づくさまざまな原料が使われている。連続式蒸溜焼酎（ウオッカとの違いは、白樺の活性炭で濾過しないこと）を持つ日本でも、独自のウオッカを生産している。

ウオッカの種類

1―レギュラー・タイプのウオッカ

アルコール度数によっていくつかに分けられる。

2―プレミアム・タイプのウオッカ

厳選されたライ麦、小麦、大麦などの穀類のいくつか、もしくはひとつの原料にこだわり、連続式蒸溜機で4、5回程度蒸溜を繰り返した、きわめてピュアで酒質の高いウオッカ。

3―フレーバード・ウオッカ（*Flavored Vodka*）

ウオッカをベースに果実を浸漬させたり、浸漬後再蒸溜などしてさまざまな香味をつけたウオッカ。伝統的なフレーバード・ウオッカは、主としてロシアおよびバルト海沿岸諸国でつくられており、以下のようなものがある。

● **ズブロフカ**（*Zubrowka*）
茅の一種の牧草であるズブロフカ草（英語ではバッファロー・グラスという）の香りをつけたウオッカ。

● **ザペケンカ**（*Zapekenka*）
ウクライナ地方の薬酒を配合。

● **ナリウカ**（*Nalivka*）
ウオッカにさまざまなフルーツを浸漬してつくる。

● **ヤーゼビアク**（*Jazebiak*）
トネリコの赤い実を浸漬したピンク色のウオッカ。

- **スタルカ**(*Starka*)
  クリミヤ地方の梨や、リンゴの葉を浸し、少量のブランデーを加える。
- **レモナヤ**(*Limonnaya*)
  レモンの香りをつけたレモン・ウオッカ。
- **ペルツォフカ**(*Pertsovka*)
  赤トウガラシとパプリカで風味をつけたペッパー・ウオッカ。
- **オホートニチヤ**(*Okhotonichya*)
  ジンジャー、グローブ、ジュニパー・ベリーなどの香りをつけ、オレンジとレモンの皮で苦みをつけたリキュール・タイプのウオッカ。

近年の新しいタイプのフレーバード・ウオッカは、無色でレモン、オレンジ、バニラ、カシスなどのフレーバーが主立っている。

ラム *Rum*

ラムの歴史

ラムは、サトウキビ(Sugar cane)を原料とする蒸溜酒であり、遅くとも17世紀には、西インド諸島でつくられていた。サトウキビは、1492年、クリストファー・コロンブスの新大陸発見後、南欧のスペインから持ち込まれた、といわれる。ラムは、通常、サトウキビから砂糖の結晶を取ったあとの糖蜜(モラセズ／molasses)からつくられるが、サトウキビの絞り汁をそのまま水で薄めて発酵させてつくるものはアグリコール(Agricole／農業生産品という意味)と表示される。西インド諸島の砂糖工業の発展とともに、ラムの蒸溜も盛んになった。

18世紀から19世紀にかけて、ヨーロッパ諸国でもラムが飲まれるようになり、特にこの時代、大活躍したイギリス海軍では、水兵への支給品として欠かせない酒だった。現在も、ラムには「海の男の酒」といったイメージが濃厚にある。また、奴隷売買にまつわる三角貿易(p.60参照)の重要な商品とされたことも、事の善悪は別にして、ラムの普及を促す結果になった。

西インド諸島生まれのスピリッツを、なぜラムと呼ぶようになったのか。語源については、いくつかの説があるが、この酒を飲んだ西インド諸島の人々が酔って興奮(ランバリオン／Rumbullion)したことから名づけられた、という説が広く受け入れられている。Rumbullionの語頭のRumをとってラムと呼んだ、というものだ。他には、砂糖を意味するラテン語のサッカラム(Saccharum)からきた、という説もある。

ラムの種類

ラムは、風味と色によって分類される。風味による分類ではライト・ラム、ミディアム・ラム、ヘビー・ラム。色で分ければ、ホワイト・ラム、ゴールド・ラム、ダーク・ラムとなる。

1――ライト・ラム(Light Rum)

ライト・ラムは、1862年、当時キューバにあったバカルディ社によって初めてつくられた。現在では、キューバの他、プエルト・リコ、バハマ、メキシコなどが主産地になっている。

製法は、糖蜜に純粋培養した酵母と水を入れて発酵させ、連続式蒸溜機で蒸溜する。原料の風味を残すために、蒸溜精度は95度未満に抑えられている。これに水を加えてタンクで熟成するか、内面を焦がしていないオーク樽で貯蔵・熟成した後、活性炭などの層を通して濾過する。

2――ミディアム・ラム(Medium Rum)

ヘビー・ラムとライト・ラムの中間的なタイプ。ラム本来の香味となめらかな口当たりで、カクテル・ベースとしても用途が広い。

糖蜜に水を加えて発酵させ、上澄み液だけを蒸溜(単式蒸溜器、連続式蒸溜機の双方が使われているが、旧イギリス領の国では単式蒸溜器が多いようだ)し、樽で貯蔵する。ガイアナ(旧英領ギアナ)、マルチニック、ジャマイカ、ドミニカなどで生産されている。

3――ヘビー・ラム(Heavy Rum)

ラムの中で、もっとも風味が豊かなタイプで、色も濃い褐色をしている。

基本的な製法は、発酵液を単式蒸溜器で蒸溜し、バーボンと同じく内部を焦がした樽で3年以上熟成する。発酵段階で風味に特徴を持たせるため、メーカーによってさまざまな方法がとられている。たとえば、糖蜜を2~3日放置して酸発酵させ、これに前回蒸溜したときの残りの滓(ダンダー/Dunder)や、サトウキビの絞り殻(バガス/Bagasse)を加えて発酵させる。アカシアの樹液やパイナップルの絞り汁を加えることもある。

ヘビー・ラムではジャマイカ産のものが有名だが、マルチニック、デメララ、ニュー・イングランド、トリニダッド・トバゴなどでも生産されている。

4 ― ホワイト・ラム（White Rum）

淡色、または無色のもの。シルバー・ラム（Silver Rum）と呼ぶこともある。通常は樽貯蔵したラム原酒を活性炭処理して雑味を除き、無色透明にする。

5 ― ゴールド・ラム（Gold Rum）

ダーク・ラムとホワイト・ラムの中間的な色で、アンバー・ラム（Amber Rum）と呼ばれることもある。ウイスキーやブランデーの色調に近い。

6 ― ダーク・ラム（Dark Rum）

色調が濃褐色で、ジャマイカ産のものに多い。

7 ― その他のラム

サトウキビの絞り汁を発酵、蒸溜したブラジルのピンガ（Pinga）や、南ヨーロッパ、南アメリカ諸国で飲まれているサトウキビ原料のスピリッツ、アグアルディエンテ（Aguardiente）もラムの一種と見られている。

近年わが国でも本格的なラムがいくつもつくられている。

テキーラ　Tequila

テキーラは、アガベ・アスール・テキラーナ（Agave Azul Tequilana）という竜舌蘭の一種を発酵、蒸溜したメキシコの酒。アガベは、マゲイ（Maguay）とも呼ばれるヒガンバナ科の常緑多年生草で、8〜10年生育した直径70〜80cm、重さ30〜40kgの球茎を利用する。

アガベには、アスール（青という意味）・テキラーナの他にアガベ・アメリカーナ（Agave Americana）、アガベ・アトロビレンス（Agave Atrovirens）といった品種があるが、こちらはメキシコで古くから飲まれてきた醸造酒であるプルケ（Pulque）の原料として使われることが多い。

メキシコでは、一般にアガベを蒸溜した酒をメスカル（Mezcal）と呼んでいるが、ハリスコ州（Jalisco）テキーラ村を中心とした特定地域で栽培したアガベ・アスール・テキラーナを特定地域で蒸溜したものに限り、テキーラと称することが許される。この法的規制は、フランスのコニャックやアルマニャックなどに適用されている

AC法（原産地呼称法）に似ている。

　法律で定められたテキーラの特定地域は、メキシコ西部のハリスコ州全域、ミチョアカン（Michoacan）、ナヤリット（Nayarit）両州の一部となっている。アガベ・アスール・テキラーナを原料に使っても、法定地域以外の場所で製品化したものはテキーラと名乗ることはできず、ピノス（Pinos）という名称で販売されている。

　メキシコに蒸溜技術が伝えられたのは、16世紀になって、この地を占領、支配したスペイン人によってである。現在のテキーラの製法は、畑で切り取って葉を落としたアガベの球茎を工場に運び、半分に割って大きな加圧釜に入れ、蒸し煮する。蒸し煮することでアガベの球茎のイヌリンが分解し、果糖に変わる。これをローラーで破砕して搾汁し、タンクに入れて酵母を加え、発酵させる。蒸溜は、単式蒸溜器で2回蒸溜し、アルコール度数50〜55度の蒸溜液を得る。貯蔵は、ステンレス・タンクでの短期貯蔵がほとんどで、一部をオーク樽に入れて熟成させる。

■ テキーラの種類

　テキーラは、熟成の程度によって、大きく3つのタイプに分けられる。

1─ホワイト・テキーラ（White Tequila）

　テキーラ・ブランコ（Tequila Blanco）、シルバー・テキーラとも呼ばれる。無色透明でシャープな香りが特徴。本来はまったく熟成させないが、3週間ほど樽貯蔵し、その後、活性炭の層に通して、無色、マイルドに精製したものもある。

2─ゴールド・テキーラ（Gold Tequila）

　テキーラ・レポサド（Tequila Reposado）ともいう。蒸溜後2ヵ月以上、樽で貯蔵熟成させるため薄黄色をしており、わずかに樽材の香りを含む。

3─テキーラ・アネホ（Tequila Añejo）

　1年以上の樽貯蔵が法規で義務づけられている。テキーラらしい強靭さ、鋭い芳香は薄れ、ブランデーに似たまろやかな風味が生まれている。アネホは、スペイン語で「古い」という意味。

アクアビット *Aquavit*

　アクアビットは、ジャガイモを主な原料とする蒸溜酒で、北欧諸国の特産。ノルウェーやドイツはAquavit、デンマークはAkvavit、スウェーデンは両方の表記を採用している。どちらにしても、語源は、ラテン語のAquavitae（アクアヴィタエ／生命の水）からきている。

　アクアビットに関する最古の記録は1467年から76年にかけての「ストックホルム市財政報告書」に見られる。当時のアクアビットは、ドイツから輸入したワインを蒸溜したもので、いわば、ブランデーだったようだ。16世紀末に穀物が使われるようになり、新大陸原産のジャガイモが主原料になったのは18世紀の頃とされる。

　現在は、ジャガイモを糖化酵素または大麦麦芽で糖化し、発酵させ、連続式蒸溜機で蒸溜する（蒸溜精度は95％以上と高い）。このスピリッツに、キャラウェイ、フェンネル、アニス、カルダモン、ディルなどの香草類を加え、もう一度蒸溜する。香草類に何を使うかによって、ブランドごとの個性が出てくる。製法的には、ジンによく似ているが、ハーブの香りはジンよりも強い。

　通常、アクアビットは樽貯蔵しないで製品化されている。が、一部にはリニエ・アクアビット（Linie Aquavit）のように、樽で熟成させ、黄褐色を帯びた製品もある。リニエ・アクアビットとは、かつて北欧から南の国へ、赤道（Linie）を越えて航海させたアクアビットのこと。樽に詰めた新酒が、航海を終えて帰ってくるまでに風味が向上するのを知った人々は、わざわざアクアビットに赤道越えの船旅をさせてから売り出した、という。

コルン *Korn*

　ライ麦や小麦、大麦、ソバなどの穀類を原料とするドイツ独特の蒸溜酒。コルンブラントヴァイン（Kornbrantwein／穀物のブランデー）が縮まって、コルンとなった。Kornとは、穀物という意味のドイツ語。単式蒸溜器で蒸溜され、貯蔵されずに、製品化されることが多いが、貯蔵、熟成させたものもある。クセのないまろやかな味で、アルコール度数は32度以上と国内法で規制されている。また、ドッペルコルン（Doppelkorn／Doppleはダブルの意味）のアルコール度数は、38度以上とされている。産地はドイツ北西部に集中しており、小規模な蒸溜業者が約3,000軒もあるといわれる。

　ドイツでは、コルンのようにアルコール度数が高いホワイト・スピリッツをシュナップス（Schnapps）と呼んでいる。他の北欧諸国でも同様だが、蒸溜酒全般を指す用語として使われることがある。

アラック Arrack、Arak

　アラックは、東南アジアから中近東にかけてつくられている蒸溜酒。アラックの語源は、アラビア語でジュース、汁を意味するアラク（Araq）だとする説が有力で、表記もArack（アラック）、Arak（アラク）、Arraki（アラキ）、Raki（ラキ）などがある。日本では、阿刺吉、阿刺木酒などと呼ばれ、江戸時代の南蛮酒の代表的なものだったという。

　当初は、ナツメヤシ（デーツ／Date Palm）の実の汁を発酵、蒸溜させてつくっていたらしいが、現在では、産地によって、ヤシの実の汁、糖蜜、モチ米、キャッサバなど、多様な原料が使われている。

焼酎（しょうちゅう）

　焼酎（しょうちゅう）は、わが国の酒税法上、甲類と乙類に分類されていたが、平成18年の酒税法の改正によって連続式蒸溜焼酎（かつての甲類）、単式蒸溜焼酎（かつての乙類）に分類された。

　連続式蒸溜焼酎は、アルコール含有物（糖蜜を発酵させたものが多いが、イモ類や穀類も糖化して使われる）を連続式蒸溜機で蒸溜したもので、アルコール度数36度未満のもの。

　単式蒸溜焼酎は、アルコール含有物を主として単式蒸溜器で蒸溜したもので、アルコール度数が45度以下のもの。本格焼酎とも呼ばれる単式蒸溜焼酎は、蒸溜法から原料の風味が残り、多彩な個性を持っている。また、主原料の違いで、泡盛、もろみ取り焼酎、かす取り焼酎に分類することができる。

　沖縄県特産の泡盛は、黒麴菌を繁殖させた米麴でつくる焼酎。カメで長期熟成したものは古酒（クース）と呼ばれる。

　もろみ取り焼酎は、米麴のもろみに穀類、イモ類、黒糖蜜などを混ぜ、発酵、蒸溜したもの。熊本の米焼酎、壱岐や福岡の麦焼酎、宮崎のソバ焼酎、鹿児島のイモ焼酎、奄美大島の黒糖焼酎などが知られている。

　かす取り焼酎は、清酒の絞りかす（酒粕）にもみ殻を混ぜ、蒸気を通してアルコールを取り出したもの。

　本格焼酎、泡盛は、製造過程で麴の原料、麴菌の種類、常圧蒸溜機なのか、または減圧蒸溜機なのか、熟成期間、濾過の程度などさまざまな技法に工夫をこらしている。

その他のスピリッツ

●オコレハオ（Okolehao）
　タロイモを発酵、連続式蒸溜機で蒸溜し、樽熟成したハワイ特産のスピリッツ。
●白酒（パイチュウ）
　中国産スピリッツの総称。白酒の代表的なものに茅台酒（マオタイチュウ）、汾酒（フェンチュウ）、五粮液（ウーリャンイェ）などがある。いずれも重厚な香味を持っている。コウリャン、米、トウモロコシなどの原料をキョクシという中国独特の麴で発酵、蒸溜し、カメなどで熟成させる。

リキュール Liqueur

　リキュールは、スピリッツに果実、花、ハーブ、スパイスなどの香味を移し、甘味料や着色料を加えた混成酒。一般的に、同じ混成酒でもワインなど醸造酒をベースにしたものは、ベルモット、サングリアなどと呼ばれて、リキュールには含まないとされている。

　日本の酒税法では、「酒類と糖類、その他のものを原料とし、エキス分が2度以上で、その他の酒類に分類されないもの」をリキュールとしている。酒税法でいうエキス分とは「温度15℃で、原容量100立方センチメートル中に含有する不揮発性成分のグラム数をいう」と規定されており、重量パーセント表示になっている。アルコール度数の場合は容量パーセント（p.52参照）なので、注意が必要だ。フランスでは、アルコール分15％以上、エキス分20％以上のものをリキュールとしており、エキス分の含有量がアルコール分より多いものについて、クレーム（Crème）という名称を冠して呼ぶことがある。

■リキュールの歴史

　リキュールは、不老長寿の霊薬を目指した錬金術師たちによって、彼らが蒸溜したアクアビタエ（Aquavitae／生命の水＝蒸溜酒）に薬草や香草を加えてつくったのが起源とされている。植物の薬効成分を溶け込ませるので、この酒をラテン語でリケファセレ（Liquefacere／溶ける）と呼んだのが、現在のリキュールの語源となった。

　中世ヨーロッパでは、リキュールの製法を錬金術師から継承した修道院の僧侶によって、さまざまな薬草を使ったリキュールが生まれた。現在でも、この時代の基本的な製法を伝えるリキュールがつくられており、修道院リキュール、モンクス・リキュール（僧侶のリキュール）と呼ばれている。大航海時代が始まると、新大陸や

アジアの香辛料や砂糖が入手できるようになって、リキュールはさらに多様化していった。貴族や上流階級の間では、薬酒としてだけでなく、甘口の美酒としてリキュールが盛んに飲まれた。16世紀の初め、イタリア・フィレンツェの名家メディチ家からフランスのアンリ2世(HenriⅡ)に嫁いだカトリーヌ・ド・メディシス(Catherine de Medicis)は、多数のリキュールづくりの専門家をイタリアから連れていった、という。18世紀、太陽王と呼ばれたルイ14世(LouisⅩⅣ)の時代になると、オレンジなどフルーツの香味を主にしたリキュール(キュラソーなど)が生まれ、「液体の宝石」とも呼ばれる華麗で多彩なリキュールの世界を形づくっていった。

連続式蒸溜機が開発された19世紀半ば以降、高アルコール度数のスピリッツが得られるようになって、リキュールの香味はいっそう洗練され、さらに新たなリキュールの開発が活発に行なわれた。現在も、多彩な魅力を持った多数のリキュールが誕生している。

■リキュールの製法

リキュールの製造法は、蒸溜法、浸出法、エッセンス(Essence)法の3つに大別できるが、これらの方法を組み合わせてつくる場合も多い。

●**蒸溜法**＝原料をスピリッツの中に浸し、そのまま原料ごと蒸溜する方法と、浸出させた液を蒸溜する方法がある。いずれも蒸溜後、甘味と色をつける。主として香草類、柑橘類の乾した皮などを原料に使う。熱を加えるため、ホット(Hot)法ともいう。

●**浸出法**＝原料をスピリッツ、または加糖スピリッツに浸し、エキス分を抽出する。主に蒸溜時の熱で香味や色が変質する可能性のある果実類などに使う方法。コールド(Cold)法ともいう。

●**エッセンス法**＝香料精油(エッセンス)にスピリッツを加え、甘味と色をつける。

■リキュールの種類

リキュールの世界は、きわめて多彩な広がりを持っている。ここでは、カクテルに使用される頻度の高いものを中心に整理しておく。原料の類似したリキュールを香草・薬草(ハーブ・スパイス)系、果実系、種子・核系、その他のリキュールに大別してある。

1―香草・薬草系リキュール

●**アニゼット・リキュール**(*Anisette Liqueur*)
アニス・シードにコリアンダーの種子、レモン果皮、シナモンなどで風味をつけ

た甘口リキュール。アニス(Anis、Anise)と呼ばれることもある。
● **パスティス**(Pastis)
　アニス・シード、甘草(リコリス)などを使い、アブサンの製造禁止以後、代用酒としてつくられている。フランスのペルノー、リカール、ギリシャのウゾ、スペインのアニス・デル・モノなどが知られている。水を加えると白濁する性質がある。
● **ベネディクティンDOM**(Bènèdictine DOM)
　フランス北部にあるベネディクト派の修道院で1510年に生まれたとされている。現在の製品は、1863年に企業化されたもの。ジュニパー・ベリー、アンジェリカの根、シナモン、クローブ、ナツメッグ、バニラ、紅茶、蜂蜜など27種の材料を使用しているという。ベネディクティンB＆Bは、ベネディクティン60％、コニャック40％の割合でブレンドしたもの。
● **シャルトリューズ**(Chartreuse)
　1764年以降、フランス南東部のシャルトリューズ修道院でつくられていた処方に従い、現在は民間企業で製造されている。いわゆるモンクス・リキュールの代表的なもので、多種の薬草類をグレープ・スピリッツに浸漬して蒸溜する。8年以上熟成させるVEP(Vieillissement Exceptionnellement Prolonge／長期熟成品の意)、グリーン(アルコール度数55度)、イエロー(40度)、エリクシル・ヴェジェタル(71度)、オレンジ(フルーツ風味を強調した新タイプ)などがある。
● **カンパリ**(Campari)
　グレープ・スピリッツなどにビター・オレンジ・ピール、キャラウェイ・シード、コリアンダー・シード、りんどうの根などを浸漬させ、浸出してつくる。1860年、トリノ市でガスパーレ・カンパリ(Gaspare Campari)によってつくられた。イタリアを代表するアペリティフであり、鮮やかな真紅のビター・リキュールだ。
● **アンゴスチュラ・ビターズ**(Angostura Bitters)
　芳香のあるビターズ。アンゴスチュラ(Angostura)の樹皮を主原料に10数種の草根木皮のエキスをスピリッツに浸漬、浸出してつくる。アンゴスチュラとは、南米産みかん科の樹。
● **オレンジ・ビターズ**(Orange Bitters)
　ビター・オレンジの皮を主原料に10数種の草根木皮のエキスをスピリッツに浸漬、浸出、熟成させてつくる。
● **アメール・ピコン**(Amer Picon)
　オレンジの皮、りんどうの根、キニーネの樹皮などを原料につくられる。アメールとはフランス語で"苦い"という意味。
● **ウンダーベルグ**(Underberg)
　40数種のハーブ、スパイスをスピリッツで浸漬、熟成させたドイツの苦味酒。20mlの小瓶入り。
● **ドランブイ**(Drambuie)

60種のスコッチ・ウイスキーをブレンド。それにヘザー・ハニー(Heather Honey／ヒースの花から採れる蜂蜜)と種々の草木の香味を配している。スコッチ・ベースの香草系リキュールには、ロッカン・オラ(Lochan Ora)、グレン・ミスト(Glen Mist)、グレイヴァ(Glayva)などがある。また、アイリッシュ・ウイスキー・ベースには、アイリッシュ・ミスト(Irish Mist)がある。

●**ガリアーノ**(*Galliano*)

40種以上の薬草、香草をスピリッツに浸漬し、一部は蒸溜してブレンドする。アニス、バニラ、薬草などの香りが調和した黄色の甘口リキュール。20世紀初頭、イタリア北部のリヴォルノでつくられ、エチオピア戦争の英雄、ジュセッペ・ガリアーノ将軍の名を酒名にした。

●**サンブーカ**(*Sambuca*)

スイカズラ(英名エルダー／Elder、イタリア名サンブーカ・ニグラ／Sambuca Nigra)を主原料にアニス・シード、リコリスなどをグレープ・スピリッツで浸出した、無色透明で軽快な風味のリキュール。

●**ミント・リキュール**(*Mint Liqueur*)

フランスではクレーム・ド・マント(Crème de Menthe)。ミント(はっか)の葉のエキスを水蒸気とともに蒸溜して、ミント・オイルをとり、スピリッツと甘味を加えると、ホワイト・ミント・リキュール(White Mint)。グリーン・ミント・リキュール(Green Mint)は、これにグリーンの色づけをする。

●**バイオレット・リキュール**(*Violet Liqueur*)

すみれの花の色と香りを移し取った美しい紫色のリキュールで、飲む香水とも呼ばれる。すみれの花弁をスピリッツに浸漬して色と香りを抽出し、甘味を加える。同種のリキュールにパルフェ・タムール(Parfait Amour／完全な愛という意味)がある。

●**グリーン・ティー・リキュール**(*Green Tea Liqueur*)

緑茶風味の、日本産のリキュール。玉露や抹茶をスピリッツで浸出し、ブランデー、甘味を加える。

●**桜リキュール**(*Sakura Liqueur*)

桜の花の香りと風味を生かした、優雅な桜色のリキュール。八重桜の花と若葉から抽出した成分をスピリッツに混ぜ、甘味を加える。

2──果実系リキュール

●**キュラソー**(*Curaçao*)

ホワイト・キュラソー(White Curaçao)は、スピリッツをベースにして、ビター・オレンジの果皮を主体に風味づけしたリキュール。ブルー・キュラソー(Blue Curaçao)、レッド・キュラソー(Red Curaçao)、グリーン・キュラソー(Green

Curaçao)は、ホワイト・キュラソーにそれぞれ色づけをしたもの。オレンジ・キュラソー(Orange Curaçao)は果皮の浸漬、ブランデー添加、樽熟成など複雑な工程を経てつくるが、淡いオレンジ色で、風味にも厚みがある。トリプル・セック(Triple Sec)というのは、3倍も辛口というフランス語だが、そんな辛口のものはなく、ホワイト・キュラソーとほとんど変わらない。17世紀末、ヴェネズエラ沖のキュラソー島産オレンジ果皮を使って、オランダでつくったのが最初。

●**マンダリン**(Mandarine)

マンダリン・オレンジの果皮を利用して、オレンジ・キュラソーと同様な製法でつくる。

●**アプリコット・リキュール**(Apricot Liqueur)

アプリコット(あんず)の果肉をスピリッツに浸漬し、エキス分を抽出した後、主にブランデーと糖分、スパイスを加えてバランスを整える。

●**チェリー・リキュール**(Cherry Liqueur)

熟したサクランボをスピリッツに漬け込み、シナモン、クローブなどで風味を整えた後、濾過して貯蔵、熟成させる。デンマークのピーター・ヒーリングなどが知られている。

●**マラスキーノ・リキュール**(Maraschino Liqueur)

イタリア北部のマラスカ種のチェリーを発酵させて蒸溜、熟成してスピリッツ、シロップなどを加えてつくる。1821年、イタリアのルクサルド(Luxardo)社が開発した。現在、各国でつくられており、フランスではマラスカン(Marasquin)という名で発売されている。

●**カシス・リキュール**(Cassis Liqueur)

カシスはフランス語。英語ではブラック・カラント(Black Currant)、日本では黒すぐりと呼ばれる。通常、スピリッツにカシスの実を浸漬するコールド法でつくられる。フランボワーズ(Framboise／木イチゴ)、フレーズ(Fraise／イチゴ。ストロベリー・リキュールともいう)なども同様な製法でつくられている。

●**ピーチ・リキュール**(Peach Liqueur)

桃の味と香りをスピリッツに浸漬、浸出させ、この酒にスピリッツなどをブレンドして味を整える。サザン・カンフォート(Southern Comfort)は、バーボン・ウイスキーをベースに、桃をはじめ数種のフルーツ・エキス、甘味をブレンドしたもの。

●**スロー・ジン**(Sloe Gin)

すももの一種のスロー・ベリー(Sloe Berry)の実をスピリッツに浸して色や香りを抽出し、甘味をつけた鮮やかなバラ色のリキュール。かつて、イギリスの家庭でジンにスロー・ベリーを浸漬してつくっていたことから、スロー・ジンの名がある。

●**メロン・リキュール**(Melon Liqueur)

日本特産のマスク・メロンを原料にした緑色のリキュール。日本以外でも製造されている。

● **バナナ・リキュール**（*Banana Liqueur*）
　バナナの香味をスピリッツに移し取った淡黄色のリキュール。フランスではクレーム・ド・バナーヌ（Crème de Banane）と呼ばれる。
　近年、多種多様なリキュールが出現しており、なかでもライチ、パッション・フルーツ、チョコレート、ヨーグルト、紅茶、クルミなどのリキュールが定着している。

3―種子、核系リキュール

● **アマレット・リキュール**（*Amaretto Liqueur*）
　アプリコット（あんず）の核をブランデーに浸漬し、エキス分を抽出。その酒に数種類の香草エキスをブレンド、長期間ゆっくりと熟成させた後、甘味を加えて製品化する。特有のアーモンド・フレーバーを持っており、近年、アメリカなどで人気が高まっている。イタリア・ミラノ産のディサローノ・アマレットが最初に発売された製品。

● **カカオ・リキュール**（*Cacao Liqueur*）
　ブラウン・カカオ・リキュール（Brown Cacao）は焙煎したカカオ豆をスピリッツに浸漬し、香味成分を抽出した後ブランデーや甘味を加え、色や香りのバランスを整えた濃い茶色のリキュール。ホワイト・カカオ・リキュール（White Cacao）はカカオ豆をスピリッツに浸漬させ、香りやエキス分を抽出した後、蒸溜する。甘味を加え、風味のバランスを整えて瓶詰めする。こちらは、無色透明のリキュールだ。

● **コーヒー・リキュール**（*Coffee Liqueur*）
　焙煎したコーヒー豆の成分をスピリッツで抽出、バニラ、シロップを加える。フランスでは、クレーム・ド・カフェ（Crème de Café）、またはクレーム・ド・モカ（Crème de Moka）と呼ぶ。コーヒー豆の種類、煎り方、ベースのスピリッツの種類（ブランデー、ラムなどが使われている）などで、微妙に異なった風味になる。

● **ノアゼット**（*Noisette*）
　ヘーゼルナッツ（ハシバミの実）を主体に、スパイスなどを加えたリキュール。甘いナッティー・フレーバーが特徴。

4―その他（卵、クリーム、高麗人参）のリキュール

● **アドボカート**（*Advocaat*）
　エッグ・ブランデー（Egg Brandy）ともいい、原料は、スピリッツ、卵黄、蜂蜜、ブランデーなど。

● **クリーム・リキュール**（*Cream Liqueur*）
　スピリッツ（ウイスキー、ブランデーなど）とクリームにカカオ、コーヒー、バニ

ラなどの香味を加えた新しいタイプのリキュール。近年では、フルーツの香味を配したクリーム・リキュールも登場してきた。

● **高麗人参酒**（Korean Ginseng Ju）

　高麗人参は、ウコギ科の植物で、古来より漢方医薬として珍重されてきた。この高麗人参をスピリッツに浸漬し、エキス分を抽出した後、熟成させる。独特の香りがある。

ワイン Wine

　広い意味でのワインは、果物を醸造した酒全般を指すが、一般的にはブドウからつくった酒をワインといっている。ワインは、現在あるすべての酒類の中で、もっとも古い歴史を持っており、ヨーロッパはじめ新旧の大陸に広がる産地の土質、自然条件、ブドウ品種、栽培法、醸造法などから、きわめて多様な酒質のワインが生まれている。

■ワインの歴史

　古代オリエント最古の文学書といわれ、紀元前5,000〜4,000年の出来事を記録しているとされる「ギルガメシュ叙事詩」には、古代シュメール人がユーフラテス川のほとりで赤ワイン、白ワインをつくっていたという記述がある。バビロニアや古代エジプトでも盛んにワインがつくられていたようで、ピラミッドの壁画にブドウ栽培やワイン醸造のようすを描いた絵が残っている。

　その後、ブドウ栽培やワインづくりの技術は、フェニキア人によって地中海を渡り、ギリシャ、ローマに伝えられ、ローマ帝国の領土拡大とともにフランスに根を下ろした。さらに、「パンはわが肉、ワインはわが血（キリストの言葉）」とするキリスト教の布教の広がりとともに、ワインは全ヨーロッパに広まった。17世紀に入ってコルク栓が開発され、シャンパンが誕生。18世紀には、蒸溜酒を加えたシェリーやポート・ワインも登場して、ワインは大きく発展する。この時代はまた、ヨーロッパ列強の植民地経営により、アメリカ、オーストラリア、南米諸国など新大陸にワインづくりが定着した。

　わが国に初めてワインを紹介したのは、16世紀半ば、キリスト教布教のために来日したポルトガルの宣教師フランシスコ・ザビエルだといわれている。が、本格的にワインがつくられたのは明治時代になってからで、明治10年、山梨県に大日本山梨葡萄酒会社が設立されている。以後、青森、北海道、愛知、兵庫、岡山、栃木、長野などでワインづくりがはじめられた。

ワインの種類

　ワインを製造法で分類すると、スティル・ワイン、スパークリング・ワイン、フォーティファイド・ワイン、フレーバード・ワインの4タイプに分けられる。いずれのタイプのワインも、原料ブドウの色素をワインの中に溶出させる度合によって、赤、白、ロゼなどの色になる。また、甘辛の差も、フランスのソーテルヌ(Sauternes)のようにごく甘口のものからきわめて辛口のものまで幅広い。フランス・ボージョレー(Beaujolais)産の新酒のように、つくられてすぐ飲まれるものから、ボルドー(Bordeaux)の赤ワインのように、長年の熟成でようやく飲み頃になるものまで、数多くのタイプがある。

1──スティル・ワイン(*Still Wine*)

　スティルとは、静かな、つまり無発泡性(not sparkling)という意味で、ワインの発酵中に生じる炭酸ガスをワイン中にほとんど残さない。ワインのほとんどは、このタイプに属する。

●**赤ワイン**(*Red Wine*)
　フランス語ではヴァン・ルージュ(Vin rouge)。黒ブドウの果汁を果皮、果肉、種子と一緒に破砕し、発酵させた後、圧搾機にかけ、果皮、果肉、種子を取り除き、さらに後発酵させ、樽貯蔵する。樽での熟成は、一般的に2年以内。熟成したワインは濾過、瓶詰めし、さらに熟成(瓶熟)させる。

●**白ワイン**(*White Wine*)
　フランス語では、ヴァン・ブラン(Vin blanc)。ブドウの果皮を除き果汁だけを発酵させる。ほとんどの場合、白ブドウを使用するが、その他のブドウを使うこともある。一般的には樽でなくタンクで熟成させ、フレッシュな風味を生かす製法だが、樽を使う製品もある。通常、熟成期間は、赤ワインより短い。

●**ロゼ・ワイン**(*Rosè Wine　Pink Wine*)
　フランス語では、ヴァン・ロゼ(Vin rosè)。赤ワイン同様、黒ブドウを果皮、果肉、種子とともに発酵させ、発酵液がピンク色になった頃、果汁を分離し、さらに発酵させる。熟成はタンクで行なうのが一般的。濾過してから瓶詰めし、瓶熟させるが、あまり長い瓶熟は行なわれていない。

2──スパークリング・ワイン(*Sparkling Wine*)

　泡の立つワインという意味。わが国では発泡性ワインと呼んでいる。フランスのシャンパーニュ地方でつくられるシャンパン(Champagne)が世界的に著名。イタリアのアスティー・スプマンテ(Asti Spumante)、スペインのカヴァ(Cava)も近年、

高い評価を受けている。シャンパンの製法は、いったんスティル・ワインをつくり、糖分を調整し酵母を加えて瓶に詰め、瓶内で第2次発酵させて炭酸ガスをワインに溶かし、発泡性を持たせる。

3──フレーバード・ワイン（Flavored Wine）

　スティル・ワインをベースに香草類、果実、蜂蜜などの香味を加え、風味に変化をつけたもので、ベルモット、サングリア、デュボネなどが代表的。混成ワインとも呼ばれる。

●ベルモット（Vermouth）
　白ワインをベースに糖分や植物性香辛料、薬草類などの香りを付加してつくる。通常使われるのは、アンジェリカ、ビター・オレンジの皮、カルダモン、フェンネル、ジュニパー・ベリーなど。スイート・ベルモット（Sweet Vermouth）は、カラメルで着色している。スイートとドライ・ベルモット（Dry Vermouth）では使用する薬草の種類も異なる。かつては、フランスでは辛口、イタリアでは甘口のベルモットがつくられており、フレンチ・ベルモットはドライ、イタリアン・ベルモットはスイートとされていたが、現在では両国とも辛口、甘口の両方をつくっている。

●デュボネ（Dubonnet）
　別名、カンキナ・デュボネ（Quinquina Dubonnet）。スピリッツを加えたワインにキナ皮などで香りづけして、樽熟成する。

●ジンジャー・リキュール（Ginger Liqueur）
　主にホワイト・ワインにジンジャー（ショウガ）を浸漬した後、樽熟成する。イギリスで人気のフレーバード・ワイン。

●サングリア（Sangria）
　サングリアは、ワインにオレンジやレモン果汁などの香味と甘味を加えた飲み物で、古くからスペインで飲まれてきた。

4──フォーティファイド・ワイン（Fortified Wine）

　アルコール強化ワインとも訳され、ワインをつくる途中でブランデーなどを添加し、アルコール度数を高めて発酵を止め、甘味を持たせたものや、発酵の終わったワインに、ブランデーなどを添加し、保存性を高めたものなどがある。

●シェリー（Sherry）
　スペインの南西端ヘレス（Jerez）地方を中心につくられている。白ワインの熟成中にフロール（Flor／花）と呼ばれる酵母の膜を繁殖させ、独特の風味を付加する。フロールを多く繁殖させた淡色のフィノ（Fino）、フロールをあまりつけない濃色のオロロソ（Oloroso）、フィノを長く熟成させたアモンティリャード（Amontillado）な

どがあるが、いずれもブランデーでアルコール分を強化する。

その後、樽を数段重ね、下の樽から抜き出したシェリーを上の樽から次々に補充していくソレラ・システム(Solera System)というシェリー独特の方法で熟成し、さらにアルコール分を20％近くに高めて製品化する。

●ポート・ワイン(Port Wine)

ポルトガルを代表するワイン。ポートという名称は積み出し港のポルト(Pôrto)に由来している。ブドウを発酵させ、糖度が10度ぐらいになったときにブランデーを加えて発酵を止め、甘味を残す。

ポート・ワインのタイプには、ルビー・ポート(Ruby Port／ルビー色の、もっとも一般的なポート・ワイン。樽熟4〜5年)、トーニー・ポート(Tawny Port／長年月熟成させたワインをブレンド。トーニーとは、黄褐色という意味)、スペシャル・ブレンデッド・ポート(Special Blended Port／ルビー・ポートとトーニー・ポートをブレンド)、白ブドウからつくったホワイト・ポート(White Port)、作柄の良い年のワインだけを瓶詰した後、数十年、熟成するヴィンテージ・ポート(Vintage Port)などがある。

●マデイラ・ワイン(Madeira Wine)

ポルトガル領マデイラ島でつくられる。ブドウの果汁を発酵させ、スピリッツを加えてから室温を約50℃に高めた温室(エストゥファ／Estufa)に数ヵ月入れる。この温熟の間に白ワインは淡黄色から暗褐色に色づき、マデイラ特有の芳香を持ってくる。

●マルサラ・ワイン(Marsala Wine)

イタリア・シシリー島のマルサラ周辺でつくられるマルサラ・ワインは、まず白ワインをつくり、それに6％の補強用ワイン(ブランデーと甘口ワインを混合した液)を添加し、それにブドウの果汁を加えてつくる。色は、ほとんど褐色に近い。マルサラ・ワインのほとんどは甘口だが、辛口のものもある。

ワインの法的規制

多数の国で無限ともいえるほど多くの銘柄のワインがつくられている。フランスやドイツなどのようにワイン生産の歴史が古い国では、公正な取り引きの維持、消費者保護などの立場から、ワインを一般のワインと長い歴史の中で確立された産地の個性を重視したワインに分け、それぞれ法的に規制している。

1──フランスのワイン

フランスでは、1970年に制定されたECのワイン法に準拠して、フランス産ワインを日常消費用ワインと限定地域生産上質ワイン(Vins de Qualité Produits dan une Région Diterminée／ヴァン・ドゥ・カリテ・プロデュイ・ダン・ユヌ・レジョン・ディテルミネ　略してV.Q.P.R.D.)の2つに大きく分類し、それぞれ、さらに2つに品質分類している。

日常消費ワイン

●*Vins de Table*（ヴァン・ド・ターブル）
　産地名が表示されていないワイン。わが国では、テーブル・ワインと呼ばれている。
●*Vins de Pays*（ヴァン・ド・ペイ）
　産地名が表示され、産地の個性を持っている。地酒としての魅力が評価されている。

V.Q.P.R.D.（限定地域生産上質ワイン）

●*Appellation d'Origine Vins Délimités de Qualité Supérieure*（アペラシオン・トリジーヌ・ヴァン・デリミテ・ドゥ・カリテ・シューペリュール　略してA.O.V.D.Q.S.またはV.D.Q.S.〈産地指定上質ワイン〉）
　生産地、ブドウ品種、最低アルコール度数、栽培・醸造方法などいくつかの規定を満たし、品質検査に合格したワイン。
●*Vins à Appellation d'Origine Contrôlée*（ヴァン・ア・アペラシオン・ドリジーヌ・コントローレ　略してA.O.C.〈原産地統制名称ワイン〉）
　品質分類上、最高クラスのワイン。A.O.V.D.Q.S.より、さらに厳しい規制が設けられている。有名醸造地のワインのほとんどが含まれる。
　A.O.C.(原産地統制名称)には、地方名、地区名、村名(コミューン名)などがあり、統制の範囲が狭くなるほど規制がより厳しくなって、品質も高くなってくる。また、直接にA.O.C.法では規定されていないが、村(コミューン)の中の個々のブドウ園(シャトー)の名を表示したワインは、村名表示ワインよりさらに上級のワインとされる。ボルドー地方のA.O.C.ワインを例にとると次のように順にクラスが上がっていく。
＊Appellation Bordeaux Conterôlée　（ボルドー地方産のA.O.C.ワイン）
＊Appellation Médoc Conterôlée　（ボルドー地方メドック地区産のA.O.C.ワイン）
＊Appellation Pauillac Conterôlée　（ボルドー地方メドック地区ポイヤック村産のA.O.C.ワイン）
＊Appellation Pauillac Conterôléeとシャトー名(たとえばChàteau Lafite Rothschild)を併記(ボルドー地方メドック地区ポイヤック村のシャトー・ラフィット・ロートシルトで栽培、醸造、瓶詰めしたA.O.C.ワイン)。

2—ドイツのワイン

　ドイツのワインもフランスと同様にECのワイン法に準拠して、日常消費用ワイン（Deutscher Tafelwein／ドイッチャー・ターフェルヴァイン）と限定地域生産上質ワイン（Qualitätswein／クワリテーツヴァイン）に区分し、さらに、それぞれを2つに分類するとともに、それらの生産地域を明確に定めている。ただし、ドイツのワインの品質分類の基本は、ブドウの糖度を基準にしており、フランスのように地域による格差はない。

日常消費ワイン

●*Deutscher Tafelwein*（ドイッチャー・ターフェルヴァイン）
　ドイツ産日常消費ワイン。ドイツ産テーブル・ワイン。このDeutscher Tafelweinに他のEC国産のワインをブレンドしたものは、EWG Tafelwein（エーヴェーゲー・ターフルヴァイン）と呼んでいる。
●*Landwein*（ラントヴァイン）
　ターフェルヴァインの中で、産地が限定されているもの。フランス・ワインのヴァン・ド・ペイに相当する。

限定地域生産上質ワイン（*Qualitätswein*）

●*Qualitätswein bestimmte Anbaugebiete*（クワリテーツヴァイン・ベシュティムテ・アンバウゲビーテ　略してQ.b.A.＝クー・ベー・アー）
　モーゼル、ラインガウ、ラインヘッセンなど13の生産地域が指定されており、ブドウの糖度の下限など厳しい規制がある。ドイツのワインの中では、もっとも生産量が多い。
●*Qualitätswein mit Prädikat*（クワリテーツヴァイン・ミット・プレディカート　略してQ.m.P.＝クー・エム・ペー）
　肩書付き（格付け）上質ワイン。糖度の下限が高く、一切の補糖を認めないなどQ.b.A.より厳しく規制されており、生産地域もさらに小さな区画に限定されている。
　Prädikatは、肩書、称号、格付けなどの意味で、これには、収穫時のブドウ果汁の糖度などによって次の6種がある。
＊Kabinet（カビネット）　地域とブドウ品種により定められた糖度を満たしたもの。
＊Spätlese（シュペートレーゼ）　遅摘み熟果を醸造したワイン。
＊Auslese（アウスレーゼ）　房選り特別醸造のワイン。
＊Beerenauslese（ベーレンアウスレーゼ）　完熟した房からさらに過熟した粒を選んで醸造したワイン。

*Eiswein(アイスヴァイン)　畑で氷結して糖度の高くなったブドウを醸造する。
*Trockenbeerenauslese(トロッケンベーレンアウスレーゼ)　干しブドウのように乾燥したブドウの粒を選んで醸造したもので、希少な最高級ワイン。

3――イタリアのワイン

フランスよりもはるかに古い歴史を持つワイン生産国であるイタリアでは、日常消費用のVino da Tavola(ヴィノ・ダ・ターボラ／テーブル・ワイン)とDenominazione di Origine Controllata(デノミナツィオーネ・ディ・オリジーネ・コントロラータ　略してD.O.C.)という原産地統制名称ワインがある。D.O.C.ワインは、産地、ブドウ品種と使用量、栽培法、収穫量、アルコール分など厳しく規制されている。

また、イタリア最高クラスのワインであるDenominazione di Origine Controllata e Garantita(デノミナツィオーネ・ディ・オリジーネ・コントロラータ・エ・ガランティータ　略してD.O.C.G.)は、保証付原産地統制名称ワインの意味で、D.O.C.ワインよりもさらに厳しく規制され、条件を満たしたワインには国家機関の「品質合格証」が添付される。D.O.C.G.ワインは、市場で特別に高い評価を得ているワインだが、呼称を許された製品は、まだ多くない。

4――スペイン、ポルトガルのワイン

世界一のブドウ栽培面積(170万ha)とフランス、イタリアに次ぐ世界第3位のワイン生産国であるスペインでは、ECのワイン法に準じて日常消費用ワインとは区別してDenominacion de Origen Controlada(デノミナシオン・デ・オリヘン・コントロラーダ／原産地統制名称ワイン)を制定、各産地ごとの指定ブドウ品種と使用量、栽培法、収穫量、醸造法など厳格な規制に合致した製品に統制名称を名乗ることを許可している。

また、ポルトガルでも、Designãncão de Origen(デジニャンソン・デ・オリジェン　略してD.O.〈原産地統制名称ワイン〉)を制定している。D.O.ワインを産出する地域は、Vinho Verde(ヴィーノ・ヴェルデ)、Douro＝Port(ドウロ＝ポート)、dān(ダン)その他がある。

5――アメリカ、オーストラリアのワイン

新大陸に属する比較的新しいワイン生産国であるアメリカ(主としてカリフォルニア)とオーストラリアは、進んだブドウ栽培技術と近代的な醸造法を導入して、近年、評価の高いワインを生産している。両国のワインは、ブドウ品種名を冠した

ヴァラエタル・ワイン(Varietal Wine)と、ライン、モーゼル、クラレット、バーガンディーなどヨーロッパの特定産地のワインのタイプ名をつけたジェネリック・ワイン(Generic Wine)の2種があり、一般には、ヴァラエタル・ワインのほうが、上質とされている。

ヴィンテージ(Vintage)

ヴィンテージとは、ブドウの栽培年号のこと。ワインの品質は、原料ブドウの善し悪しによって大きく左右される。同じ産地、同じブドウ品種でも、ブドウの収穫年によって品質が異なってくるので、ヴィンテージごとのブドウの出来ぐあいを知ることは、ワインを正確に評価する手がかりになる。

また、ヴィンテージ・ポート、ヴィンテージ・シャンパンなどという場合は、秀作年のブドウだけを原料にして生産した、収穫年号付き極上ポートやシャンパンを意味している。

ビール Beer

ビールは、世界のもっとも広い地域で飲まれ、もっとも多量に消費されている酒だ。また、ワインと同じく、古くから人類の生活に深く関わってきた酒で、その起源は紀元前6,000年にまでさかのぼる、といわれている。ロンドンの大英博物館には、紀元前4,000年頃のメソポタミアでビールがつくられていたことを示すモニュメント・ブルーと呼ばれる板碑がある。紀元前3,000年頃の遺跡であるエジプトの壁画には、ビール醸造のプロセスが描かれている。当時のビールは、大麦麦芽と小麦を粉砕して水でこね、パン状にしてから水に浸し、自然発酵させていた。

19世紀に入って、ビールづくりは、ルイ・パスツール(Louis Pasteur)の発酵原理の解明や製氷機、冷凍機の発明、下面発酵酵母の開発などにより近代化され、大量生産が可能になり、品質も大きく向上した。

ドイツでは、16世紀に「ビールは、麦芽、ホップ、水だけを原料にしたもの」というビール純粋令が出され、今でも守られている。麦芽、ホップ、水は、ビールづくりの基本になる原料だが、現在では、風味をマイルドにするため、スターチや米などを副材料として使った製品が多くなっている。

ビールの製法

一般的なビールの製法は、大麦麦芽を粉砕し、副原料のコーンスターチなどとともに糖化する。その糖化液(もろみ)を濾過した麦汁にホップ(Hop)を加え、煮沸す

る。ホップを加えることによって、ビールの濁りの原因となるものがある程度除去され、独特の苦みと芳香が加わる。冷却し、オリを取り除いた清澄な麦汁を発酵タンクに移し、ビール酵母を加えて低温で10日間ほど発酵させる（主発酵）。これを貯蔵タンクに送って、0℃の低温でゆっくり熟成させる（後発酵）。この熟成によってビールの味と香りが深まり、炭酸ガスが液の中に溶け込む。十分に熟成したビールは、低温下で仕上げの濾過を行なう。

　近年、マイナス4℃以下までビールを冷やし、できた結晶とともに不純物を取り除くアイス・ビール（Ice Beer）の醸造（濾過）法が開発され、ビール中の雑味成分を効率的に析出、除去したスッキリとした味わいで注目されている。

　発酵の方法には、上面発酵と下面発酵の2種がある。

1──上面発酵（Top Fermentation）

　上面発酵酵母を使用する、古くからある醸造法。上面発酵酵母は、10～20℃くらいで発酵し、発酵中に生じる泡と一緒に発酵液の表面に浮かび上がる。スタウト、エールなどイギリス系のビールには上面発酵法でつくられているものが多く、ドイツのケルシュ、ヴァイツェンビールなど多くの種類がある。近年、ビールの多様化が著しいわが国でも、上面発酵ビールが相次いで登場している。上面発酵によるビールは、香味成分が比較的多いため香りが豊かだが、雑味がある場合がある。

2──下面発酵（Bottom Fermentation）

　下面発酵酵母を使用する。下面酵母は5～10℃と低い温度で発酵させるのに適し、19世紀初め、冷凍機の発明によって大きく発展した。下面発酵酵母は、お互いにくっつき合って沈澱していく性質があり、発酵が進むと凝集して底に沈む。日本や、ドイツのビールのほとんどは下面発酵法でつくられている。熟成期間が長く、まろやかで切れ味のいいビールが得られる。

■■■ビールの種類

● **生ビール**（Draft Beer）
　タンク内で熟成させたビールを濾過しただけで、熱処理しないビール。
● **ラガー・ビール**（Lager Beer、Lager Bier）
　ドイツ語のラガー（Lager／貯蔵庫）からきている。貯蔵室で後発酵（熟成）させるビール。16世紀頃までは、主発酵が終わると出荷されていたが、ラガーに貯蔵することにより味と貯蔵性が良くなることがわかり、現在、世界のビールの大多数はラガー・ビールになった。

● **ピルスナー・ビール**(*Pilsner Beer*)
　チェコスロバキアのピルゼン産の透明な淡黄色ビールで、これに似たアロマを持つビールの代名詞になっている。日本のビールのほとんどは、このピルスナー・タイプ。

● **黒ビール**(*Black Beer*)
　濃褐色のビール。大麦麦芽を強く焦がして発酵させる。日本では、下面発酵でつくられる。

● **メルツェンビール**(*Märzenbier*)
　メルツ(März)とは、ドイツ語で3月のこと。近代的な冷凍機のなかった時代のドイツでは、寒い3月に仕込まれた中濃色の芳醇なビールに、メルツェンビールの名が使われた。

● **スタウト**(*Stout*)
　イギリスの濃色ビール。砂糖を一部原料として使用しており、麦芽の香味が高い。ホップを特にきかせたビター・スタウト(Bitter Stout)と、ホップは適度で砂糖を多くしたスイート・スタウト(Sweet Stout)がある。黒ビールと似ているが、製法、風味ともにかなり異なっている。

清酒

　清酒は、わが国で古くからつくられてきた米を主原料とする醸造酒。古事記や日本書紀にも酒づくりに関する記述があるが、現在のような「澄んだ酒」清酒の技術が確立されたのは、江戸時代に入ってからのことといわれる。

━━ 清酒の製法

　清酒の製法は、基本的には、酒造米を麹、酵母で糖化、発酵させてもろみをつくり、これを絞って濾過、火入れ(低温殺菌)した後、タンクに貯蔵する。この時点での清酒のアルコール度数は、20度前後だが、瓶詰め前に割り水して度数を下げ、さらに火入れして製品化するものが多い。また醸造用アルコールを添加したり、ブドウ糖などを加えたものもある。

　1989年の酒税法改正によって、従来の特級、1級、2級の区別がなくなり、すべて清酒として同等に扱われることになった。これによって、酒税面での差別がなくなり、清酒は、本来の品質による競合と多様化の時代に入ったといわれている。

清酒の種類

●**純米酒**
　醸造用アルコールを添加せず、清酒本来の米と麹、水だけを原料にしてつくられた清酒。近年、急速に生産量が増えてきた。豊かなコクを特徴とするものやサラッとした飲み口のものなど、さまざまな個性を持っている。

●**本醸造酒**
　一定の割合で醸造用アルコールを添加したもの。安定した品質で、軽い口当たり。

●**吟醸酒**
　精米歩合60％以上（米の表面を糠を含めて40％以上）まで削った米を原料に、伝統の技術で醸造する。フルーティーな香り（吟醸香）を持っている。大吟醸酒は精米歩合50％以上の米を使う。

●**生酒**
　火入れしていない酒（生酒）、貯蔵時の火入れをしないで瓶詰めの直前だけ火入れする（生貯蔵酒）、火入れ貯蔵して瓶詰め時には火入れしない（生詰酒）がある。

●**原酒**
　割り水しないで瓶詰めしたもの。

●**秘蔵酒（古酒）**
　長期貯蔵した清酒。

●**その他**
　低アルコール酒、樽酒、にごり酒などがある。

その他の醸造酒

●**シードル**（Cidre）
　リンゴの果汁を発酵させてつくるフルーツ・ワイン。Cidreはフランスの呼称で、ドイツではアッフェルヴァイン（Apfelwein）、イギリスなどではサイダー（Cider）という。アルコール度数は2〜5度と低く、炭酸ガスを含む発泡性のものと、含まないものがある。

●**ミード**（Mead）
　蜂蜜を発酵させた醸造酒で、ワインの一種とされる。ハーブやスパイスの香味を加え、独特の風味を持ったものが多い。

●**黄酒**（ホアンチュウ）
　ウルチ米、モチ米、小麦などを主原料に、キョクシ（中国特有の麹）で糖化、発酵させた酒。カメに密封して長期間貯蔵、熟成するのが特徴で、ラオチュウ（老酒）とも呼ばれる。

2 ── ソフト・ドリンク

　ソフト・ドリンク(Soft Drinks)は、わが国では一般的に清涼飲料、果実飲料、乳および乳性飲料、その他(コーヒーなど嗜好飲料)に分類されている。

カラーp.110参照

━━ 清涼飲料

ミネラル・ウォーター(Mineral Water)

　わが国では、ミネラル分(カルシウム、カリウム、マグネシウムなど無機質物質)が通常の水道水などより多い水をミネラル・ウォーターという。ミネラル分が多い硬水が普通のヨーロッパでは、逆に低ミネラルの水をミネラル・ウォーターとして製品化しているが、それでも日本のものよりミネラル分は多い。ミネラル・ウォーターには、炭酸ガスを含むものと含まないものがある。

　平成2年に制定された農林水産省の「ミネラル・ウォーター類品質表示ガイドライン」では、ミネラル・ウォーター類(容器入り飲用水)をナチュラル・ウォーター(ナチュラル・ウォーターおよびナチュラル・ミネラル・ウォーター)、ミネラル・ウォーター、ボトルド・ウォーター(飲用水)に3分類し、それぞれ原水と処理法について規制を設けている。

●**ナチュラル・ウォーター**
　特定水源より採水された地下水で、鉱化されていない。製品化の処理は、沈殿、濾過、加熱殺菌に限る。

●**ナチュラル・ミネラル・ウォーター**
　特定水源で採水された地下水のうち、地中で滞留または移動中にミネラルが溶解したもの。鉱水、鉱泉水等。処理は、沈殿、濾過、加熱殺菌に限る。

●**ミネラル・ウォーター**
　原水はナチュラル・ミネラル・ウォーターと同じだが、沈殿、濾過、加熱殺菌の他、紫外線・オゾン殺菌とばっ気、ミネラル調整などの処理ができる。

●**ボトルド・ウォーター**(飲用水)
　地下水以外の水(飲用適の蒸溜水、純水、水道水、表流水等)を原水とし、処理法については限定しない。

　現在、市販されているミネラル・ウォーターのほとんどは、輸入品も含めて、上記ナチュラル・ミネラル・ウォーターに属している。

━━炭酸飲料

　炭酸飲料は、炭酸ガスを含む発泡性飲料の総称。プレーン・ソーダのようにフレーバーのないものと、コーラやジンジャー・エールのように甘味や酸味などのフレーバーがあるものに分類できる。

● **プレーン・ソーダ**（Soda Water）
　自然に炭酸ガスを含むものと、良質な水に炭酸ガスを混入したものがある。

● **コーラ**（Cola）
　コーラの木の種子を主体に、甘味料、レモン、オレンジ、ナツメッグ、ジンジャーなどで香味づけしたアメリカ生まれの炭酸飲料。

● **ルート・ビアー**（Root Beer）
　バラ科のサルサの根やアンジェリカの花などのエッセンスにホップの煮汁を加え、発酵させたノン・アルコール飲料。

● **ジンジャー・エール**（Ginger Ale）
　ショウガのフレーバーを主体に、甘味料、トウガラシ、シナモン、クローブなどで香味をつけた炭酸飲料。

● **ジンジャー・ビアー**（Ginger Beer）
　ショウガ、酒石酸、砂糖を混ぜたシロップを発酵させてつくる。アルコール分は含まない。

● **トニック・ウォーター**（Tonic Water）
　キニーネ、レモン、ライムなどのフレーバーと甘味料で香味づけした、イギリス生まれの炭酸飲料。

● **ラムネ**（Lemonade）
　プレーン・ソーダに甘酸味とレモンの風味をつけた、わが国独特のノン・アルコール飲料。サイダー（Cider）も同様に、リンゴ風味をつけたもの。

━━果実飲料

　わが国では、ジュース（Juice）と呼べるのは果汁100％の製品で、それ以外は果汁飲料（Juice Drink／50％以上100％未満）、果汁入り清涼飲料（10％以上50％未満）などと表示することが定められている。

━━乳および乳性飲料

　乳とは牛乳を指し、乳性飲料はヨーグルトなどの発酵乳、乳酸菌飲料、コーヒーや果汁を混ぜた乳飲料など、牛乳を加工した製品を指している。この他の乳製品として、クリーム（Cream／牛乳から乳脂肪以外の成分を除いたもので、脂肪分18％

以上のもの。乳脂肪45%前後のものをヘビー・クリームという)、練乳(牛乳を濃縮したもので、加糖、無糖の製品がある)、アイスクリーム(クリームに糖分、香料などを加えてつくる。乳脂肪分8%以上)などがある。

■■■その他(嗜好飲料)

コーヒー(Coffee)、紅茶、緑茶、ウーロン茶などの茶類、ココア(Cacao)など。また、最近では、水溶性食物繊維を含む飲料はじめ各種の機能性食品に属する飲料が注目されている。

3 ― 副材料

カクテルに使用される副材料のうち、よく使われるものをまとめた。

カラーp.106〜109参照

■ ハーブ、スパイス類

● ミント (Mint)
甘い香りのスペアミント、香りと清涼感が強いクールミント、穏やかな香りのペパーミントなどが知られている。ミント・ジュレップ (Mint Julep) のように、潰して独特の清涼感を味わったり、カクテルのデコレーションに多用されている。わが国ではハッカと呼ばれ、昔から使われてきた。

● ナツメッグ (Nutmeg)
クリームなどの匂いを抑えるために使う。香りが飛びやすいので、砕いていないものを直前にすりおろして使うほうがいい。

● シナモン (Cinamon)
日本語では、肉桂 (ニッケイまたはニッキ)。パウダー・タイプとスティック・タイプがあり、目的によって使い分ける。

● クローブ (Clove)
わが国では、丁字と呼ばれるテンニン科の花のつぼみ。ホット・ドリンクに使って、香りを楽しむ。

● コショウ (Pepper)
白コショウ (White Pepper)、黒コショウ (Black Pepper)、グリーン・ペッパー (Green Pepper)、ピンクペッパー (Pink Pepper) がある。カクテルには、香りの高い白コショウを、使う直前にペッパーミルで挽いて用いる。

● トウガラシ (Chili)
タカノツメ、カイエン・ペッパー、タバスコ、チリなどが使用される。

■ 野菜類

● タマネギ (Onion)
カクテルには、ごく小さな種類のタマネギを塩漬けしたパール・オニオン (Pearl Onion) を使う。

● セロリ (Celery)
スティック状に切って、マドラー代わりに添えることが多い。

● **キュウリ**(*Cucumber*)
　野菜スティック、マドラー代わりとしても使われる。
● **トマト**(*Tomato*)
　カクテルには、ほとんどジュースとして使用する。トマト・ジュースはよく冷やし、氷を加えないで供したほうがいい。

フルーツ類

　よく使われるフルーツは、レモン(Lemon)、ライム(Lime)、オレンジ(Orange)、グレープフルーツ(Grapefruit)などの柑橘類や、ブドウ(Grape)、パイナップル(Pineapple)、イチゴ(Strawberry)、モモ(Peach)、スイカ(Water Melon)など。いずれも絞った果汁を利用したり、デコレーションに重要なもの。リンゴ(Apple)、ナシ(Pear)、キウイフルーツ(Kiwifluit)、バナナ(Banana)なども使われている。
　サクランボ(Cherry)は、生食より、シロップ漬けにして着色したもの(赤いマラスキーノ・チェリー、緑色のミント・チェリー)を飾りに使うことが多く、オリーブ(Olive)も塩漬けのものを利用する。
　最近は、フレッシュなフルーツをブレンダーで混ぜたカクテルや、各種のフルーツ・ジュースを使った新鮮な味わいのカクテルが数多く生まれている。

砂糖、シロップ

　カクテルには、クセのないグラニュー糖、しっとりとした上白糖、結晶の細かい粉糖(パウダー・シュガー)、上白糖を固めた角砂糖(キューブ・シュガー)などがよく使われる。本書のレシピで単に砂糖とあるのは、上白糖またはグラニュー糖を指している。
　シュガー・シロップ(Sugar Syrup)は、グラニュー糖を水で溶かし、煮詰めてつくる。ガム・シロップ(Gum Syrup)は、シュガー・シロップのオリ(砂糖の結晶の析出)を防ぐため、少量のアラビア・ゴムを混ぜたものだが、現在では、ゴムを使用しない製品が多くなっている。
　グレナデン・シロップ(Grenadine Syrup)は、ザクロ(Pomegranate)の果汁に砂糖を加えて煮詰めたもの。フルーツのフレーバーをつけたシロップには、メロン・シロップ(Melon Syrup)、イチゴ・シロップ(Strawberry Syrup)、オレンジ・シロップ(Orange Syrup)、ラズベリー・シロップ(Rusberry Syrup)など各種ある。最近では、フルーツだけでなく、バラの花のフレーバーを持つシロップなど、さまざまなシロップ製品が販売されている。

━ その他

●卵(Egg)
　カクテルに使う卵は、小さなものを基準にしており、殻を除いた全卵(卵白と卵黄)で50ml程度のものが使いやすい。

　その他バター(Butter)、蜂蜜(Honey)、塩(Salt)、パプリカ(Paprica)なども、カクテルに使われる。

━ 氷

　氷は、カクテルによって、キューブド・アイス、クラッシュド・アイスなどを使い分ける。

カラーp.24参照

カクテルの基本技術—2

Basic Techniques

副材料
フルーツの技法と
デコレーション
塩や砂糖を使う
グラス・デコレーション

副材料

ハーブ、スパイス類

左上から／ウスター・ソース、タバスコ2種、ミント、バジル、シナモン、クローブ、ナツメッグ、コショウ（グリーン、黒、白）

野菜、フルーツ

左上から／パイナップル、セロリ、キュウリ、バナナ、ザクロ、トマト、マンゴー、リンゴ、キウイフルーツ、オレンジ、グレープフルーツ、パッションフルーツ、レモン、ライム、イチゴ

左上から／オリーブ（スタッフド、グリーン、ブラック）、パール・オニオン、マラスキーノ・チェリー、ミント・チェリー

シロップ類、蜂蜜

奥／ナチュラル・フレーバー・シロップ各種
手前左から／シュガー・シロップ、グレナデン・シロップ、蜂蜜

塩

左から/岩塩、ハワイアン・ソルト、結晶塩、粗塩、精製塩

砂糖

左上から/角砂糖(ブラウン、ホワイト)、ザラメ、グラニュー糖、上白糖、パウダー・シュガー、和三盆

乳製品、卵

左上から/乳酸飲料、バター、牛乳、ヨーグルト、生クリーム、卵

ソフト・ドリンク

左奥から／ペリエ、プレーン・ソーダ2種、ミネラル・ウォーター、トニック・ウォーター、コーラ、ジンジャー・エール2種、トマト・ジュース、セブンアップ、ジンジャー・ビアー

コーヒー、紅茶、ココア

左から／ココア、コーヒー、紅茶

フルーツの技法と
デコレーション

オレンジのくし形切り

1

2

3

1/8のくし形に切り、芯の部分を切り取って除き、

グラスにかけるための切り込みを入れる。

グラスの縁にかける。

オレンジの果肉を切り出す

1

2

4

オレンジの皮を長くむいていく。

白い部分を付けたまま、果肉を食べやすい大きさに切る。

白い部分をはずす。

3

白い部分と果肉の間にナイフを入れて果肉を切り出す。

ホーセズ・ネック

レモンの端を切り落とさないように、ナイフを入れる。

両端を切り整えると、仕上がりが美しくなる。

らせん状の皮をグラスの内側にたらし、レモンの端をグラスにかける。

白い部分が均等の厚さで付くように、皮を長くむいていく。

両端をきれいに切り整えた皮。

レモン・スライスでつくるニコラシカのデコレーション

レモン・スライスの上に、型で形作った砂糖をのせ、グラスにのせる。

リンゴの皮をむく

1 リンゴを牛刀で縦半分に切る。この後1/8のくし形切りにし、芯を切って除き、両端を切り落とす。

2 ペティ・ナイフに持ち変える。くし形切りのリンゴの両端を、左手の指で挟むようにして持ち、皮と果肉の間にナイフを入れる。

3 左手首を外側に返すようにしてリンゴを動かし、一気に皮をむく。

パイナップルを切る

1 丸ごとのパイナップルを切る場合は、牛刀を使う。パイナップルを葉が右側にくるように横向きに置き、牛刀の刃が真っ直ぐ入る角度でまな板の前に立つ。パイナップルの下のほうから刃を入れ、葉の付け根の中心めがけて牛刀を引き、一気に切る。

2 パイナップルの葉は、盛り合わせの飾り付けに使用される。きれいな部分を選んで、ペティ・ナイフで飾り切りをほどこす。

3 半分に切ったパイナップルと葉。

オリーブ

カクテル・ピンに刺し、グラスに入れる。

チェリー

マラスキーノ・チェリーにカクテル・ピンを突き通し、グラスに渡す(エンジェルズ・ティップ)。

スクイーザーの使い方

　レモン、ライム、オレンジなどの柑橘類のジュースを絞るときに用いるスクイーザーは、フレッシュ・フルーツを使うことが多くなった現代のカウンターでは、使用頻度の高い器具のひとつ。重量感のある大型のガラス製が使いやすい。

1

2

スクイーザー中央のらせん状の突起に、半分に切ったレモンなどの実を押し当て、左右に軽く回しながらジュースを絞る。このとき、スクイーザーにレモンなどを強く押し付けるのではなく、指に力を入れて果肉だけを絞る。

スクイーザーに強く押し付けて絞ると、皮の内側の白い部分が破れて苦みの強いジュースになる。できるだけ、内側を傷つけないように力を加減して絞る。

ピールの技法

　ピールは、レモン、ライム、オレンジなど柑橘類の皮を薄く切り取り、皮に含まれている芳香のある油を絞ってカクテルに香りづけする技法。ピール(peel)とは、果実の皮の小片のこと、英語では、たとえばレモン・ピールする場合、twist of lemon という。

1

2

レモン、ライムなどの皮を直径2～3cmの円形または楕円形に薄く切り取る。白い部分まで厚く切り取ってしまうと、油に苦みが強くなる。

親指と中指でピールを挟み、人差し指の腹で押さえて皮の油を飛ばし、カクテルの表面に広がるように絞る。グラスの斜め上、20cmほどのところから軽く油を飛ばす。

塩や砂糖を使う
グラス・デコレーション

スノー・スタイル

1
半分に切ったレモンなどの切り口に、グラスの縁を当てて回しながらぬらす。

2
平らな皿に塩(砂糖他)を平らに広げ、グラスを逆さまにしてのせ、塩が均等に付くようにする。

スノー・スタイルの完成。グラスの縁のぬらし方にムラがあると、均等に塩(砂糖他)が付かない。

コーラル・スタイル

1

器に入れたシロップやリキュールに、グラスを垂直に入れ、縁に多めのシロップ（リキュール）を付ける。

2

側面が垂直に立ち上がった器に塩（砂糖他）を5cm程度の深さに入れ、グラスを真っ直ぐに差し込む。

3

静かに引き抜く。

コーラル・スタイルの完成。グラスの内側に付いた塩（砂糖他）は、清潔なグラス・タオルなどできれいに拭き取っておく。

ウェーブ・スタイル

1

器に入れたシロップに、グラスの一部を浸す。

3

器に入れた砂糖に、シロップが付いた部分をつけていく。

2

シロップから上げて、グラスを回しながら、付着したシロップをグラスの縁に伝わらせる。

ウェーブ・スタイルの完成。

塩や砂糖を使うグラス・デコレーション

カクテル・レシピ—1

Cocktail Recipes

ショート（ベース別）

Cocktail Recipes

ウイスキー・ベース
Whisky Base

アフィニティ
Affinity

スコッチ・ウイスキー	1/3
ドライ・ベルモット	1/3
スイート・ベルモット	1/3
アンゴスチュラ・ビターズ	2dashes

●ステアして、カクテル・グラスに注ぐ。
◎*Affinity*とは、姻戚関係あるいは親しい間柄を示す言葉。イギリス（スコッチ）、フランス（ドライ・ベルモット）、イタリア（スイート・ベルモット）の親密さを表したカクテルだといわれる。

ブラックソーン
Blackthorn

アイリッシュ・ウイスキー	1/2
ドライ・ベルモット	1/2
アブサン	3dashes
アンゴスチュラ・ビターズ	3dashes

●ステアして、カクテル・グラスに注ぐ。
◎別名、アイリッシュ・ブラックソーン（*Irish Blackthorn*）。ブラックソーンとは、リンボクの木のこと。この実からスロー・ジンをつくる。昔、アイルランド人はブラックソーンの若木でつくったシレイラ（こん棒）を使っていたという。カクテル名は、それにちなんでいる。スロー・ジンをベースに使った場合は、イングリッシュ・ブラックソーンと呼ぶ。

ブラッド・アンド・サンド
Blood & Sand

ウイスキー	1/4
スイート・ベルモット	1/4
チェリー・リキュール	1/4
オレンジ・ジュース	1/4

●シェークして、カクテル・グラスに注ぐ。
◎*Blood & Sand*とは血と砂の意。同名のスペインの小説がある。

ボビー・バーンズ
Bobby Burns

スコッチ・ウイスキー	2/3
スイート・ベルモット	1/3
ベネディクティンDOM	1tsp.

● ステアして、カクテル・グラスに注ぎ、レモン・ピールを絞りかける。
◎ ウイスキーを愛したスコットランドの国民詩人ロバート（ボビー）・バーンズ（1759～1796年）にちなんだカクテルといわれる。ロブ・ロイ（*Rob Roy* p.123参照）に似たカクテル。

ブルックリン
Brooklyn

ライ・ウイスキー	2/3
ドライ・ベルモット	1/3
アメール・ピコン	1dash
マラスキーノ・リキュール	1dash

● ステアして、カクテル・グラスに注ぐ。
◎ ブルックリンは、ニューヨーク市のマンハッタンの対岸の街。マンハッタン（*Manhattan* p.121）参照。

チャーチル
Churchill

スコッチ・ウイスキー	3/6
ホワイト・キュラソー	1/6
スイート・ベルモット	1/6
ライム・ジュース	1/6

● シェークして、カクテル・グラスに注ぐ。

コモドアー
Commodore

ライ・ウイスキー	3/4
ライム・ジュース	1/4
オレンジ・ビターズ	2dashes
砂糖	1tsp.

● シェークして、カクテル・グラスに注ぐ。
◎ *Commodore*は、提督あるいは船長の意。

エルクス・オウン
Elk's Own

ライ・ウイスキー	30ml
ポート・ワイン	30ml
レモン・ジュース	20ml
砂糖	1tsp.
卵白	1個分

●十分にシェークして、シャンパン・グラスに注ぎ、パイナップル・スライスを飾る。

ヘアー・オブ・ザ・ドッグ
Hair of the Dog

スコッチ・ウイスキー	2/4
生クリーム	1/4
蜂蜜	1/4

●十分にシェークして、カクテル・グラスに注ぐ。
◎クラッシュド・アイスとともにバー・ブレンダーでブレンドしてもよい。

ホール・イン・ワン
Hole in One

ウイスキー	2/3
ドライ・ベルモット	1/3
レモン・ジュース	2dashes
オレンジ・ジュース	1dash

●シェークして、カクテル・グラスに注ぐ。
◎Hole in Oneはゴルフ用語で、1打でカップインすること。

ハンター
Hunter

ライ・ウイスキー	3/4
チェリー・リキュール	1/4

●ステアして、カクテル・グラスに注ぐ。
◎「狩人のカクテル」の意。古いスタイルだが、日本では、かなり知られているカクテル。

ハリケーン
Hurricane

ウイスキー	1/4
ジン	1/4
ホワイト・ミント・リキュール	1/4
レモン・ジュース	1/4

●シェークして、カクテル・グラスに注ぐ。

インク・ストリート
Ink Street

ライ・ウイスキー	2/4
オレンジ・ジュース	1/4
レモン・ジュース	1/4

● シェークして、カクテル・グラスに注ぐ。

レディーズ・カクテル
Ladies' Cocktail

ライ・ウイスキー	1グラス
アブサン	2dashes
アニゼット・リキュール	2dashes
アンゴスチュラ・ビターズ	2dashes

● ステアして、カクテル・グラスに注ぎ、カット・パイナップルを飾る。

ロサンゼルス
Los Angeles

バーボン・ウイスキー	3/4
スイート・ベルモット	1dash
レモン・ジュース	1/4
砂糖	1tsp.
卵	1個

● 十分にシェークして、シャンパン・グラスに注ぐ。

マンハッタン
Manhattan

ライ・ウイスキー	3/4
スイート・ベルモット	1/4
アンゴスチュラ・ビターズ	1dash

● ステアして、カクテル・グラスに注ぎ、マラスキーノ・チェリーを飾る。

◎ カクテルの女王と呼ばれ、19世紀の半ばから世界の人々に飲み継がれてきた偉大なカクテルだけに、さまざまな処方が行なわれているが、現在のわが国では、この処方がスタンダードなものと考えられる。ベースのウイスキーは、ライ・ウイスキーを使用する例が多いが、バーボンを指定している例、ライ・ウイスキーまたはバーボンとしている例も見られる。一般的には、カナディアン・ウイスキーを含めてアメリカン・タイプのウイスキーを使えばよい。

マンハッタン（ドライ）
Manhattan (Dry)

ライ・ウイスキー　　　　　　4/5
ドライ・ベルモット　　　　　1/5
アンゴスチュラ・ビターズ　　1dash

●ステアして、カクテル・グラスに注ぎ、マラスキーノ・チェリーを飾る。
◎ドライ・ベルモットを使用、ウイスキーとベルモットの割合も4対1と辛口になっている。

マンハッタン（ミディアム）
Manhattan (Medium)

ライ・ウイスキー　　　　　　4/6
スイート・ベルモット　　　　1/6
ドライ・ベルモット　　　　　1/6
アンゴスチュラ・ビターズ　　1dash

●ステアして、カクテル・グラスに注ぎ、マラスキーノ・チェリーを飾る。
◎スタンダードなマンハッタンとドライ・マンハッタンの中間的なものと考えられる。別名、パーフェクト・マンハッタン（Perfect Manhattan）。

モンテカルロ
Monte Carlo

ライ・ウイスキー　　　　　　3/4
ベネディクティンDOM　　　　1/4
アンゴスチュラ・ビターズ　　2dashes

●シェークして、カクテル・グラスに注ぐ。
◎好みでレモンあるいはオレンジ・ピールを絞りかけてもよい。

マウンテン
Mountain

ライ・ウイスキー　　　　　　45ml
ドライ・ベルモット　　　　　10ml
スイート・ベルモット　　　　10ml
レモン・ジュース　　　　　　10ml
卵白　　　　　　　　　　　　1個分

●十分にシェークして、シャンパン・グラスに注ぐ。

ニューヨーク
New York

ライ・ウイスキー	3/4
ライム・ジュース	1/4
グレナデン・シロップ	1tsp.

●シェークして、カクテル・グラスに注ぎ、オレンジ・ピールを絞りかける。
◎カクテル名からもウイスキーは、ライまたはバーボンを使用する。

オールド・パル
Old Pal

ライ・ウイスキー	1/3
ドライ・ベルモット	1/3
カンパリ	1/3

●ステアして、カクテル・グラスに注ぐ。
◎Old Palとは、古い仲間の意。

オリエンタル
Oriental

ライ・ウイスキー	2/5
スイート・ベルモット	1/5
ホワイト・キュラソー	1/5
ライム・ジュース	1/5

●シェークして、カクテル・グラスに注ぐ。

ロブ・ロイ
Rob Roy

スコッチ・ウイスキー	3/4
スイート・ベルモット	1/4
アンゴスチュラ・ビターズ	1dash

●ステアして、カクテル・グラスに注ぎ、マラスキーノ・チェリーを飾る。
◎ロブ・ロイとは、「紅毛のロバート」のことで、イングランドにおけるロビン・フッドのように英雄視されたスコットランドのアウトローの名前。このカクテルは、マンハッタン(*Manhattan*)のベースをスコッチ・ウイスキーに替えたもので、マンハッタン同様、さまざまなバリエーションがある。

スコッチ・キルト
Scotch Kilt

スコッチ・ウイスキー	2/3
ドランブイ	1/3
オレンジ・ビターズ	2dashes

●ステアして、カクテル・グラスに注ぎ、レモン・ピールを絞りかける。

シャムロック
Shamrock

アイリッシュ・ウイスキー	1/2
ドライ・ベルモット	1/2
グリーン・シャルトリューズ	3dashes
グリーン・ミント・リキュール	3dashes

●シェークして、カクテル・グラスに注ぐ。
◎シャムロックとは、アイルランドの国花、つめ草(クローバ)のこと。
◎類似カクテルに、エブリボディーズ・アイリッシュがある。

[エブリボディーズ・アイリッシュ　Everybody's Irish]

アイリッシュ・ウイスキー	1グラス
グリーン・シャルトリューズ	6dashes
グリーン・ミント・リキュール	3dashes

シェークして、カクテル・グラスに注ぎ、グリーン・オリーブを沈める。

アップ・トゥ・デイト
Up-To-Date

ライ・ウイスキー	1/2
シェリー	1/2
オレンジ・キュラソー	2dashes
アンゴスチュラ・ビターズ	2dashes

●シェークして、カクテル・グラスに注ぐ。

ワード・エイト
Ward Eight

ライ・ウイスキー	2/4
レモン・ジュース	1/4
オレンジ・ジュース	1/4
グレナデン・シロップ	2dashes

●シェークして、カクテル・グラスに注ぐ。
◎カクテル名は、8区という意味で、ボストン市を8区に分けた区政が始まったのを記念してつくられたといわれる。ワード・カクテル(Ward Cocktail)またはスコティッシュ・ガーズ(Scottish Guards)とも呼ばれている。

ウイスキー・カクテル
Whisky Cocktail

ウイスキー	1グラス
アンゴスチュラ・ビターズ	1dash
シュガー・シロップ	1dash

●ステアして、カクテル・グラスに注ぐ。
◎ベースのウイスキーには、スコッチやライまたはバーボン・ウイスキーが使われることが多いが、ライ、バーボンの場合は、Whiskeyと綴る。このカクテルの基本形は、上記のようにウイスキー、アンゴスチュラ・ビターズ、シュガー・シロップの組み合わせ。近年ではシロップに替えてホワイト・キュラソーを使う例が目立っている。また、マラスキーノ・リキュール、ドランブイ、スイート・ベルモット、ノワヨー・リキュールを少量加える処方もある。レモン・ピールを絞りかける、マラスキーノ・チェリーを飾る、グラスの縁に砂糖のスノー・スタイルをほどこす、といった処方も見られるが、上記のようにデコレーションなしの例がもっとも多い。
◎類似したカクテルに、ジン・カクテル(Gin Cocktail p.145参照)、ブランデー・カクテル(Brandy Cocktail p.129参照)、ベルモット・カクテル(Vermouth Cocktail p.182参照)などがある。

ウイスキー・フロート
Whisky Float

ウイスキー	45ml
水(ミネラル・ウォーター)	適量

●氷を入れたタンブラーに冷やした水を7分目ほど注ぎ、ウイスキーを静かにフロートする。

Cocktail Recipes

ブランデー・ベース
Brandy Base

アレキサンダー
Alexander

ブランデー	2/4
ブラウン・カカオ・リキュール	1/4
生クリーム	1/4

●十分にシェークして、カクテル・グラスに注ぎ、好みで、すりおろしたナツメッグを振りかける。

◎イギリス国王エドワード7世のアレキサンドラ王妃に捧げられたカクテルで、初めは、「アレキサンドラ」と女性名になっていた。わが国でも、食後向きのカクテルとして、早くから知られてきた。クレーム・ド・カカオにスピリッツと生クリームを合わせたカクテルはこれ以外にも多く、ジン・ベースのものはプリンセス・メリー(*Princess Mary* p.151参照)、ウオッカ・ベースのものは、バーバラ(*Barbara* p.156参照)あるいはルシアン・ベア(*Russian Bear*)と呼ばれている。

◎よく似たカクテルに、グリーン・ミント・リキュールをブラウン・カカオ・リキュールの代わりに使ったアレキサンダーズ・シスター(*Alexander's Sister* p.137参照)というジン・ベースのカクテルがある。

◎最近は、わが国でも生クリームの匂いに慣れてきており、品質も向上していることから、ナツメッグを使わない例が多くなっている。世界的には、使わないケースがほとんど。

アメリカン・ビューティー
American Beauty

ブランデー	1/4
ドライ・ベルモット	1/4
グレナデン・シロップ	1/4
オレンジ・ジュース	1/4
ホワイト・ミント・リキュール	1dash
ポート・ワイン	適量

●ポート・ワイン以外の材料をシェークして、カクテル・グラスに注ぎ、少量のポート・ワインをフロートする。

◎*American Beauty*とは、バラの品種のひとつ。

ビー・アンド・ビー
B & B

ブランデー	1/2
ベネディクティンDOM	1/2

●リキュール・グラスに、ブランデーを注ぎ、さらにベネディクティンDOMを注ぎ入れる。

◎B & Bというカクテル名は、Bénédictine & Brandyのイニシャルからとったもの。ブランデーにコニャック(Cognac)を使った場合、B & Cということもある。この手順(ミックス・スタイル)だと、比重の違いで、2つの酒は自然に混ざる。先にベネディクティンDOMを注ぎ、後からブランデーを静かにフロートするプース・カフェ・スタイルもある。近年は、オン・ザ・ロックのスタイルで飲まれることも多い。

◎処方のよく似たカクテルに、ウイスキー・ベースのラスティ・ネイル(Rusty Nail　p.219参照)、ウオッカ・ベースのブラック・ルシアン(Black Russian　p.215参照)がある。

ビトウィーン・ザ・シーツ
Between the Sheets

ブランデー	1/3
ホワイト・ラム	1/3
ホワイト・キュラソー	1/3
レモン・ジュース	1tsp.

●シェークして、カクテル・グラスに注ぐ。

◎Between the Sheetsとは、「ベッドに入って」の意。ナイトキャップ向きのカクテルと考えられている。

ブロック・アンド・フォール
Block & Fall

ブランデー	2/6
ホワイト・キュラソー	2/6
アップル・ブランデー	1/6
アブサン	1/6

●シェークして、カクテル・グラスに注ぐ。

◎ブランデーに替えてアプリコット・リキュールを使う処方もある。

ボンベイ
Bombay

ブランデー	2/4
ドライ・ベルモット	1/4
スイート・ベルモット	1/4
オレンジ・キュラソー	2dashes
アブサン	1dash

●ステアして、カクテル・グラスに注ぐ。
◎*Bombay*は、インドの都市名。

ブザム・カレッサー
Bosom Caresser

ブランデー	2/3
オレンジ・キュラソー	1/3
グレナデン・シロップ	1tsp.
卵黄	1個分

●シェークして、大型カクテル・グラス(またはソーサー型シャンパン・グラス)に注ぐ。
◎ナイトキャップ向き。カクテル名は「ひそかな抱擁」といった意味。

ブランデー・ブレイザー
Brandy Blazer

ブランデー	1グラス
砂糖	1tsp.
オレンジ・ピール	1片
レモン・ピール	1片

●オールドファッションド・グラスに材料を入れてステアし点火、数秒後に炎を消し、液体を漉してカクテル・グラスに移す。
◎ベースをウイスキーに替えたウイスキー・ブレイザー(*Whisky Blazer*)も知られている。

ブランデー・カクテル
Brandy Cocktail

ブランデー	1グラス
ホワイト・キュラソー	2dashes
アンゴスチュラ・ビターズ	1dash

●ステアして、カクテル・グラスに注ぎ、好みでレモン・ピールを絞りかける。
◎スピリッツ名を冠したカクテルは、このブランデー・カクテルのように、スピリッツに少量のキュラソーやビターズを合わせる形が一般的だが、下記のカルバドス・カクテルなどのように、やや複雑な処方のものもある。ウイスキー・カクテル(*Whisky Cocktail p.125*)、ジン・カクテル(*Gin Cocktail p.145*)など参照。

ブランデー・スカッファ
Brandy Scaffa

ブランデー	1/2
マラスキーノ・リキュール	1/2
アンゴスチュラ・ビターズ	1dash

●カクテル・グラスにビターズを振り入れ、内側をぬらす。ブランデー、マラスキーノ・リキュールを注ぎ、ステアする。
◎ジンなど他のスピリッツでもつくられる。

カルバドス・カクテル
Calvados Cocktail

アップル・ブランデー	2/6
ホワイト・キュラソー	1/6
オレンジ・ジュース	2/6
オレンジ・ビターズ	1/6

●シェークして、カクテル・グラスに注ぐ。
◎欧米のカクテルブックでは、ベースにカルバドスを指定している例、アップル・ブランデーとしている例、カルバドスまたはアップル・ブランデーとしている例などがある。本書では、特にカルバドスに限定せず、リンゴ原料のブランデーをベースにした。
◎リンゴ原料のブランデーをアメリカではアップルジャックと呼ぶが、これをカクテル名にしたアップルジャック・カクテル(*Applejack Cocktail*)もよく知られている。

[アップルジャック・カクテル　Applejack Cocktail]
アップルジャック　　　　　4/6
レモン・ジュース　　　　　1/6
グレナデン・シロップ　　　1/6
シェークして、カクテル・グラスに注ぐ。

キャロル
Carrol

ブランデー　　　　　　　　2/3
スイート・ベルモット　　　1/3
●ステアして、カクテル・グラスに注ぎ、マラスキーノ・チェリーを飾る。
◎カクテル名は、賛歌の意。カクテルの形は、ブランデー・ベースのマンハッタンといえよう。

シャンゼリゼ
Champs-Élysées

ブランデー　　　　　　　　3/5
イエロー・シャルトリューズ　1/5
レモン・ジュース　　　　　1/5
アンゴスチュラ・ビターズ　　1dash
●シェークして、カクテル・グラスに注ぐ。

チェリー・ブロッサム
Cherry Blossom

ブランデー　　　　　　　　1/2
チェリー・リキュール　　　1/2
オレンジ・キュラソー　　　2dashes
グレナデン・シロップ　　　2dashes
レモン・ジュース　　　　　2dashes
●シェークして、カクテル・グラスに注ぐ。

シカゴ
Chicago

ブランデー　　　　　　　　45ml
オレンジ・キュラソー　　　2dashes
アンゴスチュラ・ビターズ　　1dash
シャンパン　　　　　　　　適量
●シャンパン以外の材料をシェークして、砂糖のスノー・スタイルにしたフルート型シャンパン・グラスに注ぎ、冷やしたシャンパンを満たす。
◎ブランデー・カクテル(Brandy Cocktail　p.129参照)にシャンパンを加えた形のカクテル。

クラシック
Classic

ブランデー	3/6
オレンジ・キュラソー	1/6
マラスキーノ・リキュール	1/6
レモン・ジュース	1/6

●シェークして、砂糖のスノー・スタイルにしたカクテル・グラスに注ぐ。

コープス・リバイバー
Corpse Reviver

ブランデー	2/4
アップル・ブランデー	1/4
スイート・ベルモット	1/4

●ステアして、カクテル・グラスに注ぎ、レモン・ピールを絞りかける。

◎コープス・リバイバーとは、「死者をよみがえらせるもの」という意味。*Reviver*は、ピック・ミィ・アップ(*Pick-Me-Up*)、アイ・オープナー(*Eye Opener* p.162参照)などと同様、いわゆる迎え酒。ただし、各種のスピリッツなどを使ったアルコール含有のものとノン・アルコールのものがある。

◎このコープス・リバイバーはジンでつくる場合、コープス・リバイバーNO.2と呼ばれ、海外ではこちらのほうが一般的。ただし、キナ・リレは1920年代に終売しているため、代わりにリレ・ブランとアンゴスチュラ・ビターズを使用したり、コッキ・アメリカーノを使用していることも多い。

[コープス・リバイバーNO.2　*Corpse Reviver NO.2*]

ジン	1/4
ホワイト・キュラソー	1/4
キナ・リレ	1/4
レモン・ジュース	1/4
アブサン	1dash

シェークして、カクテル・グラスに注ぐ。

キューバン・カクテル
Cuban Cocktail

ブランデー	2/4
アプリコット・リキュール	1/4
ライム・ジュース	1/4

●シェークして、カクテル・グラスに注ぐ。

デプス・ボム
Depth Bomb

ブランデー	1/2
アップル・ブランデー	1/2
グレナデン・シロップ	1tsp.
レモン・ジュース	1dash

●シェークして、カクテル・グラスに注ぐ。
◎カクテル名は、対潜水艦爆弾の意味。

ディキ・ディキ
Diki Diki

アップル・ブランデー	4/6
スウェディッシュ・パンチ	1/6
グレープフルーツ・ジュース	1/6

●シェークして、カクテル・グラスに注ぐ。
◎Diki Dikiとは、南国の島の王様の名といわれる。スウェディッシュ・パンチの代わりにジンを使う処方もある。

ドリーム
Dream

ブランデー	2/3
オレンジ・キュラソー	1/3
アブサン	1dash

●シェークして、カクテル・グラスに注ぐ。

イースト・インディア
East India

ブランデー	6/8
オレンジ・キュラソー	1/8
パイナップル・ジュース	1/8
アンゴスチュラ・ビターズ	1dash

●シェークして、カクテル・グラスに注ぎ、マラスキーノ・チェリーを飾る。
◎名前の似たものにイースト・インディアンというシェリー・ベースのカクテルがある。

[イースト・インディアン　East Indian]

フィノ・シェリー	1/2
ドライ・ベルモット	1/2
オレンジ・ビターズ	1dash

ステアして、カクテル・グラスに注ぐ。

ハーバード
Harvard

ブランデー	1/2
スイート・ベルモット	1/2
アンゴスチュラ・ビターズ	2dashes
シュガー・シロップ	1dash

●ステアして、カクテル・グラスに注ぐ。
◎このカクテルをムーン・ライト(*Moon Light*)と呼ぶことがある。

ハネムーン
Honeymoon

アップル・ブランデー	1/3
ベネディクティンDOM	1/3
レモン・ジュース	1/3
オレンジ・キュラソー	3dashes

●シェークして、カクテル・グラスに注ぐ。
◎別名ファーマーズ・ドーター(*Farmer's Daughter*)。関連するカクテルに、ファーマーズ・ワイフ(*Farmer's Wife*)、別名スター・カクテル(*Star Cocktail*)がある。

[ファーマーズ・ワイフ　*Farmer's Wife*]

アップル・ブランデー	2/3
ドライ・ベルモット	1/3
アンゴスチュラ・ビターズ	1dash

ステアして、カクテル・グラスに注ぎ、レモン・ピールを絞りかける。

ジャック・ローズ
Jack Rose

アップル・ブランデー	2/4
ライム・ジュース	1/4
グレナデン・シロップ	1/4

●シェークして、カクテル・グラスに注ぐ。

モーニング・カクテル
Morning Cocktail

ブランデー	1/2
ドライ・ベルモット	1/2
アブサン	2dashes
ホワイト・キュラソー	2dashes
マラスキーノ・リキュール	2dashes
オレンジ・ビターズ	2dashes

●ステアして、カクテル・グラスに注ぎ、マラスキーノ・チェリーを飾り、レモン・ピールを絞りかける。

ナイトキャップ
Nightcap

ブランデー	1/3
アニゼット・リキュール	1/3
オレンジ・キュラソー	1/3
卵黄	1個分

●十分にシェークして、大型カクテル・グラスに注ぐ。
◎文字どおり、ナイトキャップ(寝酒)向きのカクテル。
◎ラムをベースにした同名のホット・ドリンクもある。

ニコラシカ
Nikolaschka

ブランデー	適量
砂糖	1tsp.
レモン・スライス	1枚

●リキュール・グラスに9分目までブランデーを注ぎ、砂糖を盛ったレモン・スライスをグラスの上にのせる。
◎欧米では、シェリー・グラスやカクテル・グラスも使われ、その場合、グラスに応じて、ブランデーの量も60ml程度まで多くなる。飲むときは、まず砂糖を盛ったレモン・スライスを口に含んで噛み、甘酸味が広がったところで、ブランデーを流し込み、口中でカクテルにする。
◎ドイツのハンブルグで生まれたといわれるこのカクテルは、カクテルブックによって、*Nicolaschka*、*Nicolaski*、*Nicolaskar*などと表記が分かれている。

オリンピック
Olympic

ブランデー	1/3
オレンジ・キュラソー	1/3
オレンジ・ジュース	1/3

●シェークして、カクテル・グラスに注ぐ。

クエーカーズ・カクテル
Quaker's Cocktail

ブランデー	2/6
ホワイト・ラム	2/6
レモン・ジュース	1/6
ラズベリー・シロップ	1/6

●シェークして、カクテル・グラスに注ぐ。
◎カクテル名は、「クエーカー教徒のカクテル」の意。
◎ラズベリー・シロップの代わりにグレナデン・シロップを使うこともある。

クイーン・エリザベス
Queen Elizabeth

ブランデー	1/2
スイート・ベルモット	1/2
オレンジ・キュラソー	1dash

●ステアして、カクテル・グラスに注ぐ。
◎同名のジン・ベースのカクテルがある(p.152参照)。

サイドカー
Sidecar

ブランデー	2/4
ホワイト・キュラソー	1/4
レモン・ジュース	1/4

●シェークして、カクテル・グラスに注ぐ。
◎有名カクテルだけに、第二次世界大戦中のパリで、いつもサイドカーに乗っていた大尉が創作したという説など、さまざまな創作エピソードが伝わっているが、1933年、パリのハリーズ・ニューヨーク・バーのバーテンダーだったハリー・マッケルホーンが考案し、旅行ブームでパリを訪れる人々の間に広めた、という説が有力。
◎近年、ホワイト・キュラソーやレモン・ジュースの割合を減らして風味を抑え、ブランデーの香味をより豊かに感じられるように仕上げる傾向にある。
◎ジン・ベースのホワイト・レディ(*White Lady* p.154参照)、ウオッカ・ベースのバラライカ(*Balalaika* p.156参照)、テキーラ・ベースのマルガリータ(*Margarita* p.168参照)など、共通したスタイルを持つカクテルは多い。

スティンガー
Stinger

ブランデー	2/3
ホワイト・ミント・リキュール	1/3

● シェークして、カクテル・グラスに注ぐ。
◎ Stingerとは、動物の針のこと。
◎ ベースをジンに替えるとホワイト・ウィングス（White Wings）またはホワイト・ウェイ（White Way）、別名ジン・スティンガー（Gin Stinger）に、またウオッカに替えるとホワイト・スパイダー（White Spider）、別名ウオッカ・スティンガー（Vodka Stinger）というカクテルになる。アブサンを2dashes加えたものをスティンガー・ロワイヤル（Stinger Royal）と呼ぶ。

スリー・ミラーズ
Three Millers

ブランデー	2/3
ホワイト・ラム	1/3
グレナデン・シロップ	1tsp.
レモン・ジュース	1dash

● シェークして、カクテル・グラスに注ぐ。

ヤング・マン
Young Man

ブランデー	3/4
ドライ・ベルモット	1/4
オレンジ・キュラソー	2dashes
アンゴスチュラ・ビタース	1dash

● ステアして、カクテル・グラスに注ぎ、マラスキーノ・チェリーを飾る。

ズーム・カクテル
Zoom Cocktail

ブランデー	2/4
蜂蜜	1/4
生クリーム	1/4

● 十分にシェークして、カクテル・グラスに注ぐ。
◎ ズームとは、物が急上昇するときなどにおこる「ブーン」という音の擬声語。蜂蜜を使っていることから、蜜蜂の羽音を表しているものと思われる。
◎ ブランデーの他にもジン、ラム、ウイスキー、ウオッカなどのスピリッツでつくられる。ブランデー以外のときは、ジン・ズーム・カクテル（Gin Zoom Cocktail）のように、ベースのスピリッツ名を冠して呼ぶ。

Cocktail Recipes

ジン・ベース
Gin Base

アカシア
Acacia

ジン	2/3
ベネディクティンDOM	1/3
キルシュワッサー	2dashes

● シェークして、カクテル・グラスに注ぐ。

アラスカ
Alaska

ジン	3/4
イエロー・シャルトリューズ	1/4

● シェークして、カクテル・グラスに注ぐ。
◎わが国では、グリーン・シャルトリューズを使ったグリーン・アラスカ(Green Alaska)も好まれている。
◎ロンドン、サボイ・ホテルのハリー・クラドック氏が創作したカクテル。

アレキサンダーズ・シスター
Alexander's Sister

ジン	2/4
グリーン・ミント・リキュール	1/4
生クリーム	1/4

● シェークして、カクテル・グラスに注ぐ。
◎アレキサンダー(Alexander　p.126)参照。

エンジェル・フェイス
Angel Face

ジン	1/3
アップル・ブランデー	1/3
アプリコット・リキュール	1/3

● シェークして、カクテル・グラスに注ぐ。

青い珊瑚礁
Blue Coral Reef

ジン	2/3
グリーン・ミント・リキュール	1/3

●シェークして、グラスの縁をレモンでリンスしたカクテル・グラスに注ぎ、マラスキーノ・チェリーとミントの葉を飾る。
◎1950年5月、東京で開かれた第2回オール・ジャパン・ドリンクス・コンクール第1位入賞作品。作者は名古屋市の鹿野彦司氏。

アペタイザー
Appetizer

ジン	2/4
デュボネ	1/4
オレンジ・ジュース	1/4

●シェークして、カクテル・グラスに注ぐ。
◎*Appetizer*とは、食欲をそそるもの、つまり食前酒。
◎オレンジ・ジュースを使わない処方もある。その場合、ジン1/2、デュボネ1/2でステアしたものは、デュボネ・カクテル（*Dubonnet Cocktail* p.179参照）と呼ばれる。

アラウンド・ザ・ワールド
Around The World

ジン	4/6
グリーン・ミント・リキュール	1/6
パイナップル・ジュース	1/6

●シェークして、カクテル・グラスに注ぎ、ミント・チェリーを飾る。

アビエイション
Aviation

ジン	3/4
レモン・ジュース	1/4
マラスキーノ・リキュール	1tsp.

●シェークして、カクテル・グラスに注ぐ。
◎カクテル名は、飛行、飛行機などの意味。
◎海外では、バイオレット・リキュールを入れるのが一般的である。

バロン
Baron

ジン	2/3
ドライ・ベルモット	1/3
スイート・ベルモット	2dashes
オレンジ・キュラソー	1tsp.

●ステアして、カクテル・グラスに注ぎ、レモン・ピールを絞りかける。
◎Baronとは、男爵のこと。

バーテンダー
Bartender

ジン	1/4
フィノ・シェリー	1/4
ドライ・ベルモット	1/4
デュボネ	1/4
オレンジ・キュラソー	1dash

●ステアして、カクテル・グラスに注ぐ。

ビューティー・スポット
Beauty Spot

ジン	2/4
ドライ・ベルモット	1/4
スイート・ベルモット	1/4
オレンジ・ジュース	1tsp.
グレナデン・シロップ	1/2tsp.

●シロップ以外の材料をシェークして、あらかじめグレナデン・シロップを入れておいたカクテル・グラスに注ぐ。
◎Beauty Spotとは、つけ黒子(ほくろ)のこと。
◎類似したカクテルにブロンクス(Bronx p.140参照)がある。

ビーズ・ニーズ
Bee's Knees

ジン	4/5
レモン・ジュース	1/5
蜂蜜	1tsp.

●シェークして、カクテル・グラスに注ぐ。

ビジュー
Bijou

ジン	1/3
スイート・ベルモット	1/3
グリーン・シャルトリューズ	1/3
オレンジ・ビターズ	1dash

●ステアして、カクテル・グラスに注ぎ、マラスキーノ・チェリーを飾り、レモン・ピールを絞りかける。
◎*Bijou*とは、宝石のこと。
◎同じ処方のカクテルをアンバー・ドリーム(*Amber Dream*)、エメラルド(*Emerald*)、ゴールデン・グロー(*Golden Glow*)、ジュエル(*Jewel*)などと呼ぶことがある。

ブロンクス
Bronx

ジン	3/6
ドライ・ベルモット	1/6
スイート・ベルモット	1/6
オレンジ・ジュース	1/6

●シェークして、カクテル・グラスに注ぐ。
◎*Bronx*とは、動物園で知られるニューヨーク市北部の街。
◎古くから有名なカクテルだけに、いろいろなアレンジがある。以下は、その中でも代表的なもの。

[ブロンクス・ドライ　*Bronx Dry*]

ジン	3/6
ドライ・ベルモット	2/6
オレンジ・ジュース	1/6

シェークして、カクテル・グラスに注ぐ。好みによりオレンジ・スライスを飾る。

[ブロンクス・ゴールデン　*Bronx Golden*]

ジン	3/6
ドライ・ベルモット	1/6
スイート・ベルモット	1/6
オレンジ・ジュース	1/6
卵黄	1個分

十分にシェークして、大型カクテル・グラスに注ぐ。

[ブロンクス・シルバー　Bronx Silver]

ジン	3/6
ドライ・ベルモット	1/6
スイート・ベルモット	1/6
オレンジ・ジュース	1/6
卵白	1個分

十分にシェークして、大型カクテル・グラスに注ぎ、パイナップル・スライスを飾る。

[ブロンクス・テラス　Bronx Terrace]

ジン	3/6
ドライ・ベルモット	2/6
ライム・ジュース	1/6

シェークして、カクテル・グラスに注ぐ。

カフェ・ド・パリ
Café de Paris

ジン	1グラス
アニゼット・リキュール	1tsp.
生クリーム	1tsp.
卵白	1個分

●十分にシェークして、シャンパン・グラスに注ぐ。好みで、すりおろしたナツメッグを振りかける。

◎このカクテルはアニゼット・カクテル (*Anisette Cocktail*) とも呼ばれる。

カルーソー
Caruso

ジン	2/4
ドライ・ベルモット	1/4
グリーン・ミント・リキュール	1/4

●ステアして、カクテル・グラスに注ぐ。

◎*Caruso*というカクテル名は、19世紀末から20世紀初めにかけて活躍したイタリアのオペラ歌手エンリコ・カルーソー (*Enrico Caruso*) にちなんでいる。

カジノ
Casino

ジン	1グラス
マラスキーノ・リキュール	2dashes
オレンジ・ビターズ	2dashes
レモン・ジュース	2dashes

● ステアして、カクテル・グラスに注ぎ、マラスキーノ・チェリーを飾る。

チャールストン
Charleston

ジン	1/6
キルシュワッサー	1/6
オレンジ・キュラソー	1/6
マラスキーノ・リキュール	1/6
ドライ・ベルモット	1/6
スイート・ベルモット	1/6

● シェークして、カクテル・グラスに注ぎ、レモン・ピールを絞りかける。
◎ *Charleston* とは、1920年代にアメリカ南部の黒人から起こり、大流行したダンス・ステップの一種。

クラリッジ
Claridge

ジン	2/6
ドライ・ベルモット	2/6
アプリコット・リキュール	1/6
ホワイト・キュラソー	1/6

● シェークして、カクテル・グラスに注ぐ。
◎ パリ、クラリッジ・ホテルのスペシャル・カクテル。

クローバー・クラブ
Clover Club

ジン	3/5
ラズベリー・シロップ	1/5
レモン・ジュース	1/5
卵白	1個分

●十分にシェークして、ソーサー型シャンパン・グラスに注ぐ。
◎ラズベリー・シロップがない場合は、グレナデン・シロップで代用してもよい。
◎このカクテルのアレンジまたは類似したカクテルに、次のようなものがある。
*クローバー・リーフ(*Clover Leaf*)：グラスに注いだ後、ミントの葉を飾る。
*ロイヤル・クローバー・クラブ(*Royal Clover Club*)：クローバー・クラブ・カクテルの卵白の代わりに、卵黄を1個分使ったもの。

アースクェイク
Earthquake

ジン	1/3
ウイスキー	1/3
アブサン	1/3

●シェークして、カクテル・グラスに注ぐ。
◎*Earthquake*とは、地震のこと。強いカクテルという意味を込めたカクテル名だ。使用材料から、別名アブ・ジン・スキー(*Ab-gin-sky*)とも呼ばれている。

フォールン・エンジェル
Fallen Angel

ジン	3/4
レモン・ジュース	1/4
ホワイト・ミント・リキュール	2dashes
アンゴスチュラ・ビターズ	1dash

●シェークして、カクテル・グラスに注ぐ。

ギブソン
Gibson

ジン	5/6
ドライ・ベルモット	1/6

●ステアして、カクテル・グラスに注ぎ、パール・オニオンを飾る。好みで、レモン・ピールを絞りかけてもよい。
◎デコレーション以外は、マティーニ（*Martini* p.148参照）と同様の処方だが、標準的なドライ・マティーニより辛口に仕上げる傾向にある。
◎ジンの代わりにウオッカを使うと、ウオッカ・ギブソン（*Vodka Gibson*）になる。

ギムレット
Gimlet

ジン	3/4
ライム・ジュース	1/4
砂糖	1tsp.

●シェークして、カクテル・グラスに注ぐ。
◎イギリス生まれのこのカクテルは、当初、プリマス・ジンとコーディアルのライム・ジュース（ローズ社製）を使って甘口につくられていた。
◎ジンの代わりにウオッカを使うと、ウオッカ・ギムレット（*Vodka Gimlet*）になる。

ジン・アンド・イット
Gin & It

ジン	1/2
スイート・ベルモット	1/2

●カクテル・グラスに、順に注ぐ。

◎別名、ジン・イタリアン(Gin Italian)。イット(It)は、イタリアン・ベルモット(Italian Vermouth)の略。ベルモットのほうをとって、ジン・ベル(Gin-Ver)あるいはベル・ジン(Ver-Gin)と略称することもある。ただしバージン(Virgin)というカクテルには、ジン1/3、ホワイト・ミント・リキュール1/3、アップル・ブランデー1/3をシェークして、カクテル・グラスに注ぐという処方のものがある。

◎マティーニ(Martini p.148参照)・カクテルの原形とされる古いカクテル。19世紀半ば、ベルモットのメーカーであるイタリアのマルティニ・エ・ロッシ社が、このカクテルに自社のベルモットを使うよう宣伝、「マルティニ・カクテル」と名づけた、といわれる。まだ製氷機が発明されていなかった時代の古典的なカクテルであり、ジンもベルモットも冷やさないのが本来のスタイルだが、最近は、ステアする処方が多くなっている。

◎ドライ・ベルモットに替えると、ジン・アンド・フレンチ(Gin & French)というカクテルになる。

ジン・カクテル
Gin Cocktail

ジン	1グラス
オレンジ・ビターズ	2dashes

●ステアして、カクテル・グラスに注ぎ、レモン・ピールを絞りかける。

◎わが国では、オレンジ・キュラソーを加える処方も見られるが、海外では上記処方が一般的。

ハワイアン
Hawaiian

ジン	1/2
オレンジ・ジュース	1/2
オレンジ・キュラソー	1tsp.

●シェークして、カクテル・グラスに注ぐ。

◎ハワイアンをよりドライにしたスタイルのカクテルにフーラ・フーラがある。

[フーラ・フーラ　Houla Houla]
ジン	2/3
オレンジ・ジュース	1/3
オレンジ・キュラソー	1tsp.

シェークして、カクテル・グラスに注ぐ。

ホノルル
Honolulu

ジン	1/3
マラスキーノ・リキュール	1/3
ベネディクティンDOM	1/3

●シェークして、カクテル・グラスに注ぐ。
◎ホノルル・カクテルには、別に下記のような処方があり、わが国ではむしろ、このほうがポピュラーになっている。

[ホノルル　Honolulu]
ジン	1グラス
オレンジ・ジュース	1dash
パイナップル・ジュース	1dash
レモン・ジュース	1dash
アンゴスチュラ・ビターズ	1dash
シュガー・シロップ	1dash

シェークして、カクテル・グラスに注ぐ。

アイディアル
Ideal

ジン	2/3
ドライ・ベルモット	1/3
グレープフルーツ・ジュース	1tsp.
マラスキーノ・リキュール	3dashes

●シェークしてカクテル・グラスに注ぐ。
◎マティーニ(*Martini*　p.148参照)のアレンジと考えられている。

ノックアウト
Knock Out

ジン	1/3
ドライ・ベルモット	1/3
アブサン	1/3
ホワイト・ミント・リキュール	1tsp.

●シェークして、カクテル・グラスに注ぐ。
◎*Knock Out*を略して*K.O.*と書くことがあるが、*K.O.*カクテルという上記処方とはかなり違ったカクテル（ウイスキー、ブランデー、ジン、アブサン各1/4をステアする）があるので要注意。

マグノリア・ブロッサム
Magnolia Blossom

ジン	2/4
レモン・ジュース	1/4
生クリーム	1/4
グレナデン・シロップ	1dash

●十分にシェークして、カクテル・グラスに注ぐ。
◎*Magnolia Blossom*とは、泰山木の花のこと。

マティーニ
Martini

ジン	3/4
ドライ・ベルモット	1/4

●ステアして、カクテル・グラスに注ぎ、レモン・ピールを絞りかける。オリーブを飾る。

◎オレンジ・ビターズを使う処方もあるが、世界的に見れば、使わない例が多い。レモン・ピールをする、またはオリーブを飾る（ときにはレモン・ピールをして、さらにオリーブを飾る）としている処方もある。いずれにしても飲み手の好みを確かめて調整する。

◎辛口のカクテルの代表的な存在。カクテルの王様とも呼ばれ、現在も世界のカクテル・ファンから圧倒的な支持がある。偉大なカクテルだけに、アレンジした処方が数多く発表されているが、第二次世界大戦以後、ドライ化の傾向が著しい。

マティーニ（ドライ）
Martini (Dry)

ジン	4/5
ドライ・ベルモット	1/5

●ステアして、カクテル・グラスに注ぎ、レモン・ピールを絞りかける。好みでオリーブを飾る。

◎ベースをウオッカに替えたウオッカ・マティーニ（*Vodka Martini*　ウオッカティーニ〈*Vodkatini*〉、カンガルー〈*Kangaroo*〉とも呼ばれる）、テキーラに替えたテキーラ・マティーニ（*Tequila Martini*　テキーニ〈*Tequini*〉とも呼ばれる）もよく知られている。

マティーニ（エキストラ・ドライ）
Martini (Extra Dry)

ジン	7/8
ドライ・ベルモット	1/8

●ステアして、カクテル・グラスに注ぎ、好みでレモン・ピールを絞りかける。さらに好みでオリーブを飾ってもよい。

マティーニ
(ミディアム)
Martini (Medium)

ジン	4/6
ドライ・ベルモット	1/6
スイート・ベルモット	1/6

●ステアして、カクテル・グラスに注ぎ、好みでオリーブを飾る。
◎別名、パーフェクト・マティーニ(*Perfect Martini*)。
◎この材料を1/3ずつの割合でステアすると、トリニティ(*Trinity*)というカクテルになる。*Trinity*とは、宗教用語で、「三位一体」の意。また、上記処方にキュンメル2dashesを加えると、アライズ(*Allies*)になる。

マティーニ
(スイート)
Martini (Sweet)

ジン	2/3
スイート・ベルモット	1/3

●ステアして、カクテル・グラスに注ぎ、好みでマラスキーノ・チェリーを飾る。

マティーニ
(オン・ザ・ロック)
Martini (On The Rock)

ジン	4/5
ドライ・ベルモット	1/5

●ステアして、氷を入れたオールドファッションド・グラスに注ぐ。好みでレモン・ピールを絞りかける。さらに好みでオリーブを飾ってもいい。
◎氷を入れたオールドファッションド・グラスに直接オン・ザ・ロック・スタイルで注ぎ、ステアする処方も広く行なわれている。

ミリオン・ダラー
Million Dollar

ジン	3/5
スイート・ベルモット	1/5
パイナップル・ジュース	1/5
グレナデン・シロップ	1tsp.
卵白	1個分

●十分にシェークして、ソーサー型シャンパン・グラスに注ぎ、パイナップル・スライスをグラスの縁に飾る。
◎100万ドルという名前を持つこのカクテルは、わが国では、大正時代から特に人気のあったもの。当時は、オールド・トム・ジンが使われていたが、近年、ロンドン・ドライ・ジン使用に変わってきている。

オレンジ・ブロッサム
Orange Blossom

ジン	2/3
オレンジ・ジュース	1/3

●シェークして、カクテル・グラスに注ぐ。
◎オレンジの花は、花言葉が「純潔」ということから、ウエディング・ドレスを飾る花として使われる。同様にこのカクテルも、結婚披露宴のアペリティフとして人気がある。

パラダイス
Paradise

ジン	2/4
アプリコット・リキュール	1/4
オレンジ・ジュース	1/4

●シェークして、カクテル・グラスに注ぐ。

パリジャン
Parisian

ジン	1/3
ドライ・ベルモット	1/3
カシス・リキュール	1/3

●ステアして、カクテル・グラスに注ぐ。

ピンク・ジン
Pink Gin

ジン	1グラス
アンゴスチュラ・ビターズ	2〜3dashes

● ステアして、カクテル・グラスに注ぐ。
◎ アンゴスチュラ・ビターズをオレンジ・ビターズに替えると、イエロー・ジン(Yellow Gin)と呼ばれる。
◎ グラスに直接注ぐスタイルのジン・ビターズも古くから知られている。

［ジン・ビターズ　Gin & Bitters］

ジン	1グラス
アンゴスチュラ・ビターズ	2〜3dashes

アンゴスチュラ・ビターズをシェリー・グラスに振り入れ、グラスを回して内側にまんべんなくリンスする。余分なビターズを振り切り、冷やしたジンを注ぐ。
この場合、ジンは、冷凍庫でごく冷たく冷やしておくのが理想。最近では、オールドファッションド・グラスを使い、ビターズをリンスした後、氷を入れ、ジンを注ぐオン・ザ・ロック・スタイルも多く見られる。

ピンク・レディ
Pink Lady

ジン	3/4
グレナデン・シロップ	1/4
レモン・ジュース	1tsp.
卵白	1個分

● 十分にシェークして、大型シャンパン・グラスに注ぐ。
◎ ブルー・レディ(Blue Lady　p.171)、ホワイト・レディ(White Lady　p.154)参照。

プリンセス・メリー
Princess Mary

ジン	2/4
ブラウン・カカオ・リキュール	1/4
生クリーム	1/4

● 十分にシェークして、カクテル・グラスに注ぐ。

プリンストン
Princeton

ジン	3/4
ポート・ワイン	1/4
オレンジ・ビターズ	2dashes

●ステアして、カクテル・グラスに注ぎ、レモン・ピールを絞りかける。

クイーン・エリザベス
Queen Elizabeth

ジン	2/4
ホワイト・キュラソー	1/4
レモン・ジュース	1/4
アニゼット・リキュール	1dash

●シェークして、カクテル・グラスに注ぐ。
◎豪華客船クイーン・エリザベスにちなんだカクテル。

クイーンズ・カクテル
Queen's Cocktail

ジン	2/4
ドライ・ベルモット	1/4
スイート・ベルモット	1/4
パイナップル	1/2スライス

●シェーカーの中でパイナップルを潰し、他の材料を加えてシェークして、カクテル・グラスに注ぐ。

セブンス・ヘブン
Seventh Heaven

ジン	4/5
マラスキーノ・リキュール	1/5
グレープフルーツ・ジュース	1tsp.

●シェークして、カクテル・グラスに注ぎ、ミント・チェリーを飾る。
◎セブンス・ヘブンとは、イスラム教において、最高位の天使が住むとされる「第7番目の天国」。

シルバー・ブレット
Silver Bullet

ジン	2/4
キュンメル	1/4
レモン・ジュース	1/4

● シェークして、カクテル・グラスに注ぐ。
◎ *Silver Bullet*とは、銀の弾の意。魔よけの力があるという。よく似たカクテルに、ジンとキュンメル1/2ずつをステアしたシルバー・ストリーク(*Silver Streak*)がある。

スプリング・フィーリング
Spring Feeling

ジン	2/4
グリーン・シャルトリューズ	1/4
レモン・ジュース	1/4

● シェークして、カクテル・グラスに注ぐ。

タンゴ
Tango

ジン	2/5
ドライ・ベルモット	1/5
スイート・ベルモット	1/5
オレンジ・キュラソー	1/5
オレンジ・ジュース	2dashes

● シェークして、カクテル・グラスに注ぐ。

ユニオン・ジャック
Union Jack

ジン	2/3
バイオレット・リキュール	1/3

● ステアして、カクテル・グラスに注ぐ。
◎ プース・カフェ・スタイルの同名カクテルもある(p.222参照)。

ホワイト・カーゴ
White Cargo

ジン	1/2
バニラ・アイスクリーム	1/2

● 氷を用いないでシェークして、カクテル・グラスに注ぐ。
◎ アイスクリームが溶けにくい場合は、水または白ワインを少量加え、アイスクリームを砕いてからジンを入れてシェークする。

ホワイト・レディ
White Lady

ジン	2/4
ホワイト・キュラソー	1/4
レモン・ジュース	1/4

●シェークして、カクテル・グラスに注ぐ。
◎ピンク・レディ(*Pink Lady* p.151)、ブルー・レディ(*Blue Lady* p.171)、サイドカー(*Sidecar* p.135)参照。

ホワイト・リリー
White Lily

ジン	1/3
ホワイト・ラム	1/3
ホワイト・キュラソー	1/3
アブサン	1dash

●ステアして、カクテル・グラスに注ぐ。

ホワイト・ローズ
White Rose

ジン	45ml
マラスキーノ・リキュール	15ml
オレンジ・ジュース	15ml
レモン・ジュース	15ml
卵白	1個分

●十分にシェークして、シャンパン・グラスに注ぐ。

ヨコハマ
Yokohama

ジン	2/6
ウオッカ	1/6
オレンジ・ジュース	2/6
グレナデン・シロップ	1/6
アブサン	1dash

●シェークして、カクテル・グラスに注ぐ。
◎昭和初年から知られていた古いカクテル。作者や創作された年代は不詳だが、横浜に寄港する外国客船のバーで創案されたものかもしれない。大型客船での旅に人気があった1920年代に流行した港名を冠したカクテルのひとつだが、航空機の発達した現在では、こうした「港町」カクテルも次第に忘れられて、比較的飲まれているのは、このヨコハマはじめニューヨーク(*New York* p.123参照)、ホノルル(*Honolulu* p.146参照)、ボンベイ(*Bombay* p.128参照)、シャンハイ(*Shanghai* p.167参照)など少数になっている。

ザザ
Zaza

ジン	1/2
デュボネ	1/2
アンゴスチュラ・ビターズ	1dash

● ステアして、カクテル・グラスに注ぐ。
◎デュボネ・カクテル(*Dubonnet Cocktail* p.179)参照。

Cocktail Recipes

ウオッカ・ベース
Vodka Base

バラライカ
Balalaika

ウオッカ	2/4
ホワイト・キュラソー	1/4
レモン・ジュース	1/4

●シェークして、カクテル・グラスに注ぐ。
◎*Balalaika*は、ギターに似たロシアの民族楽器。
◎類似カクテル、サイドカー(*Sidecar* p.135)参照。

バーバラ
Barbara

ウオッカ	2/4
ブラウン・カカオ・リキュール	1/4
生クリーム	1/4

●十分にシェークして、カクテル・グラスに注ぐ。
◎*Barbara*は、女性の名前。別名ルシアン・ベア(*Russian Bear*)。
◎類似カクテル、アレキサンダー(*Alexander* p.126)参照。

ブルー・ラグーン
Blue Lagoon

ウオッカ	30ml
ブルー・キュラソー	20ml
レモン・ジュース	20ml

●シェークして、シャンパン・グラスに注ぐ。氷を加え、オレンジ・スライス、レモン・スライス、マラスキーノ・チェリーを飾る。
◎*Lagoon*とは、湖、あるいは湾のこと。
◎プレーン・ソーダを加えたロング・ドリンク・スタイルのブルー・ラグーンも知られている。

コスモポリタン
Cosmopolitan

レモン・フレーバード・ウオッカ	30ml
コアントロー	10ml
ライム・ジュース	10ml
クランベリー・ジュース	10ml

●シェークして、カクテル・グラスに注ぐ。
◎コスモポリタンは当初、レモン・フレーバード・ウオッカではなくジンで、クランベリー・ジュースではなくラズベリー・ジュースでつくられていた。

コザック
Cossack

ウオッカ	2/5
ブランデー	2/5
ライム・ジュース	1/5
砂糖	1tsp.

●シェークして、カクテル・グラスに注ぐ。
◎*Cossack*とは、勇猛をうたわれた帝政ロシア時代の騎兵隊。

ツァリーヌ
Czarine

ウオッカ	2/4
ドライ・ベルモット	1/4
アプリコット・リキュール	1/4
アンゴスチュラ・ビターズ	1dash

●ステアして、カクテル・グラスに注ぐ。
◎*Czarine*とは、*Czar*(ツァー)のフランス語女性名詞で、帝政ロシア時代の皇后のこと。

ジプシー
Gypsy

ウオッカ	4/5
ベネディクティンDOM	1/5
アンゴスチュラ・ビターズ	1dash

●シェークして、カクテル・グラスに注ぐ。
◎別名、ジプシー・クイーン(*Gypsy Queen*)。

キッス・オブ・ファイヤー
Kiss of Fire

ウオッカ	1/3
スロー・ジン	1/3
ドライ・ベルモット	1/3
レモン・ジュース	2dashes

●シェークして、砂糖のスノー・スタイルにしたカクテル・グラスに注ぐ。
◎1953年、第5回オールジャパン・ドリンクス・コンクール第1位に入選したカクテル。作者は、石岡賢司氏。

ロード・ランナー
Road Runner

ウオッカ	2/4
アマレット・リキュール	1/4
ココナッツ・ミルク	1/4

●シェークして、カクテル・グラスに注ぎ、すりおろしたナツメッグを振りかける。

ロベルタ
Roberta

ウオッカ	1/3
ドライ・ベルモット	1/3
チェリー・リキュール	1/3
カンパリ	1dash
バナナ・リキュール	1dash

●シェークして、カクテル・グラスに注ぎ、オレンジ・ピールを絞りかける。

ルシアン
Russian

ウオッカ	1/3
ジン	1/3
ブラウン・カカオ・リキュール	1/3

●シェークして、カクテル・グラスに注ぐ。
◎この処方に、スイート・クリーム2〜3tsps.を加えたカクテルをルシアン・ベア（Russian Bear）と呼ぶことがある（ルシアン・ベアは、バーバラ・カクテルの別名とするのが一般的ではある）。

スレッジ・ハンマー
Sledge Hammer

ウオッカ	5/6
ライム・ジュース(コーディアル)	1/6

● シェークして、カクテル・グラスに注ぐ。
◎ Sledge Hammerとは、両手で扱う大きなハンマーのこと。転じて強力といった意味がある。

タワーリシチ
Tovarisch

ウオッカ	2/4
キュンメル	1/4
ライム・ジュース	1/4

● シェークして、カクテル・グラスに注ぐ。
◎ Tovarischは、同志、仲間といった意味のロシア語。

ボルガ
Volga

ウオッカ	4/6
ライム・ジュース	1/6
オレンジ・ジュース	1/6
オレンジ・ビターズ	1dash

● シェークして、グレナデン・シロップ2dashesを入れたカクテル・グラスに注ぐ。

ボルガ・ボートマン
Volga Boatman

ウオッカ	1/3
チェリー・リキュール	1/3
オレンジ・ジュース	1/3

● シェークして、カクテル・グラスに注ぐ。
◎ このカクテルには、チェリー・リキュールの代わりにキルシュワッサーを使って、よりドライに仕上げたものがある。

[ボルガ・ボートマン　Volga Boatman]

ウオッカ	4/6
キルシュワッサー	1/6
オレンジ・ジュース	1/6

シェークして、カクテル・グラスに注ぐ。

雪国
Yukiguni

ウオッカ	2/3
ホワイト・キュラソー	1/3
ライム・ジュース(コーディアル)	2tsps.

●シェークして、上白糖のスノー・スタイルにしたカクテル・グラスに注ぎ、ミント・チェリーを沈める。
◎1959年、寿屋(サントリー株式会社の前身)主催の「全日本ホーム・カクテル・コンクール」でグランプリを獲得したカクテル。作者は、井山計一氏。

Cocktail Recipes

ラム・ベース
Rum Base

バカルディ・カクテル
Bacardi Cocktail

バカルディ・ホワイト・ラム	3/4
ライム・ジュース	1/4
グレナデン・シロップ	1tsp.

● シェークして、カクテル・グラスに注ぐ。
◎ 1933年、アメリカの禁酒法廃止を機に、当時キューバにあったラムのメーカー、バカルディ社が自社のラムの販売促進用に発表したカクテル。バカルディ・ラムの使用を明示しており、後年、ニューヨークで、バカルディ以外のラムを使ってこのカクテルをつくったバーに対して客が抗議の訴訟を起こしたことがあり、1936年4月、ニューヨーク高裁は、「バカルディ・カクテルは、バカルディ・ラムでつくらねばならない」と裁決している。

チャイニーズ
Chinese

ダーク・ラム	1グラス
オレンジ・キュラソー	2dashes
マラスキーノ・リキュール	2dashes
グレナデン・シロップ	2dashes
アンゴスチュラ・ビターズ	1dash

● シェークして、カクテル・グラスに注ぎ、マラスキーノ・チェリーを飾り、レモン・ピールを絞りかける。

ダイキリ
Daiquiri

ホワイト・ラム	3/4
ライム・ジュース	1/4
砂糖	1tsp.

●シェークして、カクテル・グラスに注ぐ。
◎*Daiquiri*とは、キューバにある鉱山の名。ここで働いていたアメリカ人技師が、いずれもキューバ特産のラム、ライム、砂糖をミックスして飲んだのが、このダイキリ・カクテルの始まりだといわれている。

エル・プレジデンテ
El Presidente

ホワイト・ラム	2/4
ドライ・ベルモット	1/4
オレンジ・キュラソー	1/4
グレナデン・シロップ	1dash

●ステアして、カクテル・グラスに注ぐ。
◎*El Presidente*は、「大統領」「社長」などを意味するスペイン語。
◎*President*(プレジデント)というカクテルがあるが、レシピは、ラム3/4、オレンジ・ジュース1/4、グレナデン・シロップ2dashesをシェークするというもの。

アイ・オープナー
Eye Opener

ホワイト・ラム	30ml
アブサン	2dashes
オレンジ・キュラソー	2dashes
ノワヨー・リキュール	2dashes
砂糖	1tsp.
卵黄	1個分

●十分にシェークして、カクテル・グラスに注ぐ。
◎*Eye Opener*とは、目覚まし、目覚めの1杯のこと。

フルハウス
Full House

ホワイト・ラム	2/4
ドライ・ベルモット	1/4
スウェディッシュ・パンチ	1/4

●ステアして、カクテル・グラスに注ぐ。
◎*Full House*は、カード・ゲームのポーカーでワンペアとスリーカードが揃った強力な役(やく)のこと。

ヘミングウェイ・スペシャル
Hemingway Special

ゴールド・ラム	45ml
グレープフルーツ・ジュース	20ml
ライム・ジュース	10ml

● シェークして、サワー・グラスに注ぐ。

ハニーサックル
Honeysuckle

ホワイト・ラム	3/4
レモン・ジュース	1/4
蜂蜜	1tsp.

● シェークして、カクテル・グラスに注ぐ。
◎ *Honeysukle* とは、スイカズラのこと。

ジャマイカ・ジョー
Jamaica Joe

ホワイト・ラム	1/3
ティア・マリア	1/3
アドボカート	1/3
グレナデン・シロップ	1dash

● グレナデン・シロップ以外の材料をシェークして、カクテル・グラスに注ぎ、グレナデン・シロップを1dash沈め、すりおろしたナツメッグを振りかける。

ニッカーボッカー・スペシャル
Knickerbocker Special

ホワイト・ラム	45ml
オレンジ・キュラソー	2dashes
レモン・ジュース	1tsp.
オレンジ・ジュース	1tsp.
ラズベリー・シロップ	1tsp.

● シェークして、カクテル・グラスに注ぎ、カットしたパイナップルを飾る。
◎ *Knickerbocker*(s) とは、オランダで古くから用いられている裾を絞ったズボン。わが国でも、ゴルフ・ズボンなどで愛用されている。また、アメリカのニューヨークはオランダ人の開発した街なので、生粋のニューヨークっ子をニッカー・ボッカーと呼ぶことがある。
◎ パイナップルを飾る代わりに、パイナップル・ジュース1tsp.を使い、オレンジ・キュラソーを省くと、ニッカーボッカー・カクテルになる。

リトル・プリンセス
Little Princess

ホワイト・ラム	1/2
スイート・ベルモット	1/2

●ステアして、カクテル・グラスに注ぐ。
◎小さなお姫様という、かわいいカクテル名だが、ポーカー(Poker)という別名も持っている。
◎この処方にアプリコット・リキュールとレモン・ジュースを4dashesずつ、グレナデン・シロップを2dashes加えると、ネイキッド・レディ(Naked Lady 裸の貴婦人)というカクテルになる。

メアリー・ピックフォード
Mary Pickford

ホワイト・ラム	1/2
パイナップル・ジュース	1/2
グレナデン・シロップ	1tsp.
マラスキーノ・リキュール	1dash

●シェークして、カクテル・グラスに注ぐ。
◎メアリー・ピックフォードは、サイレント映画時代に大活躍したアメリカの女優。

マイアミ
Miami

ホワイト・ラム	2/3
ホワイト・ミント・リキュール	1/3
レモン・ジュース	1/2tsp.

●シェークして、カクテル・グラスに注ぐ。
◎上記処方のホワイト・ミント・リキュールをホワイト・キュラソーに替えたマイアミ・ビーチ(Miami Beach)・カクテルも知られている。

ミリオネア
Millionaire

ホワイト・ラム	1/4
スロー・ジン	1/4
アプリコット・リキュール	1/4
ライム・ジュース	1/4
グレナデン・シロップ	1dash

●シェークして、カクテル・グラスに注ぐ。
◎アメリカでは、バーボン(またはライ)・ウイスキーをベースにした同名のカクテルが飲まれている。

[ミリオネア　*Millionaire*]
バーボン(ライ)・ウイスキー　3/4
ホワイト・キュラソー　　　　 1/4
グレナデン・シロップ　　　　 2tsps.
卵白　　　　　　　　　　　　 1個分
十分にシェークして、大型カクテル・グラスに注ぐ。

ネバダ
Nevada

ホワイト・ラム　　　　　　　 3/5
ライム・ジュース　　　　　　 1/5
グレープフルーツ・ジュース　 1/5
砂糖　　　　　　　　　　　　 1tsp.
アンゴスチュラ・ビターズ　　 1dash
●シェークして、カクテル・グラスに注ぐ。

プランターズ・カクテル
Planter's Cocktail

ホワイト・ラム　　　　　　　 1/2
オレンジ・ジュース　　　　　 1/2
レモン・ジュース　　　　　　 3dashes
●シェークして、カクテル・グラスに注ぐ。
◎*Planter*は、南国の農園(*Plantation*)の主人、あるいはそこで働く農民を指す。プランテーションというカクテルもある。

[プランテーション　*Plantation*]
ダーク・ラム　　　　　　　　 2/4
オレンジ・ジュース　　　　　 1/4
レモン・ジュース　　　　　　 1/4
シェークして、カクテル・グラスに注ぐ。

プラチナ・ブロンド
Platinum Blonde

ホワイト・ラム　　　　　　　 1/3
ホワイト・キュラソー　　　　 1/3
生クリーム　　　　　　　　　 1/3
●十分にシェークして、カクテル・グラスに注ぐ。
◎プラチナ・ブロンドとは、銀白色の髪の女性。
◎似たカクテルに、次のパリジャン・ブロンドがある。

[パリジャン・ブロンド　Parisian Blonde]

ダーク・ラム	1/3
オレンジ・キュラソー	1/3
生クリーム	1/3

十分にシェークして、カクテル・グラスに注ぐ。

ポーラー・ショート・カット
Polar Short Cut

ダーク・ラム	1/4
ホワイト・キュラソー	1/4
チェリー・リキュール	1/4
ドライ・ベルモット	1/4

●ステアして、カクテル・グラスに注ぐ。

◎1957年、SAS(スカンジナビア航空)がコペンハーゲン—東京間の北極回り航路開設を記念して行なったカクテル・コンテストで第1位になった作品。カクテル名は、「北極圏を最短距離で飛ぶ」、といった意味。

クォーター・デッキ
Quarter Deck

ホワイト・ラム	2/3
フィノ・シェリー	1/3
ライム・ジュース	1tsp.

●シェークして、カクテル・グラスに注ぐ。

◎Quarter Deckとは、船の後甲板のこと。軍艦などでは、後甲板は将校が集まることから、士官、高級船員の意味もある。

サンティアゴ
Santiago

ホワイト・ラム	1グラス
グレナデン・シロップ	2dashes
ライム・ジュース	2dashes

●シェークして、カクテル・グラスに注ぐ。

◎バカルディ・カクテル(Bacardi Cocktail　p.161)参照。

セプテンバー・モーン
September Morn

ホワイト・ラム	4/5
ライム・ジュース	1/5
グレナデン・シロップ	1tsp.
卵白	1個分

●十分にシェークして、シャンパン・グラスに注ぐ。
◎Mornは、朝、暁のこと。

シャンハイ
Shanghai

ダーク・ラム	4/8
アニゼット・リキュール	1/8
レモン・ジュース	3/8
グレナデン・シロップ	2dashes

●シェークして、カクテル・グラスに注ぐ。
◎現在も飲まれている「港町カクテル」のひとつ。

ソノラ
Sonora

ホワイト・ラム	1/2
アップル・ブランデー	1/2
アプリコット・リキュール	2dashes
レモン・ジュース	1dash

●シェークして、カクテル・グラスに注ぐ。
◎Sonoraは、音、響きを意味するスペイン語。

スパニッシュ・タウン
Spanish Town

ホワイト・ラム	1グラス
オレンジ・キュラソー	2dashes

●シェークして、カクテル・グラスに注ぎ、すりおろしたナツメッグを振りかける。

エックス・ワイ・ジィ
X.Y.Z.

ホワイト・ラム	2/4
ホワイト・キュラソー	1/4
レモン・ジュース	1/4

●シェークして、カクテル・グラスに注ぐ。
◎ブランデー・ベースのサイドカー(Sidecar p.135参照)をラム・ベースに替えたスタイル。
◎X.Y.Z.は、アルファベットの終わり。つまり、最後のカクテル、これ以上はない最高のカクテルの意味がある。

Cocktail Recipes

テキーラ・ベース
Tequila Base

ブロードウェイ・サースト
Broadway Thirst

テキーラ	2/4
オレンジ・ジュース	1/4
レモン・ジュース	1/4
砂糖	1tsp.

●シェークして、カクテル・グラスに注ぐ。
◎カクテル名は、「ブロードウェイの渇き」。観劇の興奮を癒すカクテルという意味だろう。ロンドン、サボイ・ホテルで生まれたカクテル。

マルガリータ
Margarita

テキーラ	2/4
ホワイト・キュラソー	1/4
ライム・ジュース	1/4

●シェークして、塩でスノー・スタイルにしたカクテル・グラスに注ぐ。
◎*Margarita*は、カクテルの作者の恋人の名といわれている。
◎1949年、アメリカで行なわれたナショナル・カクテル・コンテストの入選作。作者はジャン・デュレッサー氏。当初のレシピは、テキーラ45ml、ライム・ジュース30ml、レモン・ジュース30ml、ホワイト・キュラソー7mlをバー・ブレンダーでブレンドし、塩でスノー・スタイルにしたシャンパン・グラスに注ぐというもので、かなり酸味の強いカクテルだった。
◎ホワイト・キュラソーをブルー・キュラソーに替えたブルー・マルガリータも知られている。

[ブルー・マルガリータ　Blue Margarita]
テキーラ　　　　　　　　　2/4
ブルー・キュラソー　　　　1/4
ライム・ジュース　　　　　1/4
シェークして、塩でスノー・スタイルにしたカクテル・グラスに注ぐ。

メキシカン
Mexican

テキーラ　　　　　　　　　1/2
パイナップル・ジュース　　1/2
グレナデン・シロップ　　　1dash
●シェークして、カクテル・グラスに注ぐ。

モッキンバード
Mockingbird

テキーラ　　　　　　　　　　　2/4
グリーン・ミント・リキュール　1/4
ライム・ジュース　　　　　　　1/4
●シェークして、カクテル・グラスに注ぐ。
◎Mockingbirdは、アメリカ南部からメキシコにかけて生息する「ものまね鳥」。

シルク・ストッキングス
Silk Stockings

テキーラ　　　　　　　　　　　2/4
ブラウン・カカオ・リキュール　1/4
生クリーム　　　　　　　　　　1/4
グレナデン・シロップ　　　　　1tsp.
●シェークして、カクテル・グラスに注ぎ、マラスキーノ・チェリーを飾る。

Cocktail Recipes

リキュール・ベース
Liqueur Base

アフター・ディナー
After Dinner

アプリコット・リキュール　2/5
オレンジ・キュラソー　　　2/5
ライム・ジュース　　　　　1/5
●シェークして、カクテル・グラスに注ぐ。
◎この処方は、主としてアメリカで行なわれているもの。ヨーロッパでのアフター・ディナー・カクテルは、以下の処方が一般的。

［アフター・ディナー　After Dinner］
ブランデー　　　　　　　　1/3
チェリー・リキュール　　　1/3
レモン・ジュース　　　　　1/3
シェークして、カクテル・グラスに注ぐ。

エンジェルズ・キッス
Angel's Kiss

ブラウン・カカオ・リキュール　1/4
ブランデー　　　　　　　　　　1/4
バイオレット・リキュール　　　1/4
生クリーム　　　　　　　　　　1/4
●リキュール・グラスに混ざり合わないように順に注ぎ入れる（プース・カフェ・スタイル）。
◎わが国では、エンジェルズ・キッスというと、次のエンジェルズ・ティップの処方がスタンダードになっているが、世界的には、上記処方が一般的。

エンジェルズ・ティップ
Angel's Tip

ブラウン・カカオ・リキュール　3/4
生クリーム　　　　　　　　　　1/4
●リキュール・グラスに混ざり合わないように注ぎ、マラスキーノ・チェリーを刺したカクテル・ピンをグラスに渡して飾る。

エンジェルズ・ウィング
Angel's Wing

ブラウン・カカオ・リキュール	1/2
ブランデー	1/2
生クリーム	適量

●ブラウン・カカオ・リキュールとブランデーをリキュール・グラスに混ざり合わないように注ぎ、少量の生クリームを浮かべる。

アプリコット・カクテル
Apricot Cocktail

アプリコット・リキュール	2/4
オレンジ・ジュース	1/4
レモン・ジュース	1/4
ジン	1tsp.

●シェークして、カクテル・グラスに注ぐ。

ブルー・レディ
Blue Lady

ブルー・キュラソー	2/4
ジン	1/4
レモン・ジュース	1/4
卵白	1個分

●シェークして、シャンパン・グラスに注ぐ。
◎ピンク・レディ(Pink Lady p.151)参照。

ブルドッグ
Bulldog

チェリー・ブランデー	3/6
ホワイト・ラム	2/6
ライム・ジュース	1/6

●シェークして、カクテル・グラスに注ぐ。
◎ヨーロッパでは、次のブルドッグ・ハイボールをブルドッグ・カクテルと呼ぶことがある。

[ブルドッグ・ハイボール　Bulldog Highball]

ジン	60ml
オレンジ・ジュース	30ml
ジンジャー・エール	適量

氷を入れたタンブラーにジン、オレンジ・ジュースを注ぎ、冷やしたジンジャー・エールを満たす。
◎わが国では、塩のスノー・スタイルをしないソルティ・ドッグ(p.219参照)をブルドッグと呼ぶことが多い。

ゴールデン・キャデラック
Golden Cadillac

ガリアーノ	1/3
ホワイト・カカオ・リキュール	1/3
生クリーム	1/3

●十分にシェークして、カクテル・グラスに注ぐ。
◎*Cadillac*は、アメリカ製高級乗用車。

ゴールデン・ドリーム
Golden Dream

ガリアーノ	1/4
ホワイト・キュラソー	1/4
オレンジ・ジュース	1/4
生クリーム	1/4

●十分にシェークして、カクテル・グラスに注ぐ。

ゴールデン・スリッパー
Golden Slipper

イエロー・シャルトリューズ	1/2
ゴールドワッサー	1/2
卵黄	1個分

●十分にシェークして、ソーサー型シャンパン・グラスに注ぐ。

グランド・スラム
Grand Slam

スウェディッシュ・パンチ	2/4
ドライ・ベルモット	1/4
スイート・ベルモット	1/4

●ステアして、カクテル・グラスに注ぐ。

グラスホッパー
Grasshopper

ホワイト・カカオ・リキュール	1/3
グリーン・ミント・リキュール	1/3
生クリーム	1/3

●十分にシェークして、カクテル・グラスに注ぐ。
◎*Grasshopper*は、バッタ。

キング・アルフォンソ
King Alfonso

ブラウン・カカオ・リキュール	3/4
生クリーム	1/4

●シェリー・グラスにブラウン・カカオ・リキュールを注ぎ、生クリームを静かにフロートする。
◎King Alfonsoは、スペイン王アルフォンソ13世を指す。

メリー・ウィドウ
Merry Widow

チェリー・リキュール	1/2
マラスキーノ・リキュール	1/2

●ステアして、カクテル・グラスに注ぎ、マラスキーノ・チェリーを飾る。
◎Merry Widowは、「陽気な未亡人」といった意味。同名の喜歌劇からとったカクテル名といわれる。
◎メリー・ウィドウと呼ばれるカクテルは、上記の他いくつかあるが、特に次の処方が知られている。

［メリー・ウィドウ　Merry Widow］

ジン	1/2
ドライ・ベルモット	1/2
ベネディクティンDOM	1dash
アブサン	1dash
アンゴスチュラ・ビターズ	1dash

ステアして、カクテル・グラスに注ぎ、レモン・ピールを絞りかける。

ピコン・カクテル
Picon Cocktail

アメール・ピコン	1/2
スイート・ベルモット	1/2

●ステアして、カクテル・グラスに注ぐ。

ピンポン
Ping Pong

スロー・ジン	1/2
バイオレット・リキュール	1/2
レモン・ジュース	1tsp.

●シェークして、カクテル・グラスに注ぐ。
◎Ping Pongは、ピンポン（卓球）。

ピンク・スクァーレル
Pink Squirrel

ノワヨー・リキュール	2/4
ホワイト・カカオ・リキュール	1/4
生クリーム	1/4

- 十分にシェークして、カクテル・グラスに注ぐ。
- ◎*Squirrel*は、リスのこと。

スロー・ジン・カクテル
Sloe Gin Cocktail

スロー・ジン	2/4
ドライ・ベルモット	1/4
スイート・ベルモット	1/4

- ステアして、カクテル・グラスに注ぎ、レモン・ピールを絞りかける。

サンジェルマン
St. Germain

グリーン・シャルトリューズ	45ml
レモン・ジュース	20ml
グレープフルーツ・ジュース	20ml
卵白	1個分

- 十分にシェークして、ソーサー型シャンパン・グラスに注ぐ。

スィッセス
Suissesse

アブサン	3/4
アニゼット・リキュール	1/4
卵白	1個分

- 十分にシェークして、シャンパン・グラスに注ぐ。
- ◎*Suissesse*は、フランス語でスイス人の意。
- ◎このカクテルをロングにアレンジした処方もよく知られている。

[スィッセス　*Suissesse*（ロング）]

アブサン	45ml
レモン・ジュース	20ml
卵白	1個分
プレーン・ソーダ	適量

プレーン・ソーダ以外の材料を十分にシェークして、氷を入れたタンブラーに注ぎ、冷やしたプレーン・ソーダを満たす。

バレンシア
Valencia

アプリコット・リキュール　2/3
オレンジ・ジュース　　　1/3
オレンジ・ビターズ　　　4dashes
● シェークして、カクテル・グラスに注ぐ。
◎ *Valencia*は、地中海沿岸にあるスペインの都市。オレンジの産地として知られる。
◎ この処方にシャンパンを加える例もある。

[バレンシア　*Valencia*（シャンパン・スタイル）]
アプリコット・リキュール　40ml
オレンジ・ジュース　　　20ml
オレンジ・ビターズ　　　4dashes
シャンパン　　　　　　　適量
シャンパン以外の材料をシェークして、シャンパン・グラスに注ぎ、冷やしたシャンパンを満たす。

ベルベット・ハンマー
Velvet Hammer

ホワイト・キュラソー　　1/3
コーヒー・リキュール　　1/3
生クリーム　　　　　　　1/3
● 十分にシェークして、カクテル・グラスに注ぐ。

ホワイト・サテン
White Satin

コーヒー・リキュール　　1/3
ガリアーノ　　　　　　　1/3
生クリーム　　　　　　　1/3
● 十分にシェークして、カクテル・グラスに注ぐ。
◎ *Satin*は、しゅす、サテン（なめらかで光沢のある絹織物）。

ウィドウズ・ドリーム
Widow's Dream

ベネディクティンDOM　　60ml
卵　　　　　　　　　　　1個
生クリーム　　　　　　　適量
● 生クリーム以外の材料を十分にシェークして、シャンパン・グラスに注ぎ、生クリームをフロートする。

イエロー・パロット
Yellow Parrot

アプリコット・リキュール	1/3
アブサン	1/3
イエロー・シャルトリューズ	1/3

●ステアして、カクテル・グラスに注ぐ。
◎カクテル名は、黄色いオウム。

Cocktail Recipes

アクアビット・ベース
Aquavit Base

コペンハーゲン
Copenhagen

アクアビット	2/4
マンダリン・リキュール	1/4
ライム・ジュース	1/4

●シェークして、カクテル・グラスに注ぐ。

Cocktail Recipes

ワイン・ベース
Wine Base

アドニス
Adonis

フィノ・シェリー	2/3
スイート・ベルモット	1/3
オレンジ・ビターズ	1dash

●ステアして、カクテル・グラスに注ぎ、好みでオレンジ・ピールを絞りかける。
◎アドニスは、ギリシャ神話のアフロディーテ(ヴィーナス)に愛された美少年の名前。

バンブー
Bamboo

フィノ・シェリー	2/3
ドライ・ベルモット	1/3
オレンジ・ビターズ	1dash

●ステアして、カクテル・グラスに注ぐ。
◎*Bamboo*とは、竹のこと。前出アドニス(*Adonis*)のスイート・ベルモットをドライ・ベルモットに替えたスタイル。

ベリーニ
Bellini

スパークリング・ワイン	2/3
ピーチ・ネクター	1/3
グレナデン・シロップ	1dash

●フルート型シャンパン・グラスに冷やしたピーチ・ネクターとグレナデン・シロップを注いでステアし、冷やしたスパークリング・ワインを満たす。
◎1948年、イタリアのベネチアで開かれたベリーニ(ルネッサンス期の画家)展を記念して、当地のハリーズ・バーの経営者ジュゼッペ・チプリアーノ氏が創作した。

シャンパン・カクテル
Champagne Cocktail

シャンパン	1グラス
アンゴスチュラ・ビターズ	1dash
角砂糖	1個

●シャンパン・グラスに角砂糖を入れ、アンゴスチュラ・ビターズで浸す。氷1個を加え、冷やしたシャンパンを満たし、レモン・ピールを絞りかける。好みでオレンジ・スライスを飾ってもよい。

コーヒー・カクテル
Coffee Cocktail

ポート・ワイン	3/4
ブランデー	1/4
オレンジ・キュラソー	2dashes
卵黄	1個分
砂糖	1tsp.

●十分にシェークして、ワイン・グラスに注ぐ。
◎同名のカクテルで、コーヒーそのものを使った処方もある。

[コーヒー・カクテル　Coffee Cocktail]

ブランデー	1/3
ホワイト・キュラソー	1/3
コーヒー	1/3

シェークして、カクテル・グラスに注ぐ。

コロネーション
Coronation

シェリー	1/2
ドライ・ベルモット	1/2
マラスキーノ・リキュール	1dash
オレンジ・ビターズ	2dashes

●ステアして、カクテル・グラスに注ぐ。
◎*Coronation*とは、戴冠式のこと。これまで、各国の戴冠式のたびにさまざまなコロネーション・カクテルが発表されているが、上記処方は、もっとも古いものとされている。この他によく知られているコロネーション・カクテルには、次のようなものがある。

[コロネーション　Coronation]
アップル・ブランデー　　　1/3
ドライ・ベルモット　　　　1/3
スイート・ベルモット　　　1/3
アプリコット・リキュール　1dash
シェークして、カクテル・グラスに注ぐ。

デービス
Davis

ドライ・ベルモット　　　　2/4
ホワイト・ラム　　　　　　1/4
レモン・ジュース　　　　　1/4
グレナデン・シロップ　　　2dashes
●シェークして、カクテル・グラスに注ぐ。

デュボネ・カクテル
Dubonnet Cocktail

デュボネ　　　　　　　　　1/2
ジン　　　　　　　　　　　1/2
●ステアして、カクテル・グラスに注ぎ、レモン・ピールを絞りかける。
◎これにアンゴスチュラ・ビターズ1dsashを加えたカクテルがザザ（Zaza　p.155参照）。また、ジンをライ・ウイスキーに替えたカクテルをデュボネ・マンハッタン（Dubonnet Manhattan）と呼んでいる。

グリーン・ルーム
Green Room

ドライ・ベルモット　　　　2/3
ブランデー　　　　　　　　1/3
オレンジ・キュラソー　　　1dash
●ステアして、カクテル・グラスに注ぐ。

キール
Kir

白ワイン	4/5
カシス・リキュール	1/5

●ワイン・グラスに注ぎ、軽くステアする。
◎材料は、あらかじめよく冷やしておく。
◎フランス・ブルゴーニュ地方の都市ディジョンのキャノン・フェリックス・キール市長に由来したカクテル。キール市長は、市の公式レセプションには、ディジョン特産の白ワインとクレーム・ド・カシスを使ったこのカクテルを、必ずアペリティフとして出したという。

キール・ロワイヤル
Kir Royal

シャンパン	4/5
カシス・リキュール	1/5

●フルート型シャンパン・グラス(またはワイン・グラス)に注ぎ、軽くステアする。
◎材料は、あらかじめよく冷やしておく。
◎キール・カクテルをより豪華にしたバリエーション。また、このキール・ロワイヤルのカシス・リキュールをフランボワーズ・リキュールに替えると、キール・アンペリアル(*Kir Imperial*)というカクテルになる。

ミモザ
Mimosa

シャンパン	1/2
オレンジ・ジュース	1/2

●シャンパン・グラスにオレンジ・ジュースを注ぎ、シャンパンを満たす。好みでオレンジ・スライスを飾る。
◎材料は、いずれもよく冷やしておく。
◎フランスで昔から*Champagne à l'Orange*(シャンパン・ア・ロランジュ)として、上流階級の間で飲まれていた。色彩がミモザの花に似ていることから「ミモザ」の愛称で呼ばれるようになった。
◎バックス・フィズ(*Bucks Fizz* p.198)参照。ロンドンのバックス・クラブがシャンパン・ア・ロランジュをロング・ドリンクにアレンジ、クラブの名をつけて売り出したのが名前の由来。

マウント・フジ
Mt. Fuji

スイート・ベルモット	2/3
ホワイト・ラム	1/3
レモン・ジュース	2tsps.
オレンジ・ビターズ	1dash

●シェークして、カクテル・グラスに注ぐ。
◎1933年、スペイン・マドリッドで開かれた国際コクテールコンクールに日本バーテンダー協会が出品したカクテル。佳作1等に選ばれた。同名のカクテルに帝国ホテルのスペシャル・カクテルとして現在も飲まれているマウント・フジ(1924年につくられた)があるが、レシピは、ジン45ml、マラスキーノ・リキュール1.5tsp.、生クリーム1tsp.、砂糖1tsp.、卵白1/3個分を十分にシェークして、シャンパン・グラスに注ぎ、マラスキーノ・チェリーを飾る、というもので、かなり違ったカクテルになっている。

ローズ
Rose

ドライ・ベルモット	2/3
キルシュワッサー	1/3
ラズベリー・シロップ	1dash

●ステアして、カクテル・グラスに注ぐ。
◎ラズベリー・シロップは、グレナデン・シロップに替えてもよい。

シェリー・ツイスト
Sherry Twist

シェリー	2/5
ウイスキー	1/5
オレンジ・ジュース	1/5
ホワイト・キュラソー	2dashes

●シェークして、カクテル・グラスに注ぐ。

ソウル・キス
Soul Kiss

ドライ・ベルモット	2/6
スイート・ベルモット	2/6
デュボネ	1/6
オレンジ・ジュース	1/6

●シェークして、カクテル・グラスに注ぐ。
◎ソウル・キス・カクテルには、上記処方の他にスイート・ベルモットをライ・ウイスキーに替えた処方がある。

[ソウル・キス　Soul Kiss]
ドライ・ベルモット　　　　　2/6
ライ・ウイスキー　　　　　　2/6
デュボネ　　　　　　　　　　1/6
オレンジ・ジュース　　　　　1/6
シェークして、カクテル・グラスに注ぐ。

トロピカル
Tropical

ドライ・ベルモット　　　　　　1/3
マラスキーノ・リキュール　　　1/3
ブラウン・カカオ・リキュール　1/3
アンゴスチュラ・ビターズ　　　1dash
オレンジ・ビターズ　　　　　　1dash
●シェークして、カクテル・グラスに注ぐ。

ベルモット・カクテル
Vermouth Cocktail

スイート・ベルモット　　　1グラス
アンゴスチュラ・ビターズ　2dashes
●ステアして、カクテル・グラスに注ぐ。
◎このカクテルには、ベースのベルモットをドライにするかスイートにするか(またはスイート＋ドライ)、ビターズをアンゴスチュラ・ビターズにするかオレンジ・ビターズにするかによって、何通りかのアレンジがある。好みによりつくり分けするのもいい。

カクテル・レシピ—2

Cocktail Recipes

ロング（スタイル別／ビール・ベース／その他／ノン・アルコール・ドリンク）

Cocktail Recipes

バック
Buck

　各種のスピリッツにレモン（またはライム）・ジュースとジンジャー・エールを加えてつくるのが一般的な処方。BuckにはStag（雄鹿）の意味があり、キックのある飲み物ということから名づけられたと思われる。

ジン・バック
Gin Buck

ドライ・ジン	45ml
ライム・ジュース	20ml
ジンジャー・エール	適量

●氷を入れたタンブラーにジン、ライム・ジュースを注ぎ、冷やしたジンジャー・エールを満たし、軽くステアする。
◎ロンドン・バック（*London Buck*）とも呼ばれる。ベースのジンをブランデーに替えたブランデー・バック（*Brandy Buck*）、ラムに替えたラム・バック（*Rum Buck*）、バーボンに替えたバーボン・バック（*Bourbon Buck*）もよく知られている。

マミー・テイラー
Mamie Taylor

スコッチ・ウイスキー	45ml
レモン・ジュース	20ml
ジンジャー・エール	適量

●氷を入れたタンブラーにウイスキー、レモン・ジュースを注ぎ、冷やしたジンジャー・エールを満たし、軽くステアする。
◎スコッチ・バック（*Scotch Buck*）の別名。このマミー・テイラーとの関連で、ジン・バックをマミーズ・シスター（*Mamie's Sister*）、ラム・バックをスージー・テイラー（*Susie Taylor*）、バーボン・バックをマミーズ・サザン・シスター（*Mamie's Southern Sister*）と呼ぶことがある。

Cocktail Recipes

コブラー
Cobbler

　氷を詰めたゴブレットやワイン・グラスにスピリッツやワイン、リキュールあるいは砂糖またはシュガー・シロップを注ぎ、十分にステアして、季節のフルーツ、ミントの葉などを飾り、ストローを添える。コブラーには、柑橘類のジュースをほとんど使わないのが特徴。Cobblerには、靴屋、靴直しという意味があり、暑い夏の日に靴直しが喉の渇きをいやすためにつくった飲み物といわれている。

ブランデー・コブラー
Brandy Cobbler

ブランデー	60ml
オレンジ・キュラソー	1tsp.
砂糖	1tsp.

●材料をゴブレットに注ぎ、ステアする。氷を加え、さらにステアして、季節のフルーツを飾り、ストローを添える。
◎ウイスキー・コブラー(*Whisky Cobbler*)、ラム・コブラー(*Rum Cobbler*)、ジン・コブラー(*Gin Cobbler*)は、この処方のベースのスピリッツをウイスキー、ラム、ジンに替えたもの。

シェリー・コブラー
Sherry Cobbler

シェリー	60ml
オレンジ・キュラソー	1tsp.
マラスキーノ・リキュール	1tsp.

●クラッシュド・アイスを詰めたワイン・グラスに注ぎ、ステアする。季節のフルーツを飾り、ストローを添える。
◎マラスキーノ・リキュールに替えて砂糖を使用する処方もある。ワイン・コブラー(*Wine Cobbler*)、ポート・ワイン・コブラー(*Port Wine Cobbler*)は、上記処方のシェリーをワイン、ポート・ワインに替えたもの。ワイン・コブラーの場合、使用するワインの産地名などを冠して、クラレット・コブラー(*Claret Cobbler　Claret*は、フランス・ボルドー産赤ワイン)、バーガンディー(ブルゴーニュ)・コブラー(*Burgundy Cobbler*)などと呼ばれる。

Cocktail Recipes

コリンズ
Collins

　ジンをはじめウイスキー、ラム、ウオッカなどのスピリッツにレモン・ジュースと砂糖あるいはシュガー・シロップを加え、プレーン・ソーダを満たすのが基本形。フィズ(Fizz)と似ているが、グラス(コリンズ・グラス)が大きく、量もかなり多い。Collinsの名には、このミックス・ドリンクの創始者の名前(John Collins)からつけられたという説がある。また、Collinsには歓待の礼状という意味があることから、前夜のもてなしの礼状を二日酔いの状態で書こうとした人が、この飲み物をつくって飲んだらスッキリしたので、この名がついた、という説も広く知られている。

ジョン・コリンズ
John Collins

ウイスキー	45ml
レモン・ジュース	20ml
砂糖	2tsps.
プレーン・ソーダ	適量

●プレーン・ソーダ以外の材料を氷を入れたコリンズ・グラスに注ぎ、ステアして、冷やしたプレーン・ソーダを満たし、軽くステアする。レモン・スライス、マラスキーノ・チェリーを飾る。

◎ジョン・コリンズは、かつてはオランダ・ジンでつくられていたが、1930年代以降、ヨーロッパを中心にロンドン・ドライ・ジンが使われるようになった。が、アメリカでは、現在もオランダ・ジンを使うか、上記処方のようにウイスキー・ベースのジョン・コリンズが一般的になっている。わが国でも、ウイスキーを使ったジョン・コリンズが知られている。別名、ウイスキー・コリンズ(Whisky Collins)。

ラム・コリンズ
Rum Collins

ダーク・ラム	45ml
レモン・ジュース	20ml
砂糖	2tsps.
プレーン・ソーダ	適量

●プレーン・ソーダ以外の材料を氷を入れたコリンズ・グラスに注ぎ、ステアして、冷やしたプレーン・ソーダを満たし、軽くステアする。レモン・スライス、マラスキーノ・チェリーを飾る。

◎ジン以外のスピリッツをベースにした場合、そのスピリッツ名を冠して呼ぶ。

トム・コリンズ
Tom Collins

オールド・トム・ジン	45ml
レモン・ジュース	20ml
砂糖	2tsps.
プレーン・ソーダ	適量

●プレーン・ソーダ以外の材料を氷を入れたコリンズ・グラスに注ぎ、ステアして、冷やしたプレーン・ソーダを満たし、軽くステアする。レモン・スライス、マラスキーノ・チェリーを飾る。

Cocktail Recipes

クーラー
Cooler

通常、スピリッツにレモンやライムのジュースと甘味を加え、プレーン・ソーダやジンジャー・エールなどを満たす。Collerとは、冷たく、快い清涼感を感じる飲み物の意。ノン・アルコールのものもある。

アプリコット・クーラー
Apricot Cooler

アプリコット・リキュール	45ml
レモン・ジュース	20ml
グレナデン・シロップ	1tsp.
プレーン・ソーダ	適量

●プレーン・ソーダ以外の材料をシェークして、コリンズ・グラスに注ぎ、氷を加えて、冷やしたプレーン・ソーダを満たし、軽くステアする。
◎グラスにクラッシュド・アイスを詰めるスタイルも見られる。

ボストン・クーラー
Boston Cooler

ホワイト・ラム	45ml
レモン・ジュース	20ml
砂糖	1tsp.
プレーン・ソーダまたはジンジャー・エール	適量

●ラム、レモン・ジュース、砂糖をシェークして、タンブラーに注ぎ、氷を加えて、冷やしたプレーン・ソーダまたはジンジャー・エールを満たし、軽くステアする。
◎グラスは、ゴブレットでもよい。

ハーバード・クーラー
Harvard Cooler

アップル・ブランデー	45ml
レモン・ジュース	20ml
砂糖	1tsp.
プレーン・ソーダ	適量

●プレーン・ソーダ以外の材料をシェークして、タンブラーに注ぎ、氷を加えて、冷やしたプレーン・ソーダを満たし、軽くステアする。

ハイランド・クーラー
Highland Cooler

スコッチ・ウイスキー	45ml
レモン・ジュース	15ml
砂糖	1tsp.
アンゴスチュラ・ビターズ	2dashes
ジンジャー・エール	適量

●ジンジャー・エール以外の材料をシェークして、タンブラーに注ぎ、氷を加えて、冷やしたジンジャー・エールを満たし、軽くステアする。

クロンダイク・クーラー
Klondike Cooler

ウイスキー	45ml
オレンジ・ジュース	20ml
ジンジャー・エール	適量

●オレンジの皮をホーセズ・ネック・スタイルに飾ったコリンズ・グラスにウイスキー、オレンジ・ジュースを注ぎ、氷を加えて、冷やしたジンジャー・エールを満たし、軽くステアする。
◎*Klondike*は、19世紀末のゴールド・ラッシュで有名になったカナダの金山の名前。似た名称のカクテルにクロンダイク・ハイボール（ベルモット・ベース　p.209参照）、クロンダイク・カクテル（アップル・ブランデー2/3、スイート・ベルモット1/3、アンゴスチュラ・ビターズ1dashをステアして、カクテル・グラスに注ぎ、レモン・ピールを絞りかける）があるが、処方はかなり違う。

ミント・クーラー
Mint Cooler

ウイスキー	45ml
ホワイト・ミント・リキュール	3dashes
プレーン・ソーダ	適量

●氷を入れたタンブラーにウイスキーとホワイト・ミント・リキュールを注ぎ、冷やしたプレーン・ソーダを満たして、軽くステアする。

モスコ・ミュール
Moscow Mule

ウオッカ	45ml
ライム・ジュース	15ml
ジンジャー・ビアー	適量

●ウオッカとライム・ジュースを氷を入れたタンブラーに注ぎ、冷やしたジンジャー・ビアーを満たす。ライム・スライスを飾る。季節なら、ミントの葉を飾ってもよい。
◎*Mule*は、ラバのこと。キックの強い飲み物の意味もある。ライム1/4個を銅製のマグ（またはタンブラー）の上で絞り、そのまま皮をグラスに落とし入れる方法もある。ジンジャー・ビアーの代わりにジンジャー・エールを使うこともある。

ラム・クーラー
Rum Cooler

ホワイト・ラム	45ml
ライム・ジュース	20ml
グレナデン・シロップ	1tsp.
プレーン・ソーダ	適量

●プレーン・ソーダ以外の材料をシェークして、コリンズ・グラスに注ぎ、氷を加えて、冷やしたプレーン・ソーダを満たし、軽くステアする。

シャディ・グローブ
Shady Grove

ジン	45ml
レモン・ジュース	20ml
砂糖	2tsps.
ジンジャー・ビアー	適量

●ジンジャー・ビアー以外の材料をシェークして、タンブラーに注ぎ、氷を加えて、冷やしたジンジャー・ビアーを満たし、軽くステアする。
◎*Shady Grove*は、日陰の多い涼しい木立ち。

ワイン・クーラー
Wine Cooler

ワイン	90ml
オレンジ・キュラソー	15ml
グレナデン・シロップ	15ml
オレンジ・ジュース	30ml

●クラッシュド・アイスを詰めたゴブレットに冷やしたワインとジュース、シロップ、キュラソーの順に注ぎ、ステアする。1/8カット・オレンジを飾り、ストローを添える。

◎ワイン・クーラーには、これといった一定の処方がない。ベースのワインも赤、白、ロゼいずれも使われる。要は、好みのワインに果汁や清涼飲料水を加えた清涼感に満ちたカクテルをワイン・クーラーと称している。

Cocktail Recipes

クラスタ
Crusta

　ワイングラスを砂糖のスノー・スタイルにして、らせん状にむいたレモンまたはオレンジ・ピールをはめ込み、スピリッツ、特にブランデーをベースに、レモン・ジュース、ビターズ、砂糖などをシェークして注ぎ、フルーツを飾ったスタイル。パンの皮を意味するクラスト(Crust)から、この名前がついたといわれる。

ブランデー・クラスタ
Brandy Crusta

ブランデー	60ml
マラスキーノ・リキュール	1tsp.
レモン・ジュース	1tsp.
アンゴスチュラ・ビターズ	1dash

●砂糖のスノー・スタイルにしたワイン・グラスに、らせんむきしたレモンの皮(1個分)を入れる。材料をシェークして、用意したグラスに注ぎ、氷を加える。

◎*Crusta*とは、皮のこと。レモンやオレンジの皮をらせんむきにしたり、1/2カットの中身をくり抜いたものをグラスに入れて使用する。

◎ウイスキー・クラスタ(*Whisky Crusta*)、ジン・クラスタ(*Gin Crusta*)、ラム・クラスタ(*Rum Crusta*)など、各種のスピリッツ・ベースのクラスタがある。

Cocktail Recipes

カップ
Cup

　パンチ(Punch)同様ポピュラーなパーティー・ドリンクで、つくり方も似ているが、ウォーター・ジョッキでつくり、パンチ・カップでなくタンブラーでも飲まれる点が異なっている。ワインにブランデー、リキュール、プレーン・ソーダ、フルーツなどを加える処方が基本。Cupには、キリスト教の聖餐杯の意味と、酒あるいは飲酒の意味がある。

シャンパン・カップ
Champagne Cup

ブランデー	60ml
ホワイト・キュラソー	30ml
マラスキーノ・リキュール	15ml
オレンジ・キュラソー	15ml
シュガー・シロップ	20ml
シャンパン	1ボトル

●氷を入れたウォーター・ジョッキ(水差し)にシャンパン以外の材料を注いでステアし、オレンジとパイナップルのスライス、キュウリの皮を飾る。供する直前に冷やしたシャンパンを注ぎ、軽くステアして、シャンパン・グラスに注ぎ分ける。グラスにオレンジ、パイナップルのスライス、キュウリのスティックを飾る。
◎この処方は12人分。

ピムズ・カップ
Pimm's Cup

ピムズ・ナンバーワン	45ml
ジンジャー・エール	適量

●氷を入れたタンブラーにピムズ・ナンバーワンを注ぎ、冷やしたジンジャー・エールを満たす。レモンまたはオレンジのスライスとキュウリのスティックを飾る。

Cocktail Recipes

デイジー
Daisy

スピリッツに柑橘類のジュース、フルーツ・シロップまたはリキュールを加える。ゴブレットや大型ワイン・グラスにクラッシュド・アイスを詰め、季節のフルーツを飾り、ストローを添える。Daisyには、ひなぎくという意味の他に、素敵な物という意味がある。

ジン・デイジー
Gin Daisy

ジン	45ml
レモン・ジュース	20ml
グレナデン・シロップ	2tsps.

●シェークして、クラッシュド・アイスを詰めたゴブレットに注ぐ。レモン・スライスなどのフルーツを飾り、ストローを添える。ミントの葉を飾ってもよい。
◎好みで、少量のプレーン・ソーダを加える処方もある。
◎この処方がデイジーの基本のスタイル。ブランデー・デイジー(*Brandy Daisy*)、ラム・デイジー(*Rum Daisy*)、ウイスキー・デイジー(*Whisky Daisy*)など、ベースのスピリッツを替えたさまざまなデイジーがある。

Cocktail Recipes

エッグ・ノッグ
Egg Nogg

　通常、酒、卵、牛乳、砂糖を使ってつくるが、ノン・アルコールのエッグ・ノッグもある。また、ホットで飲む場合とコールドで飲む場合がある。もともとは、アメリカ南部地方のクリスマス・ドリンクだが、現在では、四季を問わず世界各国で飲まれている。

ボルチモア・エッグ・ノッグ
Baltimore Egg Nogg

マデイラ・ワイン	30ml
ブランデー	15ml
ダーク・ラム	15ml
卵	1個
砂糖	2tsps.
牛乳	適量

●牛乳以外の材料を十分にシェークして、タンブラーに注ぎ、冷やした牛乳を満たして軽くステアする。すりおろしたナツメッグを振りかける。

ブランデー・エッグ・ノッグ
Brandy Egg Nogg

ブランデー	30ml
ダーク・ラム	15ml
卵	1個
砂糖	2tsps.
牛乳	適量

●牛乳以外の材料を十分にシェークして、タンブラーに注ぎ、冷やした牛乳を満たして軽くステアする。すりおろしたナツメッグを振りかける。

◎わが国では、このブランデー・ベースのエッグ・ノッグがもっとも有名であり、この処方を単にエッグ・ノッグと呼んでいるが、本来、エッグ・ノッグのベースには、ブランデーだけでなく各種のスピリッツやワインなどが使われる。また、アルコール分を含まないエッグ・ノッグもあり、ホット・エッグ・ノッグとしても飲まれている。

ブレックファースト・エッグ・ノッグ
Breakfast Egg Nogg

ブランデー	30ml
オレンジ・キュラソー	15ml
卵	1個
牛乳	適量

●牛乳以外の材料を十分にシェークして、タンブラーに注ぎ、冷やした牛乳を満たす。すりおろしたナツメッグを振りかける。

Cocktail Recipes

フィックス
Fix

スピリッツに柑橘類のジュース、フルーツ・シロップあるいはリキュールを加えたサワー系のミックス・ドリンク。ゴブレットまたはタンブラーにクラッシュド・アイスを詰め、季節のフルーツを飾り、ストローを添える。Fixとは、用意する、魅了するという意味。

ブランデー・フィックス
Brandy Fix

ブランデー	30ml
チェリー・リキュール	30ml
レモン・ジュース	20ml
砂糖	1tsp.

●材料をタンブラーまたはゴブレットに注ぎ、ステアして砂糖を溶かし、クラッシュド・アイスを詰めて静かにステアする。レモン・スライスなどのフルーツを飾り、ストローを添える。

ジン・フィックス
Gin Fix

ジン	45ml
レモン・ジュース	20ml
砂糖	2tsps.

●材料をタンブラーまたはゴブレットに注ぎ、ステアして砂糖を溶かし、クラッシュド・アイスを詰めて静かにステアする。レモン・スライスなどのフルーツを飾り、ストローを添える。
◎フィックスには、この処方のようにスピリッツにレモン・ジュースと砂糖を加えたものと、前出のブランデー・フィックスのように、さらにチェリー・リキュール(あるいはオレンジ・キュラソー)をプラスする処方がある。いずれも、ウイスキー、ブランデー、ジン、ラムなど各種のスピリッツがベースとして使われる。

Cocktail Recipes

フィズ
Fizz

　ジンなどのスピリッツにレモン・ジュース、砂糖を加えてシェークし、タンブラーに注いでプレーン・ソーダを加えるのが基本的な処方。Fizzという名前は、プレーン・ソーダの炭酸ガスがはじけるシュッという音からきた擬声語といわれる。わが国では、スロー・ジン、カカオ・リキュールなどリキュールをベースにしたフィズが多く見られるが、海外ではそれほど一般的ではない。

バックス・フィズ
Bucks Fizz

オレンジ・ジュース	60ml
シャンパン	適量

●氷を入れたタンブラーにオレンジ・ジュースを注ぎ、シャンパンを満たす。
◎別名シャンパン・フィズ（Champagne Fizz）。材料は、いずれもよく冷やしておく。ワイン・グラスやシャンパン・グラスに注ぐ（氷を使わない）スタイルに仕上げたミモザ・カクテル（*Mimosa*　p.180参照）もよく知られている。

ダービー・フィズ
Derby Fizz

ウイスキー	45ml
オレンジ・キュラソー	1tsp.
レモン・ジュース	1tsp.
砂糖	1tsp.
卵	1個
プレーン・ソーダ	適量

●プレーン・ソーダ以外の材料を十分にシェークして、タンブラーに注ぎ、氷を加えて、冷やしたプレーン・ソーダを満たし、軽くステアする。

デュボネ・フィズ
Dubonnet Fizz

デュボネ	45ml
オレンジ・ジュース	20ml
レモン・ジュース	10ml
チェリー・リキュール	1tsp.
プレーン・ソーダ	適量

●プレーン・ソーダ以外の材料をシェークして、タンブラーに注ぎ、氷を加えて、冷やしたプレーン・ソーダを満たし、軽くステアする。

フレンチ75
French 75

ジン	45ml
レモン・ジュース	20ml
砂糖	1tsp.
シャンパン	適量

●シャンパン以外の材料をシェークして、コリンズ・グラスに注ぎ、氷を加えて、冷やしたシャンパンを満たす。

◎第一次世界大戦中、パリで生まれたカクテル。フレンチ75とは、口径75mmの当時としては最新鋭の大砲の名前。ジンをバーボン・ウイスキーに替えるとフレンチ95(*French 95*)、ブランデーに替えるとフレンチ125(*French 125*)というカクテルになる。

ジン・フィズ
Gin Fizz

ジン	45ml
レモン・ジュース	20ml
砂糖	2tsps.
プレーン・ソーダ	適量

●プレーン・ソーダ以外の材料をシェークして、タンブラーに注ぎ、氷を加えて、冷やしたプレーン・ソーダを満たし、軽くステアする。

◎フィズの代表的なもの。この処方でベースをブランデー、ラムに替えると、ブランデー・フィズ(Brandy Fizz)、ラム・フィズ(Rum Fizz)になる。また、スロー・ジン・フィズ(Sloe Gin Fizz)、カカオ・フィズ(Cacao Fizz)、バイオレット・フィズ(Violet Fizz)、グリーン・ティー・フィズ(Green Tea Fizz)など、わが国で人気のあるリキュール・ベースのフィズも、上記処方で、ジンの代わりにそれぞれスロー・ジン、カカオ・リキュール、バイオレット・リキュール、グリーン・ティー・リキュールを使う。

◎アラバマ・フィズ(Alabama Fizz)は、ジン・フィズにミントの葉を飾ったもの。またジン・フィズの処方に卵をプラスすると、以下のカクテルになる(いずれも十分にシェークする)。

＊ゴールデン・フィズ(Golden Fizz)：上記レシピ＋卵黄1個分
＊シルバー・フィズ(Silver Fizz)：上記レシピ＋卵白1個分
＊ロイヤル・フィズ(Royal Fizz)：上記レシピ＋卵1個

インペリアル・フィズ
Imperial Fizz

ウイスキー	45ml
ホワイト・ラム	15ml
レモン・ジュース	20ml
砂糖	2tsps.
プレーン・ソーダ	適量

●プレーン・ソーダ以外の材料をシェークして、タンブラーに注ぎ、氷を加えて、冷やしたプレーン・ソーダを満たし、軽くステアする。

モーニング・グローリー・フィズ
Morning Glory Fizz

ウイスキー	45ml
アブサン	2dashes
レモン・ジュース	20ml
砂糖	1tsp.
卵白	1個分
プレーン・ソーダ	適量

●プレーン・ソーダ以外の材料を十分にシェークして、タンブラーに注ぎ、氷を加えて、冷やしたプレーン・ソーダを満たし、軽くステアする。

オレンジ・フィズ
Orange Fizz

ジン	45ml
オレンジ・ジュース	30ml
レモン・ジュース	15ml
砂糖	1tsp.
プレーン・ソーダ	適量

●プレーン・ソーダ以外の材料をシェークして、タンブラーに注ぎ、氷を加えて、冷やしたプレーン・ソーダを満たし、軽くステアする。

パイナップル・フィズ
Pineapple Fizz

ホワイト・ラム	45ml
パイナップル・ジュース	20ml
砂糖	1tsp.
プレーン・ソーダ	適量

●プレーン・ソーダ以外の材料をシェークして、タンブラーに注ぎ、氷を加えて、冷やしたプレーン・ソーダを満たし、軽くステアする。

ルビー・フィズ
Ruby Fizz

スロー・ジン	45ml
レモン・ジュース	20ml
グレナデン・シロップ	1tsp.
砂糖	1tsp.
卵白	1個分
プレーン・ソーダ	適量

●プレーン・ソーダ以外の材料を十分にシェークして、タンブラーに注ぎ、氷を加えて、冷やしたプレーン・ソーダを満たし、軽くステアする。

テキサス・フィズ
Texas Fizz

ジン	45ml
オレンジ・ジュース	20ml
砂糖	2tsps.
プレーン・ソーダ	適量

●プレーン・ソーダ以外の材料をシェークして、タンブラーに注ぎ、氷を加えて、冷やしたプレーン・ソーダを満たし、軽くステアする。

Cocktail Recipes

フリップ
Flip

　ワインやスピリッツに、卵と砂糖を加えてシェークし、サワー・グラス（または ワイン・グラス）に注いでナツメッグを振りかける。卵（卵黄または全卵）を使う点 はエッグ・ノッグに似ているが、フリップの場合は牛乳を使わないのが基本。ホッ ト・ドリンクとしても飲まれる。

ボストン・フリップ
Boston Flip

ライ・ウイスキー	30ml
マデイラ・ワイン	30ml
砂糖	1tsp.
卵黄	1個分

●十分にシェークして、ワイン・グラスまたは大型カクテル・ グラスに注ぎ、好みですりおろしたナツメッグを振りかける。

ブランデー・フリップ
Brandy Flip

ブランデー	45ml
砂糖	1tsp.
卵黄	1個分

●十分にシェークして、シャンパン・グラスに注ぎ、好みです りおろしたナツメッグを振りかける。
◎フリップは、ブランデーだけでなく各種のスピリッツ（特に ラム・ベースのフリップは、「船乗りの飲み物」として有名）、 ワインなどをベースにしてつくられる。ワイン類では、ポート・ フリップ（Port Flip 下記参照）やシェリー・フリップ（Sherry Flip）がよく知られている。処方によっては、卵白も含めた全卵 を使うこともある。

ポート・フリップ
Port Flip

ポート・ワイン	45ml
砂糖	1tsp.
卵黄	1個分

●十分にシェークして、ワイン・グラスに注ぎ、好みですりお ろしたナツメッグを振りかける。

Cocktail Recipes

フラッペ
Frappé

　Frappéとは、フランス語で「氷で冷やしたもの」の意。材料をクラッシュド・アイスとともにシェークして、氷も一緒にグラスに注ぐか、カクテル・グラスやソーサー型シャンパン・グラスにクラッシュド・アイスを盛り、その上から直接リキュールなどを注ぎ、短いストローを添える。

ミント・フラッペ
Mint Frappé

グリーン・ミント・リキュール　30〜45ml
●ソーサー型シャンパン・グラスまたは大型カクテル・グラスにクラッシュド・アイスをいっぱいに詰め、グリーン・ミント・リキュールを注ぐ。ミントの葉を飾り、短いストローを添える。
◎ほとんどのリキュールがフラッペとして飲まれる。また、ワイン、ベルモットなどもフラッペに使われる。
◎ウイスキー・ミスト（Whisky Mist　p.249参照）などミストのスタイルは、フラッペの変形と考えられている。

ナップ・フラッペ
Nap Frappé

キュンメル　　　　　　　　15ml
グリーン・シャルトリューズ　15ml
ブランデー　　　　　　　　15ml
●ソーサー型シャンパン・グラスまたは大型カクテル・グラスにクラッシュド・アイスをいっぱいに詰め、材料を順に注ぐ。短いストローを添える。
◎1種類の酒だけでなく、複数のリキュールやスピリッツをフラッペにすることも珍しくない。

Cocktail Recipes

フローズン・スタイル
Frozen Style

　材料をクラッシュド・アイスとともにミキサー(バー・ブレンダー)に入れ、シャーベット状にしたカクテル。クラッシュド・アイスの量によって仕上がりの硬さが異なってくる。作家のアーネスト・ヘミングウェイが好んだというフローズン・ダイキリが知られているが、近年では、さまざまなカクテルを、フローズン・スタイルで楽しむようになってきた。

フローズン・ダイキリ
Frozen Daiquiri

ホワイト・ラム	40ml
ライム・ジュース	10ml
砂糖	2tsps.

●クラッシュド・アイス3/4カップとともにバー・ブレンダーまたはミキサーでブレンドし、ソーサー型シャンパン・グラスに移し、短いストローを添える。

◎文豪ヘミングウェイが好んだといわれるフローズン・タイプのカクテルの代表的なもの。クラッシュド・アイスの量、ブレンドする時間によって、硬さが異なってくる。

◎このカクテルには、リキュールを加えたり、フレッシュ・フルーツを加えるなど、さまざまなバリエーションが生まれている。

フローズン・マルガリータ
Frozen Margarita

テキーラ	30ml
ホワイト・キュラソー	15ml
ライム・ジュース	15ml
砂糖	1tsp.

●クラッシュド・アイス1カップとともにバー・ブレンダーに入れてブレンドし、塩でスノー・スタイルにしたシャンパン・グラスに移す。短いストローを添える。
◎マルガリータ(*Margarita* p.168)参照。
◎下記のフローズン・ストロベリー・マルガリータのように、ホワイト・キュラソーを各種のリキュールに替えたさまざまなバリエーションが生まれている。

［フローズン・ストロベリー・マルガリータ
　Frozen Strawberry Margarita］

テキーラ	30ml
ストロベリー・リキュール	15ml
ライム・ジュース	15ml
砂糖	1tsp.

クラッシュド・アイス1カップとともにバー・ブレンダーに入れてブレンドし、塩でスノー・スタイルにしたソーサー型シャンパン・グラスに移す。短いストローを添える。
フレッシュなイチゴ2〜3個を加えてブレンドしてもよい。

グリーン・アイズ
Green Eyes

ゴールド・ラム	30ml
ミドリ(メロン・リキュール)	25ml
パイナップル・ジュース	45ml
ココナッツ・ミルク	15ml
ライム・ジュース	15ml

●クラッシュド・アイス1カップとともにバー・ブレンダーに入れてブレンドし、大型グラスに移す。ライム・スライスを飾り、ストローを添える。
◎1984年のロサンゼルス・オリンピックで、ロサンゼルス市のオフィシャル・ドリンクに選ばれて有名になったカクテル。

テキーラ・サンセット
Tequila Sunset

テキーラ	30ml
レモン・ジュース	30ml
グレナデン・シロップ	1tsp.

●3/4カップのクラッシュド・アイスとともにバー・ブレンダーに入れてブレンドし、大型ワイン・グラスまたはゴブレットに注ぐ。レモン・スライスを飾り、マドラーを添える。

Cocktail Recipes

ハイボール
Highball

　ハイボールは、スピリッツはじめあらゆる酒がベースに使われ、プレーン・ソーダだけでなく、水、ジンジャー・エール、トニック・ウオーター、ジュース類など、各種のソフト・ドリンクがミックスされる。Highballの語源は、ゴルフ用語のハイ・ボール（High Ball 高い球）からきたという説、かつてのアメリカの鉄道で使われたハイ・ボール信号機からきたという説など、諸説ある。

アメール・ピコン・ハイボール
Amer Picon Highball

アメール・ピコン	45ml
グレナデン・シロップ	3dashes
プレーン・ソーダ	適量

●氷を入れたタンブラーにアメール・ピコンとシロップを注ぎ、ステアして、冷やしたプレーン・ソーダを満たす。
◎好みで、レモン・ピールを絞りかけ、それをグラスに落として飾ってもよい。

カンパリ・ソーダ
Campari & Soda

カンパリ	45ml
プレーン・ソーダ	適量

●氷を入れたタンブラーにカンパリを注ぎ、冷やしたプレーン・ソーダを満たし、軽くステアする。スライスまたはカット・オレンジを飾る。
◎プレーン・ソーダの代わりにオレンジ・ジュースを使ったカンパリ・オレンジ（Campari & Orange　p.241参照）もよく知られている。

キューバ・リバー
Cuba Libre

ホワイト・ラム	45ml
ライム・ジュース	10ml
コーラ	適量

●ラムとライム・ジュースを氷を入れたタンブラーに注ぎ、冷やしたコーラを満たして、軽くステアする。

◎1902年、キューバがスペインから独立したときの民族闘争の合言葉「Viva Cuba Libre！（キューバの自由万歳！）」にちなんでつくられたカクテル、といわれている。わが国では、「キューバ・リブレ」と呼ばれることがある。

◎ライム・ジュースは、ライム1/4個をグラスの上で絞って皮ごとグラスの中に落とすか、グラスに飾って飲み手の好みで酸味を調整していただくようにしてもよい。その場合は、マドラーを添える。

クロンダイク・ハイボール
Klondike Highball

ドライ・ベルモット	30ml
スイート・ベルモット	30ml
レモン・ジュース	20ml
砂糖	1tsp.
ジンジャー・エール	適量

●ジンジャー・エール以外の材料をシェークして、タンブラーに注ぎ、氷を加えて、冷やしたジンジャー・エールを満たし、軽くステアする。

◎わが国では、古くから知られたカクテルだが、欧米ではウイスキー・ベースのクロンダイク・クーラー（Klondike Cooler p.189参照）のほうがポピュラーになっている。

ウイスキー・ハイボール
Whisky Highball

ウイスキー	45ml
プレーン・ソーダ	適量

●氷を入れたタンブラーにウイスキーを注ぎ、冷やしたプレーン・ソーダを満たして、軽くステアする。

◎使用するウイスキーによって、たとえばバーボン・ハイボール（Bourbon Highball）、ライ・ハイボール（Rye Highball）などと呼ぶ。ウイスキー・ソーダ（Whisky & Soda）ともいい、バーボン・ソーダ（Bourbon & Soda）、スコッチ・ソーダ（Scotch & Soda）など使用ウイスキーを冠して呼ぶ。

Cocktail Recipes

ホット・ドリンク
Hot Drink

　材料そのものを温める(ホット・ワインなど)か、材料に熱湯や温めた牛乳を加えてつくる寒い冬の季節に恰好の飲み物。グラスは、取っ手付きのものかホルダーに入れて供するが、あらかじめ温めておいたものを使用したい。

カフェ・ロワイヤル
Café Royal

ブランデー	1tsp.
角砂糖	1個
コーヒー(ホット)	適量

●コーヒー・カップに熱いコーヒーを注ぐ。スプーンに角砂糖をのせてブランデーを注ぎ、カップの上で火を着ける。炎が立ったらスプーンをカップに沈め、静かにステアする。

グロッグ
Grog

ダーク・ラム	45ml
レモン・ジュース	15ml
角砂糖	1個
シナモン・スティック	1本
熱湯	適量

●温めたタンブラー(取っ手付きまたはホルダー付き)にラム、レモン・ジュースを注ぎ、角砂糖とシナモン・スティックを入れて熱湯を注ぎ、ステアする。クローブ3～4粒を浮かべる。
◎レモン・スライスにクローブ3～4粒を刺し、グラスに飾る方法もある。その場合は、ロング・スプーンを添えて、飲み手に好みの酸味に調整していただくようにする。

ホット・ブランデー・エッグ・ノッグ
Hot Brandy Egg Nogg

ブランデー	30ml
ダーク・ラム	15ml
砂糖	2tsps.
卵	1個
牛乳	適量

●卵を卵白と卵黄に分け、別々によく泡立てる。これを一緒にして砂糖を加え、さらに十分に泡立ててグラスに移す。ブランデー、ラムを注ぎ、熱くした牛乳を満たして、ステアする。
◎卵白と卵黄を泡立てるのは、熱い牛乳を入れたときに卵が凝固するのを防ぐため。このホット・エッグ・ノッグもブランデーだけでなく、各種のスピリッツ、ワインなどをベースにしてつくられる。グラスは、耐熱性のマグ、ホルダーを付けたタンブラーなどを使用する。

ホット・バタード・ラム
Hot Buttered Rum

ダーク・ラム	45ml
角砂糖	1個
バター	1片（角砂糖大）
熱湯	適量

●温めたタンブラーに角砂糖を入れて少量の熱湯で溶かし、ラムを注いで、熱湯を満たし、軽くステアする。バターを浮かべ、ロング・スプーンを添える。好みでクローブ3～4粒を浮かべる。
◎好みで、角砂糖を使わないこともある。

ホット・バタード・ラム・カウ
Hot Buttered Rum Cow

ゴールド・ラム	30ml
ダーク・ラム	15ml
角砂糖	1個
バター	1片（角砂糖大）
牛乳（ホット）	適量

●温めたタンブラーに角砂糖を入れて少量の牛乳で溶かし、2種のラムを注いで、温めた牛乳を満たし、軽くステアする。バターを浮かべ、ロング・スプーンを添える。
◎好みで、角砂糖を使わないこともある。

ホット・エッグ・ノッグ
Hot Egg Nogg

ダーク・ラム	30ml
ブランデー	15ml
卵黄	1個分
砂糖	2tsps.
牛乳（ホット）	適量

●温めたタンブラーに卵黄と砂糖を入れて混ぜ合わせる。ブランデーとラムを注ぎ、ステアしながら温めた牛乳を満たす。すりおろしたナツメッグを振りかける。

アイリッシュ・コーヒー
Irish Coffee

アイリッシュ・ウイスキー	30ml
砂糖（ザラメ）	1tsp.
コーヒー（ホット）	適量
生クリーム	適量

●温めたコーヒー・カップまたはワイン・グラスに砂糖を入れ、コーヒーを7分目ほど注ぎ、ウイスキーを加えて軽くステアする。軽くホイップした生クリームをフロートする。

◎世界的に知られたこのカクテルは、コーヒーに加えるスピリッツやリキュールのアレンジで、さまざまな呼び名がある。たとえば、アクアビット＝スカンジナビアン・コーヒー（*Scandinavian Coffee*）、ベネディクティンDOM＝モンクス・コーヒー（*Monks' Coffee*）、カルバドス＝ノルマンディー・コーヒー（*Normandy Coffee*）、コニャック＝ロイヤル・コーヒー（*Royal Coffee*）、キルシュ＝ジャーマン・コーヒー（*German Coffee*）、スコッチ＝ゲーリック・コーヒー（*Gaelic Coffee*）など。

トム・アンド・ジェリー
Tom & Jerry

ダーク・ラム	30ml
ブランデー	15ml
砂糖	2tsps.
卵	1個
熱湯	適量

●卵の卵白と卵黄を別々の容器（小型のボウルかオールドファッションド・グラスでもよい）で泡立てる。泡立てた卵黄に砂糖を加えてさらにツヤが出るまで泡立て、卵白も加える。これにダーク・ラムとブランデーを注いでステアし、温めたタンブラーに移す。熱湯を満たし、軽くステアする。好みで、すりおろしたナツメッグを振りかける。

◎アメリカ南部のクリスマス・ドリンクだが、現在では、クリスマスに限らず広く飲まれている。

Cocktail Recipes

ジュレップ
Julep

　アメリカ南部に古くから伝わる爽やかなミックス・ドリンク。1815年、イギリスのフレデリック・マリアット（Frederick Marryat）という船長が、アメリカ南部の農園で、クラレットやマデイラ・ワインを主に使っていたようだが、その後、バーボンはじめ各種のスピリッツ・ベースが主流になってきた。

シャンパン・ジュレップ
Champagne Julep

シャンパン	適量
水	2tsps.
角砂糖	1個
ミントの葉	10〜15枚

●コリンズ・グラスまたはゴブレットに角砂糖、ミントの葉、水を入れ、砂糖を溶かしながらミントの葉を潰し、香りを出す。氷を加えて、冷やしたシャンパンを満たす。ミントの葉とオレンジ・スライスを飾る。

ジョージア・ミント・ジュレップ
Georgia Mint Julep

ブランデー	40ml
アプリコット・リキュール	40ml
砂糖	2tsps.
水	2tsps.
ミントの葉	10〜15枚

●ゴブレットに砂糖、水、ミントの葉を入れ、砂糖を溶かしながらミントの葉を潰す。クラッシュド・アイスをグラスに詰め、ブランデー、アプリコット・リキュールを注ぎ、グラスの表面に霜が付くまで十分にステアする。レモン・スライスなどのフルーツとミントの葉を飾り、ストローを添える。

ミント・ジュレップ
Mint Julep

バーボン・ウイスキー	60ml
砂糖	2tsps.
水またはプレーン・ソーダ	2tsps.
ミントの葉	10〜15枚

●コリンズ・グラスにミントの葉と砂糖を入れ、水またはプレーン・ソーダを注いでステアし、砂糖を溶かしながらミントの葉を潰す。グラスにクラッシュド・アイスを詰めてバーボン・ウイスキーを注ぎ、グラスの表面に霜が付くまで十分にステアする。ミントの新しい葉と、マラスキーノ・チェリー、パイナップル、オレンジ、レモンなどフルーツのスライスをカクテル・ピンに刺して飾り、ストローを添える。

◎ミキシング・グラスでミントの葉、砂糖、バーボン・ウイスキーを十分にステアして、クラッシュド・アイスを詰めたコリンズ・グラスに注ぎ、さらにグラスの表面に霜が付くまでステアする手法もある。アメリカ南部生まれのカクテル。

ラム・ジュレップ
Rum Julep

ホワイト・ラム	30ml
ダーク・ラム	30ml
砂糖	2tsps.
水	30ml
ミントの葉	10〜15枚

●コリンズ・グラスに砂糖、水、ミントの葉を入れ、砂糖を溶かしながらミントの葉を潰す。クラッシュド・アイスをグラスに詰め、2種のラムを注ぎ、グラスの表面に霜が付くまで十分にステアする。ミントの葉を飾り、ストローを添える。

◎ジン・ジュレップ(*Gin Julep*)は、上記処方の2種のラムをジン60mlに替えたもの。

Cocktail Recipes

オン・ザ・ロック
On the Rock

　大きめの氷を入れたオールドファッションド・グラスに材料を注いでつくるスタイル。材料の持ち味を生かしてミックスしやすいことから、近年、マティーニ、マンハッタンなど、従来のショート・ドリンクをオン・ザ・ロックでつくる例が増えてきている。

ブラック・ルシアン
Black Russian

ウオッカ	40ml
コーヒー・リキュール	20ml

●氷を入れたオールドファッションド・グラスに注ぎ、軽くステアする。

ブレイブ・ブル
Brave Bull

テキーラ	40ml
コーヒー・リキュール	20ml

●氷を入れたオールドファッションド・グラスに注ぎ、軽くステアする。
◎ブラック・ルシアン(Black Russian　上記参照)のウオッカをテキーラに替えたカクテル。

チャイナ・ブルー
China Blue

ディタ	30ml
グレープフルーツ・ジュース	45ml
ブルー・キュラソー	10ml

●シェークして、氷を入れたオールドファッションド・グラスに注ぐ。

カウボーイ
Cowboy

バーボン・ウイスキー	45ml
牛乳	適量

●氷を入れたオールドファッションド・グラスに注ぎ、ステアする。

フレンチ・コネクション
French Connection

ブランデー　　　　　　　　45ml
アマレット・リキュール　　15ml
●氷を入れたオールドファッションド・グラスに注ぎ、ステアする。
◎わが国では、ブランデーに比重を置いたレシピが多い。

ゴッドファーザー
God Father

ウイスキー　　　　　　　　45ml
アマレット・リキュール　　15ml
●氷を入れたオールドファッションド・グラスに注ぎ、ステアする。
◎ウイスキーをウオッカに替えると、ゴッドマザー（*God Mother*　下記参照）になる。

ゴッドマザー
God Mother

ウオッカ　　　　　　　　　45ml
アマレット・リキュール　　15ml
●氷を入れたオールドファッションド・グラスに注ぎ、ステアする。
◎ゴッドファーザー（*God Father*　上記）参照。

アイスブレーカー
Icebreaker

テキーラ	2/5
ホワイト・キュラソー	1/5
グレープフルーツ・ジュース	2/5
グレナデン・シロップ	1tsp.

●シェークして、氷を入れたオールドファッションド・グラスに注ぐ。
◎*Icebreaker*は、砕氷船、砕氷器などの意。転じて、その場の雰囲気をなごやかにするもの、といった意味がある。
◎フローズン・スタイルにすることもある。

カミカゼ
Kamikaze

ウオッカ	3/4
ホワイト・キュラソー	1tsp.
ライム・ジュース	1/4

●シェークして、オールドファッショングラスに注ぎ、氷を加える。

マタドール
Matador

テキーラ	30ml
パイナップル・ジュース	45ml
ライム・ジュース	15ml

●シェークして、氷を入れたオールドファッションド・グラスに注ぐ。
◎*Matador*とは、闘牛士のこと。

ネグローニ
Negroni

ジン	30ml
カンパリ	30ml
スイート・ベルモット	30ml

●氷を入れたオールドファッションド・グラスに注ぎ、ステアしてオレンジ・スライスを飾る。
◎*Negroni*とは、イタリアのカミーロ・ネグローニ伯爵の姓。伯爵が好んだアペリティフだといわれる。

オールドファッションド
Old Fashioned

ライまたはバーボン・ウイスキー	45ml
アンゴスチュラ・ビターズ	2dashes
角砂糖	1個

●オールドファッションド・グラスに角砂糖を入れ、ビターズを振りかけて浸み込ませる。氷をグラスに入れ、ウイスキーを注ぎ、オレンジ・スライス、レモン・スライス、マラスキーノ・チェリーを飾り、マドラーを添える。

◎マドラーを添え、好みの味にして飲んでいただく。古典的なスタイルのカクテルだが、今日でも多くのファンを持っている。ベースは、ライやバーボンなどアメリカン・ウイスキーが多いが、ブランデー、ジン、ラムなども使われる。角砂糖を溶かすために少量の水やプレーン・ソーダを用いることもあり、風味を増すためにキュラソーやベネディクティンDOMを加える処方も見られる。

レッド・バイキング
Red Viking

アクアビット	30ml
マラスキーノ・リキュール	30ml
ライム・ジュース(コーディアル)	30ml

●シェークして、氷を入れたオールドファッションド・グラスに注ぐ。

◎コペンハーゲン生まれのカクテル。デンマークでは人気がある。

ラスティ・ネイル
Rusty Nail

ウイスキー	40ml
ドランブイ	20ml

●氷を入れたオールドファッションド・グラスに注ぎ、ステアする。
◎ミキシング・グラスでステアして、カクテル・グラスに注ぐ処方もある。Rusty Nailとは、錆びた釘のこと。

ソルティ・ドッグ
Salty Dog

ウオッカ	45ml
グレープフルーツ・ジュース	適量

●塩でスノー・スタイルにしたオールドファッションド・グラスに氷を入れ、材料を注ぎ、ステアする。
◎ソルティ・ドッグは、船の甲板員を指すスラング。
◎ジン、ライム・ジュース、塩をシェークするソルティ・ドッグ・コリンズのバリエーションとして生まれたカクテルだといわれる。当初はジンが多く使われていたが、近年、ウオッカが主流になってきた。
◎塩のスノー・スタイルをしないものを、テールレス・ドッグ（Tailless Dog　尾のない犬）またはブルドッグ（Bulldog　尾がきわめて短い犬）、グレイハウンド（Greyhound　走るとき、尾を足の間に入れる犬）などと呼ぶ。

スロー・テキーラ
Sloe Tequila

テキーラ	30ml
スロー・ジン	15ml
レモン・ジュース	15ml

●シェークして、クラッシュド・アイスを詰めたオールドファッションド・グラスに注ぐ。キュウリまたはセロリ・スティックを飾り、ストローを添える。

ウオッカ・アイスバーグ
Vodka Iceberg

ウオッカ	60ml
アブサン	1dash

●大きめの氷を入れたオールドファッションド・グラスに注ぎ、ステアする。

◎Icebergは、氷山のこと。アメリカのジャーナリスト、ナンシー・バーグ(Nancy Berg)がエスカイヤ誌の「有名人のつくったカクテル」というコーナーに発表したもの。

ホワイト・ルシアン
White Russian

ウオッカ	40ml
コーヒー・リキュール	20ml
生クリーム	適量

●ウオッカとコーヒー・リキュールを、氷を入れたオールドファッションド・グラスに注ぎ、生クリームをフロートする。

◎ブラック・ルシアン(Black Russian　p.215参照)に生クリームを浮かべたスタイル。

Cocktail Recipes

プース・カフェ
Pousse Café

　数種類のスピリッツやリキュール、生クリームなどを、比重の大きいものから順に混ざらないようにフロートさせる。それぞれの酒の比重(糖濃度)をあらかじめ把握しておくことが大切だが、同じ種類のリキュールでも、ブランドによって比重が違うことがあるので注意したい。

フィフス・アベニュー
Fifth Avenue

ブラウン・カカオ・リキュール	1/3
アプリコット・リキュール	1/3
生クリーム	1/3

●リキュール・グラスに、上記の材料が混ざり合わないよう、順に静かに注ぐ。
◎バー・スプーンの背を使って、グラスの内側を伝わらせるように注ぐ。
◎*Fifth Avenue*は、ニューヨーク市の五番街。世界経済の中心地といわれる。

レインボー
Rainbow

ブラウン・カカオ・リキュール	1/7
バイオレット・リキュール	1/7
マラスキーノ・リキュール	1/7
ベネディクティンDOM	1/7
イエロー・シャルトリューズ	1/7
グリーン・シャルトリューズ	1/7
ブランデー	1/7

●リキュール・グラスに、上記の材料が混ざり合わないよう、順に静かに注ぐ。
◎リキュールの糖濃度は、ブランドによって違いがあるので、自店の使用リキュールでフロートが可能かどうか、確認しておきたい。

スターズ・アンド・ストライプス
Stars & Stripes

カシス・リキュール	1/3
マラスキーノ・リキュール	1/3
グリーン・シャルトリューズ	1/3

●リキュール・グラスに、上記の材料が混ざり合わないよう、順に静かに注ぐ。

◎*Stars & Stripes*は、アメリカ合衆国の国旗(星条旗)。

ユニオン・ジャック
Union Jack

グレナデン・シロップ	1/3
マラスキーノ・リキュール	1/3
グリーン・シャルトリューズ	1/3

●リキュール・グラスに、上記の材料が混ざり合わないよう、順に静かに注ぐ。

◎*Union Jack*は、イギリス国旗。

Cocktail Recipes

パンチ
Punch

　ワイン、スピリッツなどをベースに、各種リキュール、フルーツやジュースなどを加えてつくる。パーティー・ドリンクとして多人数分つくることが多いが、1人分用の処方もある。パンチ・ボウルでつくり、パンチ・カップに注ぎ分けて供する。

ブランデー・ミルク・パンチ
Brandy Milk Punch

ブランデー	40ml
牛乳	120ml
砂糖	1tsp.

●十分にシェークして、氷を入れたゴブレットに注ぐ。好みで、すりおろしたナツメッグを振りかける。

ブランデー・パンチ
Brandy Punch

ブランデー	1ボトル
オレンジ・キュラソー	120ml
レモン・ジュース	300ml
オレンジ・ジュース	120ml
シュガー・シロップ	60ml
グレナデン・シロップ	60ml
プレーン・ソーダ	800ml

●プレーン・ソーダ以外の材料をパンチ・ボウル(なければ大型のサラダ・ボウルなどで代用)に注ぎ、ステアして、ブロック・アイスを加える。冷やしたプレーン・ソーダを注ぎ入れて軽くステアし、氷を入れたパンチ・カップ(なければ小型タンブラー、シャンパン・グラスなど使用)に注ぎ分ける。
◎この処方は30人分。

シャンパン・パンチ
Champagne Punch

シャンパン	1ボトル
ホワイト・ラム	90ml
ホワイト・キュラソー	90ml
ライム・ジュース	90ml
シュガー・シロップ	90ml
プレーン・ソーダ	400ml

●オレンジとライムのスライスを入れたパンチ・ボウルにホワイト・ラム、キュラソー、ジュース、シロップを注ぎ、ステアして、ブロック・アイスを入れて冷やす。冷やしたシャンパン、プレーン・ソーダを注いで軽くステアし、グラスに注ぎ分ける。
◎この処方は20人分。

クラレット・パンチ
Claret Punch

クラレット	1ボトル
オレンジ・キュラソー	90ml
レモン・ジュース	90ml
シュガー・シロップ	90ml
プレーン・ソーダ	400ml

●レモン、オレンジ、キュウリその他季節の果物をスライスしてパンチ・ボウルに入れ、プレーン・ソーダ以外の材料を注いでよくステアする。ボウルにブロック・アイスを加え、冷やしたプレーン・ソーダを注いで軽くステアし、パンチ・カップに注ぎ分ける。
◎アルコール分を強化し、コクのある味にするときは、この処方にブランデー90mlを加えてもよい。また、プレーン・ソーダを注ぐ前に、ラップフィルムなどで密封して、冷蔵庫で約1時間冷やしておけば、材料がよくなじむ。この処方は20人分。
◎1人前ずつグラスにつくる場合は、以下のようにする。

[クラレット・パンチ　Claret Punch]

クラレット	90ml
レモン・ジュース	20ml
オレンジ・キュラソー	1tsp.
砂糖	1tsp.
プレーン・ソーダ	適量

氷を入れたタンブラーにプレーン・ソーダ以外の材料を注ぎ、ステアして、プレーン・ソーダを満たす。季節の果物を飾ってもよい。材料はよく冷やしておく。

プランターズ・パンチ
Planter's Punch

ダーク・ラム	60ml
ホワイト・キュラソー	30ml
砂糖	2tsps.

●シェークして、クラッシュド・アイスを詰めたタンブラーに注ぎ、オレンジまたはライムのスライス、ミントの葉を飾り、ストローを添える。

Cocktail Recipes

リッキー
Rickey

　グラスに入れたスピリッツに新鮮なライム（またはレモン）の実を絞り入れ、プレーン・ソーダを満たすのが基本的な処方。砂糖、シロップなどは使わず、爽快な酸味がリッキーの身上だが、マドラーで実を潰しながら好みの味にして楽しむ。19世紀末、ワシントンのシューメーカーというレストランで創案され、初めて飲んだ客の名前カーネル・ジム・リッキー（Colonel Jim Rickey）にちなんで名づけられたという。

ジン・リッキー
Gin Rickey

ジン	45ml
ライム・ジュース	1/2個分
プレーン・ソーダ	適量

●タンブラーの上でライムを絞り、皮もグラスに入れる。氷を加えて、ジンを注ぎ、冷やしたプレーン・ソーダを満たす。マドラーを添える。

◎甘味を加えず、爽やかで酸味の強い味わいがリッキーの持ち味。マドラーを添えるのは、飲み手に、ライムを潰して好みの酸味に調整していただくため。

◎ベースには、ジンの他にウイスキー、バーボン・ウイスキー、アップル・ブランデー、ラムなど、さまざまなスピリッツやリキュールが使われる。通常、ベース名を頭に冠して、たとえばウイスキー・リッキー（*Whisky Rickey*）などと呼ぶ。

Cocktail Recipes

サンガリー
Sangaree

　赤ワインに甘味を加え、水または熱湯を満たすのが基本形。Sangareeとは、スペイン語で「血」を意味するサングレ（Sangre）からきた名称で、赤ワインを薄めてつくる色彩から名づけられたもの。現在では、赤ワインの他、シェリー、ポート・ワイン、ウイスキー、ブランデーなどもベースに使われる。

ポート・ワイン・サンガリー
Port Wine Sangaree

ポート・ワイン	90ml
砂糖	1tsp.

●シェークして、クラッシュド・アイスを詰めたタンブラーに注ぎ、すりおろしたナツメッグを振りかける。
◎マデイラ・サンガリー（*Madeira Sangaree*）、クラレット・サンガリー（*Claret Sangaree*）は、この処方のポート・ワインをそれぞれマデイラ・ワイン、クラレットに替える。

シェリー・サンガリー
Sherry Sangaree

シェリー	90ml
砂糖	1tsp.

●シェークして、氷を入れたタンブラーまたはワイン・グラスに注ぐ。
◎好みでナツメッグを振りかけてもよい。

Cocktail Recipes

スリング
Sling

スピリッツにレモン・ジュースと甘味を加え、水またはプレーン・ソーダ、ジンジャー・エールなどを満たす。ホット・ドリンクに仕立てることもある。スリングの語源は、ドイツ語のSchlingen(飲み込むという意味)が転訛したものといわれる。

ブランデー・スリング
Brandy Sling

ブランデー	45ml
レモン・ジュース	20ml
砂糖	1tsp.
水	適量

●タンブラーに砂糖とジュースを入れて、砂糖を溶かし、ブランデーを注ぐ。氷を加えて冷水を満たし、軽くステアする。
◎水はミネラル・ウォーターを使う。

ジン・スリング
Gin Sling

ジン	45ml
砂糖	1tsp.
水またはプレーン・ソーダ	適量

●タンブラーに砂糖とジンを入れてよくステアする。氷を加えて冷水または冷やしたプレーン・ソーダを満たし、軽くステアする。
◎古いスタイルのミックス・ドリンクで、通常、レモンなどの果汁は使わない。ウオッカ・スリング(*Vodka Sling*)は、ベースのジンをウオッカに替えたもの。
◎ホット・ジン・スリング(*Hot Gin Sling*)は、上記処方の水またはプレーン・ソーダの代わりに熱湯を満たす。この場合、好みで、すりおろしたナツメッグを振りかけてもよい。

シンガポール・スリング
Singapore Sling

ジン	45ml
チェリー・リキュール	20ml
レモン・ジュース	20ml
プレーン・ソーダ	適量

●プレーン・ソーダ以外の材料をシェークして、タンブラーに注ぎ、氷を加えて冷やしたプレーン・ソーダを満たし、軽くステアする。オレンジ・スライスなどのフルーツを飾る。

◎チェリー・リキュールをシェークしないで、最後にグラスの底に沈める処方もある。チェリー・リキュールの色をスッキリと美しく見せるためだが、この場合、砂糖1tsp.を加え、チェリー・リキュールを15mlほどに少なくする処方が多い。

◎シンガポール・スリングはシンガポールのラッフルズ・ホテルで誕生したカクテルだが、世界的に見るとレシピは2つある。ひとつは上記のようにプレーン・ソーダを入れるタイプ。もうひとつはパイナップル・ジュースなどが入るタイプである。

[ラッフルズ・スリング　Raffles Sling]

ジン	30ml
チェリー・リキュール	15ml
コアントロー	1tsp.
ベネディクティンDOM	1tsp.
アンゴスチュラ・ビターズ	1dash
ライム・ジュース	15ml
パイナップル・ジュース	120ml
グレナデン・シロップ	2tsps.

シェークして、タンブラーに注ぎ、カット・パイナップルとマラスキーノ・チェリーを飾る。

Cocktail Recipes

スマッシュ
Smash

　ジュレップ(Julep)を小型にしたものがスマッシュ。Smashには、「潰す」という意味があり、ミントの葉を潰して香りをつけることからきた名称。スマッシュにレモンまたはライム・ジュースを加えたミックス・ドリンクをモヒート(Mojito)と呼ぶ。

ブランデー・スマッシュ
Brandy Smash

ブランデー	60ml
砂糖	1tsp.
ミントの葉	10〜15枚

●オールドファッションド・グラスまたはタンブラーにミントの葉を入れて潰し、ブランデーと砂糖を注いでステアした後、氷を入れ、さらに十分にステアする。オレンジ・スライス、ミントの葉を飾る。

◎ウイスキー・スマッシュ(*Whisky Smash*)、ラム・スマッシュ(*Rum Smash*)、ジン・スマッシュ(*Gin Smash*)は、上記処方のベースをウイスキー、ラム、ジンに替えたもの。

◎クラッシュド・アイスを使ってもよい。その場合は、ストローを添える。

モヒート
Mojito

ゴールド・ラム	45ml
ライム・ジュース	1/2個分
砂糖	2tsps.
ミントの葉	10〜15枚
プレーン・ソーダ	2tsps.

●タンブラーの上からライムを絞り、皮もグラスに入れる。ミントの葉と砂糖を入れて、プレーン・ソーダを加え、砂糖を溶かしながらミントの葉を潰す。クラッシュド・アイスを詰め、ゴールド・ラムを注いで、グラスの表面に霜が付くまで十分にステアする。ミントの葉を飾り、ストローを添える。

◎モヒートは、スマッシュにレモンやライム・ジュースを加えたもの。ロング・ドリンクのスタイルのひとつにあげられることがあるが、ここではスマッシュのバリエーションとして取り上げた。

Cocktail Recipes

サワー
Sour

　ウイスキー、ブランデーなど各種のスピリッツをベースに、レモン・ジュースと砂糖などで甘酸味を加えてつくる。シンプルなスタイルだが、柑橘類の味わいを生かした、多数のいわゆるサワー系ミックス・ドリンクの代表的な存在(サワー・タイプに対して、リキュールやベルモットの香味をきかせたミックス・ドリンクをアロマティック・タイプということがある)。プレーン・ソーダを使わないのが原則だが、わが国を含めてアメリカ以外の国では、プレーン・ソーダやシャンパンなどを使う処方も見られる。Sourとは「酸っぱい」の意。

アプリコット・サワー
Apricot Sour

アプリコット・リキュール	45ml
レモン・ジュース	20ml
砂糖	1tsp.

●シェークして、サワー・グラスに注ぎ、オレンジ・スライスとマラスキーノ・チェリーを飾る。
◎少量のプレーン・ソーダを加える処方もある。

エッグ・サワー
Egg Sour

ブランデー	30ml
オレンジ・キュラソー	20ml
レモン・ジュース	20ml
砂糖	1tsp.
卵	1個

●十分にシェークして、ゴブレットに注ぐ。

ウイスキー・サワー
Whisky Sour

ウイスキー	45ml
レモン・ジュース	20ml
砂糖	1tsp.

●シェークしてサワー・グラスに注ぎ、オレンジ・スライスとマラスキーノ・チェリーを飾る。

◎少量のプレーン・ソーダを加える処方もある。また、デコレーションは、季節のフルーツに替えてもよい。ベースのウイスキーをジン、ラム、テキーラ、ブランデーに替えたジン・サワー(Gin Sour)、ラム・サワー(Rum Sour)、テキーラ・サワー(Tequila Sour)、ブランデー・サワー(Brandy Sour)もよく知られている。

◎海外では卵白を入れる処方が人気、というよりはむしろ主流である。

Cocktail Recipes

スウィズル
Swizzle

　タンブラーにラムなどのスピリッツ、ライム(レモン)・ジュース、砂糖、ビターズなどを注ぎ、氷を加えて、スウィズル・スティック(Swizzle Stick)でグラスの外側に霜が付いたような状態になるまで急速にかき混ぜてつくる。Swizzle Stickは、三つ又、あるいは五つ又の熱帯樹の枝で、一種のマドラー。これがない場合は、マドラーで代用する。西インド諸島生まれのミックス・ドリンク。

ラム・スウィズル
Rum Swizzle

ホワイト・ラム	45ml
ライム・ジュース	20ml
砂糖	1tsp.
アンゴスチュラ・ビターズ	1dash

●クラッシュド・アイスを詰めたタンブラーに材料を注ぎ、スウィズル・スティック(またはマドラー)でグラスの表面に霜が付くまで、急速に強くかき混ぜる。ライム・スライスとミントの葉を飾る。マドラーを添えてもよい。

◎ジン・スウィズル(*Gin Swizzle*)は、この処方のベースのラムをジンに替えたもの。ブランデー・スウィズル(*Brandy Swizzle*)、ウイスキー・スウィズル(*Whisky Swizzle*)もベースをそれぞれブランデー、ウイスキーに替えたものだが、ライム・ジュースの代わりにレモン・ジュースを使用することがある。

Cocktail Recipes

トディー
Toddy

　タンブラーかオールドファッション・グラスに砂糖を入れ、スピリッツを注ぎ、水または熱湯を満たすのが基本的な処方。イギリスで、寒さから身体を守るホット・ドリンクとして古くから飲まれていたが、今ではコールド・ドリンクとしても親しまれている。

ホット・ウイスキー・トディー
Hot Whisky Toddy

ウイスキー	45ml
砂糖	1tsp.
熱湯	適量

●タンブラーに砂糖を入れ、少量の湯で溶かし、ウイスキーを注ぎ、熱湯を満たす。レモン・スライス、クローブを入れ、シナモン・スティックを添える。
◎ブランデー、ジン、ラム、テキーラ、アクアビットなどのスピリッツをベースにしてもつくられる。その場合、ベース名をつけて、ホット・ブランデー・トディー（Hot Brandy Toddy）などと呼ぶ。

ウイスキー・トディー
Whisky Toddy

ウイスキー	45ml
砂糖	1tsp.
水（ミネラル・ウォーター）	適量

●タンブラーに砂糖を入れ、少量の水で溶かし、ウイスキーを注ぎ、冷水を満たす。レモン・スライスを飾る。
◎コールド・タイプのトディーでは、砂糖を溶かすところまでバーテンダーが行ない、スピリッツと冷水を別に出して、お客に好みの量をグラスに注いでもらう提供法もある。
◎ホット・トディーと同じく、ブランデー、ジン、ラム、テキーラ、アクアビットなどのスピリッツをベースにしてもつくられる。

Cocktail Recipes

ビール・ベース
Beer Base

ビア・スプリッツァー
Beer Spritzer

白ワイン	3/5
ビール	2/5

●氷を入れたゴブレットに冷やした白ワインを注ぎ、ビールを満たして、軽くステアする。

ブラック・ベルベット
Black Velvet

スタウト	1/2
シャンパン	1/2

●あらかじめ冷やした大型タンブラーまたはピルスナー・グラスに、よく冷やしたスタウトとシャンパンを左右から同時に注ぐ。
◎ベルベットは、ビロードのこと。柔らかく上品な舌触り、喉越しを表現したカクテル名だ。

ドッグズ・ノーズ
Dog's Nose

ジン	45ml
ビール	適量

●冷やしたピルスナー・グラスにドライ・ジンを注ぎ、よく冷やしたビールを満たして、軽くステアする。

ミント・ビア
Mint Beer

ビール	適量
グリーン・ミント・リキュール	15ml

●よく冷やしたビールをゴブレットに注ぎ、グリーン・ミント・リキュールを加えて、軽くステアする。

レッド・バード
Red Bird

ウオッカ	45ml
トマト・ジュース	60ml
ビール	適量

●氷を入れたタンブラーに冷やした材料を注ぎ、軽くステアする。

レッド・アイ
Red Eye

ビール	1/2
トマト・ジュース	1/2

●あらかじめよく冷やしておいたトマト・ジュースをタンブラーに注ぎ、ビールを満たして軽くステアする。

◎元々のレシピは生卵を入れており、グラスから見える卵黄が赤い目のように見えることから、レッド・アイと呼ばれたといわれている。

シャンディー・ガフ
Shandy Gaff

ビール	1/2
ジンジャー・エール	1/2

●よく冷やしたビールを大型タンブラーに注ぎ、これも冷やしたジンジャー・エールを満たす。

◎ビールにレモネードその他の透明炭酸飲料を同量加えたカクテルをパナシェ（*Panaché* フランス語で「混ぜ合わせた」の意）と呼ぶが、このシャンディー・ガフもパナシェの一種といえる。

Cocktail Recipes

その他
Others

本書の分類で、どのスタイルにも属さないロング・ドリンクや分類しにくいミックス・ドリンクを一括してまとめた。

アディントン
Addington

ドライ・ベルモット	30ml
スイート・ベルモット	30ml
プレーン・ソーダ	適量

●氷を入れたタンブラーにベルモットを注ぎ、少量のプレーン・ソーダを加えて、軽くステアし、オレンジ・ピールを絞りかける。

◎このアディントンからプレーン・ソーダとオレンジ・ピールを省いたカクテルをベルモット・ハーフ・アンド・ハーフ（*Vermouth Half & Half*）と呼んでいる。また、上記処方自体をベルモット・ハーフ・アンド・ハーフということもある。

アンバサダー
Ambassador

テキーラ	45ml
オレンジ・ジュース	適量
砂糖	1tsp.

●氷を入れたタンブラーに注ぎ、ステアする。オレンジ・スライスを飾る。

◎*Ambassador*とは、大使のこと。

アメリカン・レモネード
American Lemonade

赤ワイン	30ml
レモン・ジュース	40ml
砂糖	3tsps.
水（ミネラル・ウォーター）	適量

●タンブラーにジュースと砂糖を入れて溶かす。氷を加え、冷やした水を満たしてステアし、冷やしたワインをフロートする。

アメリカーノ
Americano

スイート・ベルモット	30ml
カンパリ	30ml
プレーン・ソーダ	適量

●氷を入れたタンブラー(またはゴブレット)にベルモットとカンパリを注ぎ、冷やしたプレーン・ソーダを満たして軽くステアし、レモン・ピールを絞りかける。

◎アメリカーノとは、アメリカ人たちといった意味のイタリア語。イタリアの酒を素材にした古くから知られたカクテルだ。

ブラッディ・ブル
Bloody Bull

ウオッカ	45ml
レモン・ジュース	15ml
トマト・ジュース	適量
ビーフ・ブイヨン	適量

●氷を入れたタンブラーに注ぎ、ステアする。好みでウスター・ソース、タバスコ1dashを加える。

◎次頁のブラッディ・メアリー(*Bloody Mary*)とブル・ショット(*Bull Shot* p.241)の2つのカクテルをミックスしたもの。ベースをテキーラに替え、レモンの代わりにライム・ジュースを使ったブラッディ・ブルも知られている。

ブラッディ・メアリー
Bloody Mary

ウオッカ	45ml
トマト・ジュース	適量
レモン・ジュース	1tsp.(または1/6カット・レモン)

●タンブラーに氷を入れ、ウオッカ、トマト・ジュース、レモン・ジュースを注ぎ、ステアする。レモン・スライスを飾り(カット・レモンを使う場合はグラスに飾り、飲み手に、絞って好みの酸味に調整していただく)、マドラー、または好みでセロリ・スティックを添える。さらに、塩、コショウ、セロリ・ソルト、タバスコ、ウスター・ソースなどを別に添える。

◎カクテル名は、16世紀半ばのイングランド女王メアリー1世に由来しているという説が有力。女王は、カトリック復興のためにプロテスタントを多数迫害、「血塗られたメアリー」と呼ばれたという。色彩から連想されたカクテル名だろう。

◎ブラッディ・シーザー(Bloody Caesar)は、トマト・ジュースをクラマト・ジュース(Clamato Juice トマトとはまぐりのエキスのミックス・ジュース)に替えたもの。ストロー・ハット(Straw Hat)は、ベースをテキーラに替える。また、ジンに替えると、ブラッディ・サム(Bloody Sam)またはレッド・スナッパー(Red Snapper)というカクテルになる。海外ではレッド・スナッパー(Red Snapper)というカクテル名のほうが主流。禁酒法時代のアメリカで盛んに飲まれていたが、1940年代以降、ウオッカの人気が高まるとともに、ブラッディ・メアリーに取って代わられた。

ブルー・ハワイ
Blue Hawaii

ホワイト・ラム	30ml
ブルー・キュラソー	15ml
パイナップル・ジュース	30ml
レモン・ジュース	15ml

●シェークして、クラッシュド・アイスを詰めたゴブレットなど大型グラスに注ぐ。カット・パイナップル、蘭の花などを飾り、ストローを添える。

◎レモン・ジュースをココナッツ・ミルク2tsps.に替えると、ブルー・ハワイアン(Blue Hawaiian)というカクテルになる。

ブル・ショット
Bull Shot

ウオッカ	45ml
冷やしたビーフ・ブイヨン	適量

●シェークして、氷を入れたタンブラーなどに注ぐ。別に塩、コショウ、ウスター・ソース、タバスコなどを添えてもよい。
◎日、祭日が禁酒日になっているフィンランドでは、これをスープ皿に入れ、スープとして出すレストランがあるという。

ケーブルグラム
Cablegram

ライ・ウイスキー	45ml
レモン・ジュース	20ml
砂糖	1tsp.
ジンジャー・エール	適量

●ジンジャー・エール以外の材料をシェークして、タンブラーに注ぎ、氷を加えて、冷やしたジンジャー・エールを満たし、軽くステアする。
◎*Cablegram*とは、海底電線のことで、海外電報の意味もある。

カリフォルニア・レモネード
California Lemonade

バーボン・ウイスキー	45ml
レモン・ジュース	20ml
ライム・ジュース	10ml
グレナデン・シロップ	1tsp.
砂糖	1tsp.
プレーン・ソーダ	適量

●プレーン・ソーダ以外の材料をシェークして、コリンズ・グラスに注ぎ、氷を加えて、冷やしたプレーン・ソーダを満たし、軽くステアする。
◎アメリカ生まれのカクテル。ウイスキーは、バーボン、ライ、カナディアンなどを使う例が多い。

カンパリ・オレンジ
Campari & Orange

カンパリ	45ml
オレンジ・ジュース	適量

●氷を入れたタンブラーにカンパリを注ぎ、冷やしたオレンジ・ジュースを満たし、軽くステアする。オレンジ・スライスを飾る。
◎オレンジ・ジュースをプレーン・ソーダに替えたカンパリ・ソーダ(*Campari & Soda* p.208参照)もポピュラーなもの。

チチ
Chi Chi

ウオッカ	30ml
パイナップル・ジュース	80ml
ココナッツ・ミルク	45ml

●シェークして、クラッシュド・アイスを詰めたゴブレットなど大型のグラスに注ぐ。カット・パイナップル、マラスキーノ・チェリーを飾り、短いストローを添える。
◎*Chi Chi*(チチ)とは、「粋な」「スタイリッシュな」といった意味のスラング。フローズン・スタイルに仕上げる処方もある。
◎ピニャ・コラーダ(*Piña Colada*　p.246参照)は、ウオッカをホワイト・ラムに替えたカクテル。

デニッシュ・メアリー
Danish Mary

アクアビット	30ml
レモン・ジュース	15ml
トマト・ジュース	適量
ウスター・ソース	1dash
セロリ・ソルト	少量

●氷を入れたタンブラーに注ぎ、ステアする。
◎ブラッディ・メアリーのアクアビット・ベース・スタイルとして、デンマークのバーテンダー協会が発表したもの。

デザート・ヒーラー
Desert Healer

ジン	30ml
チェリー・リキュール	15ml
オレンジ・ジュース	30ml
ジンジャー・ビアー	適量

●ジンジャー・ビアー以外の材料をシェークして、タンブラーに注ぎ、氷を加えて、冷やしたジンジャー・ビアーを満たして軽くステアする。
◎*Desert Healer*は、砂漠の治療師といった意味。

ファジー・ネーブル
Fuzzy Navel

ピーチ・リキュール	45ml
オレンジ・ジュース	適量

●氷を入れたタンブラーまたはゴブレットにピーチ・リキュールを注ぎ、冷やしたオレンジ・ジュースを満たしてステアする。
◎*Fuzzy*は、桃など果実の表面の細く柔らかな毛のこと。

ジン・トニック
Gin & Tonic

ジン	45ml
トニック・ウォーター	適量

●氷を入れたタンブラーにジンを注ぎ、冷やしたトニック・ウォーターを満たして軽くステアする。好みでレモンかライム・スライス、または果汁を加える。
◎ラム・トニック(*Rum & Tonic*)、テキーラ・トニック(*Tequila & Tonic*)、ウオッカ・トニック(*Vodka & Tonic*)は、ベースのジンをそれぞれラム、テキーラ、ウオッカに替えたもの。近年、ジン・トニックに代わって、こうした他のスピリッツ・ベースの伸びが著しい。テキーラ・トニックは、縮めて、テコニック(*Tequonic*)あるいは*T.N.T.*とも呼ばれる。

ハーベイ・ウォールバンガー
Harvey Wallbanger

ウオッカ	45ml
オレンジ・ジュース	適量
ガリアーノ	2tsps.

●氷を入れたタンブラーにウオッカとオレンジ・ジュースを注ぎ、ステアして、ガリアーノを浮かべる。
◎スクリュードライバー(*Screwdriver* p.247参照)にガリアーノを加えたカクテル。アメリカ・カリフォルニアのサーファー、ハーベイが敗戦の失意を紛らすために飲んだカクテルという説がある。ハーベイが千鳥足で壁を叩きながら帰るのを見て、人々は「壁叩きのハーベイ」と呼んだというのだ。

ホーセズ・ネック（ブランデー）
Horse's Neck (Brandy)

ブランデー	45ml
ジンジャー・エール	適量

●コリンズ・グラスなどトール・グラスの中にらせん状にむいたレモン1個分の皮を入れ、端をグラスの縁にかける。氷を加え、ブランデーを注ぎ、冷やしたジンジャー・エールを満たす。
◎ホーセズ・ネックのベースは、ブランデーに限らず、ウイスキー、ジン、ラムなどさまざまなスピリッツが使われており、またスピリッツをまったく使用しないもの（ジンジャー・エール主体）もある。スピリッツを使った場合、そのスピリッツの名を冠して、たとえばブランデー・ホーセズ・ネックなどと呼ぶ。注文を受けるときは、好みのスピリッツを確かめたい。

ジャックター
Jack Tar

151プルーフラム	30ml
サザンカンフォート	25ml
ライム・ジュース（コーディアル）	25ml

●シェークして、クラッシュド・アイスを詰めたオールドファッションド・グラスに注ぐ。カット・ライムを飾る。

キルシュ・カシス
Kirsch & Cassis

キルシュ	30ml
カシス・リキュール	30ml
プレーン・ソーダ	適量

●氷を入れたタンブラーにキルシュとカシス・リキュールを注ぎ、ステアして、冷やしたプレーン・ソーダを満たす。
◎フランスでポピュラーになっているカクテル。

ロング・アイランド・アイス・ティー
Long Island Iced Tea

ジン	15ml
ウオッカ	15ml
ホワイト・ラム	15ml
テキーラ	15ml
ホワイト・キュラソー	2tsps.
レモン・ジュース	30ml
砂糖	1tsp.
コーラ	40ml

●クラッシュド・アイスを詰めたゴブレットに注ぎ、ステアする。スライス・レモンを飾り、ストローを添える。

マイタイ
Mai Tai

ホワイト・ラム	45ml
オレンジ・キュラソー	1tsp.
パイナップル・ジュース	2tsps.
オレンジ・ジュース	2tsps.
レモン・ジュース	1tsp.
ダーク・ラム	2tsps.

●ダーク・ラム以外の材料をシェークして、クラッシュド・アイスを詰めたオールドファッションド・グラスまたはゴブレットに注ぎ、ダーク・ラムをフロートする。カットしたパイナップルや、オレンジ、レモンのスライス、マラスキーノ・チェリー、ミントの葉、蘭の花などを飾り、ストローを添える。
◎*Mai Tai*とは、ポリネシア語で「最高」の意味。

ピニャ・コラーダ
Piña Colada

ホワイト・ラム	30ml
パイナップル・ジュース	80ml
ココナッツ・ミルク	30ml

●シェークして、クラッシュド・アイスを詰めた大型のグラスに注ぐ。カット・パイナップル、マラスキーノ・チェリーを飾り、ストローを添える。
◎*Piña Colada*とは、パイナップルの茂る峠を意味するスペイン語。カリブ海で生まれ、マイアミからニューヨークで大流行したカクテル。
◎ラムをウオッカに替えると、チチ(*Chi Chi*　p.242参照)になる。チチも初期はラム・ベースだったのだが、ピニャ・コラーダに譲ってウオッカで作るようになった。
◎バー・ブレンダーを使って、フローズン・スタイルに仕上げる処方もある。

レブヒート
Rebujito

シェリー	45ml
セブンアップ	適量

●氷を入れたタンブラーにシェリーを注ぎ、冷やしたセブンアップを満たし、軽くステアする。

スコーピオン
Scorpion

ホワイト・ラム	45ml
ブランデー	30ml
オレンジ・ジュース	20ml
レモン・ジュース	20ml
ライム・ジュース	15ml

●シェークして、クラッシュド・アイスを詰めたゴブレットに注ぎ、オレンジ・スライス、マラスキーノ・チェリーを飾り、ストローを添える。
◎ハワイ生まれのカクテル。*Scorpion*はさそり座のこと。

スクリュードライバー
Screwdriver

ウオッカ	45ml
オレンジ・ジュース	適量

●氷を入れたタンブラーに注ぎ、ステアする。
◎*Screwdriver*とは、ネジ回しのこと。イランの油田で働くアメリカ人がウオッカとオレンジ・ジュースをネジ回しで混ぜてつくったといわれる。口当たりがよく、比較的強いので、レディ・キラー(*Lady Killer*)の別名がある。
◎オレンジ・ブロッサム(*Orange Blossam* p.150参照)は、ベースをジンに替えたもの。また、ガリアーノ2tsps.を加えると、ハーベイ・ウォールバンガー(*Harvey Wallbanger* p.243参照)になる。

スノーボール
Snowball

アドボカート	40ml
ライム・ジュース(コーディアル)	1dash
レモネード	適量

●氷を入れたタンブラーにアドボカートとライム・ジュース(コーディアル)を注ぎ、レモネードを満たす。オレンジ・スライスとマラスキーノ・チェリーをカクテル・ピンに刺して飾る。

スプリッツァー
Spritzer

白ワイン	60ml
プレーン・ソーダ	適量

●氷を入れたゴブレットまたはタンブラーにワインを注ぎ、プレーン・ソーダを満たして軽くステアする。好みで、ライム・スライスを飾る。

◎材料は、いずれも冷やしておく。スプリッツァーの語源は、ドイツ語のシュプリッツェン（*Spritzen* はじけるの意）からきている。プレーン・ソーダなどを使ってはじける飲み物をシュプリッツェンと称したが、後にアメリカに渡ってアメリカ風の発音になった。

スプモーニ
Spumoni

カンパリ	30ml
グレープフルーツ・ジュース	45ml
トニック・ウォーター	適量

●氷を入れたタンブラーにカンパリとグレープフルーツ・ジュースを注ぎ、冷やしたトニック・ウォーターを満たして軽くステアする。グレープフルーツ・スライスを飾る。

◎カンパリの故郷、イタリア生まれのカクテル。

ストーン・フェンス
Stone Fence

ウイスキー	45ml
シードル	適量
アンゴスチュラ・ビターズ	2dashes

●氷を入れたタンブラーにウイスキーとビターズを注ぎ、冷やしたシードルを満たして、軽くステアする。

テキーラ・サンライズ
Tequila Sunrise

テキーラ	45ml
オレンジ・ジュース	90ml
グレナデン・シロップ	2tsps.

●氷を入れた大型ワイン・グラス（またはゴブレット）にテキーラ、オレンジ・ジュースを注ぎ、軽くステアして、グレナデン・シロップを静かに沈める。オレンジ・スライスを飾る。

◎やはりテキーラをベースにしたサンライズ（*Sunrise*）というカクテルがある。

［サンライズ　Sunrise］
テキーラ　　　　　　　　　2/5
ガリアーノ　　　　　　　　1/5
バナナ・リキュール　　　　1/5
生クリーム　　　　　　　　1/5
グレナデン・シロップ　　　1dash
レモン・ジュース　　　　　1dash
シェークして、カクテル・グラスに注ぐ。

ベルモット・カシス
Vermouth & Casis

ドライ・ベルモット　　　　60ml
カシス・リキュール　　　　15ml
プレーン・ソーダ　　　　　適量

●氷を入れたゴブレットにベルモットとカシス・リキュールを注ぎ、冷やしたプレーン・ソーダを満たして、軽くステアする。
◎フランスで人気のあるカクテルで、別名ポンピエ(Pompier 消防夫の意)。
◎カシス・リキュールをオレンジ・キュラソーに替えたベルモット・キュラソー(Vermouth & Curaçao)もよく知られている。

ウオッカ・アップル・ジュース
Vodka & Apple Juice

ウオッカ　　　　　　　　　45ml
アップル・ジュース　　　　適量

●氷を入れたタンブラーに注ぎ、ステアする。
◎スクリュードライバー(Screwdriver　p.247参照)のオレンジ・ジュースをアップル・ジュースに替えたもの。

ウイスキー・ミスト
Whisky Mist

ウイスキー　　　　　　　　60ml

●シェークして、オールドファッション・グラスに氷も一緒に入れ、レモン・ピールを絞りかける。ストローを添える。
◎グラスにクラッシュド・アイスを詰め、ウイスキーを注ぎ、ステアする処方もある。このカクテルは、ベースのウイスキーによってスコッチ・ミスト(Scotch Mist)、バーボン・ミスト(Bourbon Mist)などと呼ばれている。Mistは霧のことで、グラスの表面が霧でおおわれたように白くなることからきたネーミング。

ノン・アルコール・ドリンク
Non Alcoholic Drinks

Cocktail Recipes

　ノン・アルコール・ドリンクは、ソフト・ドリンク(Soft Drink)ともいい、アルコール分を含まない飲料全般のことだが、ここでは、パーティなどで飲まれるカクテルに似せてつくるミックス・ドリンクを指している。各種の果汁、シロップ、牛乳、卵などをミックスする。

シンデレラ
Cinderella

オレンジ・ジュース	1/3
レモン・ジュース	1/3
パイナップル・ジュース	1/3

●シェークして、カクテル・グラスに注ぐ。

フロリダ
Florida

オレンジ・ジュース	2/3
レモン・ジュース	1/3
砂糖	1tsp.
アンゴスチュラ・ビターズ	2dashes

●シェークして、カクテル・グラスに注ぐ。
◎アメリカの禁酒法時代に始まったカクテル。現在は、これにジンを加えた処方も見られる。

レモネード
Lemonade

レモン・ジュース	40ml
砂糖	3tsps.
水	適量

●大型タンブラーまたはゴブレットにレモン・ジュースと砂糖を入れて溶かす。氷を加えて、冷やした水を満たし、ステアする。レモン・スライスを飾り、ストローを添える。
◎オレンジエード(Orangeade)、ライムエード(Limeade)も同様の処方でつくる。

プレーリー・オイスター
Prairie Oyster

卵黄	1個分
ウスター・ソース	1tsp.
トマト・ケチャップ	1tsp.
ビネガー	2dashes
コショウ	1dash

●オールドファッションド・グラスに卵黄を崩さずに入れ、その上から他の材料を加える。卵黄を崩さないように一息に飲む。
◎いわゆるPik-Me-Upの一種。Prairie Oysterは、野原のカキ（牡蠣）の意で、卵を指す。

プッシーフット
Pussyfoot

オレンジ・ジュース	3/4
レモン・ジュース	1/4
グレナデン・シロップ	1tsp.
卵黄	1個分

●十分にシェークして、シャンパン・グラスまたは大型カクテル・グラスに注ぐ。
◎Pussyfootは、こっそり歩く、といった意味だが、カクテル名は、アメリカの禁酒運動家として知られるウイリアム・E・ジョンソンのあだ名に由来しているといわれる。

全国バーテンダー技能競技大会
総合優勝作品
世界大会 優勝作品

※レシピは当時のもので、材料中には現在は以前と味が変わっていたり、終売となった商品もあります。

全国バーテンダー技能競技大会 総合優勝作品（第14回～第42回）

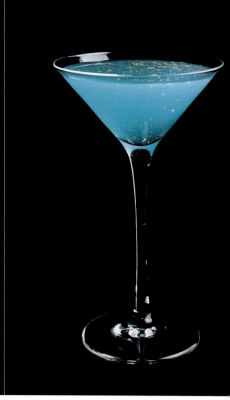

第14回優勝
ラブ・プロムナード（恋の散歩道）
山野井有三

カルバドス（ブラー・グラン・ソラージュ）	30ml
アップル・リキュール	
（デカイパー・オリジナル・アップルバレル）	10ml
チェリー・リキュール	
（ボルス・チェリー・ブランデー）	10ml
フレッシュ・オレンジ・ジュース	10ml
フレッシュ・レモン・ジュース	1tsp.

●シェークして、カクテル・グラスに注ぎ、マラスキーノ・チェリー、ミントの葉を飾る。

第15回優勝
フローラ・オブ・ゴールド
小川信行

ジン（ギルビー・サーウォルター）	20ml
アップル・リキュール	
（デカイパー・オリジナル・アップルバレル）	20ml
ピーチ・リキュール	
（デカイパー・オリジナル・ピーチツリー）	10ml
フレッシュ・ライム・ジュース	10ml
ブルー・キュラソー（ボルス・ブルー）	1tsp.
金箔	少々

●シェークして、カクテル・グラスに注ぐ。

第16回優勝
Falling Star（フォーリング・スター：流れ星）
保志雄一

ホワイト・ラム（バカルディ・ホワイト）	25ml
パイナップル・リキュール	
（オルデスローエ・アナナス）	15ml
フレッシュ・オレンジ・ジュース	10ml
フレッシュ・グレープフルーツ・ジュース	5ml
ブルー・キュラソー（ボルス・ブルー）	5ml

●シェークして、ブルー・キュラソーと塩でウェーブ・スタイルにして内側にレモン・ピールを貼り付けたカクテル・グラスに注ぐ。

第17回優勝
Rose Quearzt（ローズ・クォーツ：紅水晶）
片桐久司

ホワイト・テキーラ（マリアチ・ブランコ）	20ml
桜リキュール（ヘルメス・桜）	20ml
フレッシュ・グレープフルーツ・ジュース	20ml
フレッシュ・レモン・ジュース	1tsp.
ホワイト・キュラソー（コアントロー）	1dash

●シェークして、カクテル・グラスに注ぐ。

第18回優勝

Etrenne（エトレーヌ：贈り物）

酒向明浩

ウォッカ（サイレント・サム）	15ml
グリーン・バナナ・リキュール	
（ピサン・ガルーダ）	20ml
ミント・リキュール	
（ペパーミント・ジェット27）	10ml
生クリーム	15ml

●シェークして、リボンを結び付けたカクテル・グラスに注ぎ、小さな羽根、ミント・チェリーを飾る。

第19回優勝

Caprice des Dieux

（カプリス・デ・デュー：天使のいたずら）

菅沼昭仁

ホワイト・ラム（バカルディ・ホワイト）	20ml
シャンボール	20ml
ミント・リキュール	
（ペパーミント・ジェット31）	10ml
レッド・キュラソー	
（マリーブリザール・レッド・キュラソー）	1tsp.
生クリーム	10ml

●シェークして、カクテル・グラスに注ぎ、蘭の花、マラスキーノ・チェリーを飾る。

第 20 回優勝
紙風船
古川佳彦

ベルモット（チンザノ・ビアンコ）	15ml
アプリコット・リキュール	
（ボルス・アプリコット・ブランデー）	15ml
メロン・リキュール（ミドリ）	1tsp.
フレッシュ・グレープフルーツ・ジュース	30ml

●シェークして、ワイン・グラスに注ぎ、マラスキーノ・チェリー、レモン・ピールを飾る。

第 21 回優勝
Moulin Concerto
（ムーラン・コンセルト：風車の協奏曲）

岡部真理

ホワイト・ラム（バカルディ・ホワイト）	20ml
ピーチ・リキュール	
（オルデスローエ・フィルジッヒ）	20ml
乳酸菌飲料	10ml
ピーチ・ネクター	10ml
レッド・キュラソー	
（マリーブリザール・レッド・キュラソー）	1tsp.

●シェークして、シャンパン・グラスに注ぎ、レモン・ピール、ライム・ピールを飾る。

第22回優勝
MANEKINEKO(Lucky Charm)
横山和久

ウォッカ(スミノフ)	20ml
ココナッツ・パッション・リキュール	
(マリーブリザール・ココナッツ・パッション)	10ml
バナナ・リキュール	
(バジェス・クレーム・ド・バナーヌ)	10ml
フレッシュ・グレープフルーツ・ジュース	20ml
ブルー・キュラソー	
(バジェス・ブルー・キュラソー)	1tsp.

●シェークして、カクテル・グラスに注ぎ、枝付きマラスキーノ・チェリー、グレープフルーツ・ピールを飾る。

第23回優勝
La Rumeur (ラ・ルメール：噂)
大槻健二

ホワイト・テキーラ(エラドゥーラ・プラタ)	25ml
レモン・リキュール(檸檬酒)	15ml
パッションフルーツ・リキュール(パッソア)	10ml
バイオレット・リキュール	
(デカイパー・パルフェ・タムール)	10ml

●シェークして、カクテル・グラスに注ぎ、グリーン・オリーブ、ブラック・オリーブを沈める。

第 24 回優勝
プレシャスハート　大切な人へ…
佐藤千夏

ジン（ビーフィーター 40°）	25ml
パッションフルーツ・リキュール（パッソア）	15ml
ピーチ・リキュール	
（ルジェ・クレーム・ド・ペシェ）	10ml
グレープフルーツ・ジュース	10ml

● シェークして、カクテル・グラスに注ぎ、オレンジ・ピール、レモン・ピールを飾る。

第 25 回優勝
クリスタルブルー
永岡正光

ホワイト・ラム（ハバナクラブ・ホワイト）	15ml
チャールストン・ブルー	15ml
ピーチ・リキュール	
（パジェス・クレーム・ド・ペシェ）	15ml
フレッシュ・グレープフルーツ・ジュース	15ml

● シェークして、カクテル・グラスに注ぎ、ライム・ピール、マラスキーノ・チェリーを飾る。

第 26 回優勝
UNTOUCHABLE（アンタッチャブル）
小林清貴

アメリカン・ウィスキー	
（シーグラム・セブンクラウン）	20ml
ホワイト・ラム（バカルディ・ホワイト）	10ml
カシス・リキュール	
（フィリップ・ド・ブルゴーニュ・カシス）	10ml
フレッシュ・グレープフルーツ・ジュース	20ml
ブルー・キュラソー（ボルス・ブルー）	1tsp.

●シェークして、カクテル・グラスに注ぎ、レモン・ピール、ライム・ピールを飾る。

第 27 回優勝
ラストシーン
山本悌地

フレーバード・ラム（ロンリコ・スパイスド）	40ml
ベルモット（チンザノ・オランチョ）	10ml
チェリー・シロップ（モナン・チェリー）	10ml
フレッシュ・ライム・ジュース	1tsp.

●シェークして、カクテル・グラスに注ぎ、ライム・ピール、オレンジ・ピール、レモン・ピールを飾る。

第 28 回優勝
乙女撫子
林幸一

ウォッカ（スミノフ）	30ml
紫蘇リキュール（ドーバー・紫蘇）	10ml
クランベリー・シロップ（モナン・クランベリー）	10ml
フレッシュ・レモン・ジュース	10ml

● シェークして、カクテル・グラスに注ぎ、ベルローズ、パセリの茎、小梅、レモン・ピールを飾る。

第 29 回優勝
Polar Star（ポーラー・スター：北極星）
石垣忍

アクアビット（オールボー・タッフェル）	40ml
アップル・シロップ（モナン・グリーン・アップル）	10ml
フレッシュ・レモン・ジュース	10ml

● シェークして、カクテル・グラスに注ぎ、レモン・ピール、パイナップルの葉を飾り、レモン・ピールを絞りかける。

第 30 回優勝
Four Seasons (フォー・シーズンズ)
勝亦誠

ジン (タンカレー)	30ml
アップル・リキュール	
(ルジェ・グリーン・アップル)	20ml
フレッシュ・ライム・ジュース	10ml
ホワイト・キュラソー (コアントロー)	1tsp.

●シェークして、カクテル・グラスに注ぎ、ライム、オレンジ・ピール、パイナップルの葉を飾る。

第 31 回優勝
Spring Hill (スプリング・ヒル：春の丘)
水澤泰彦

ホワイト・ラム (バカルディ・ホワイト)	30ml
桜リキュール (ヘルメス・桜)	10ml
ペア・シロップ (モナン・洋梨)	10ml
フレッシュ・レモン・ジュース	10ml

●シェークして、カクテル・グラスに注ぎ、リンゴ、レモン・ピール、パイナップルの葉を飾る。

第 32 回優勝

Peacock（ピーコック：孔雀）
浅倉淳

ホワイト・ラム（バカルディ・ホワイト）	30ml
マンゴスチン・リキュール（マンゴスティーナ）	20ml
グレープ・ジュース	10ml
レモン・シロップ（モナン・レモン）	1tsp.

● シェークして、カクテル・グラスに注ぎ、レモン・ピール、ライム・ピール、オレンジ・ピール、リンゴの皮を飾る。

第 33 回優勝

Sundowner（サンダウナー：黄昏れ時）
小西広高

フレーバード・ジン（ブルームズバリー・レモン・フレーバー）	30ml
ジンジャー・リキュール（ストーンズ・ジンジャー・ワイン）	10ml
フレッシュ・グレープフルーツ・ジュース	15ml
クランベリー・シロップ（モナン・クランベリー）	5ml

● シェークして、カクテル・グラスに注ぎ、マラスキーノ・チェリー、ブラック・オリーブ、金箔、リンゴ、レモン・ピール、オレンジ・ピールを飾る。

第34回優勝
Last Dance(ラスト・ダンス)
井口法之

カルバドス (ブラー・グラン・ソラージュ)	20ml
ミント・リキュール	
（ペパーミント・ジェット27）	15ml
生クリーム	15ml
チェスナッツ・シロップ	
（モナン・チェスナッツ）	10ml

● シェークして、カクテル・グラスに注ぎ、リンゴの皮、レモン・ピール、ライム・ピール、グレープフルーツ・ピールを飾る。

第35回優勝
アプローズ(喝采)
湯本清美

フレーバード・ウォッカ	
（グレイグース・ル・オランジェ）	20ml
エックスレイテッド	20ml
ピーチ・リキュール	
（モーリン・クレーム・ド・ペシェ）	10ml
アーモンド・シロップ (モナン・アーモンド)	10ml
クランベリー・ジュース	10ml

● シェークして、カクテル・グラスに注ぎ、マラスキーノ・チェリー、オレンジ・ピール、グレープフルーツ・ピール、ライム・ピールを飾る。

第 36 回優勝
カンタービレ（歌うように）
田畑道崇

ジン（ゴードン47.3°）	30ml
パッションフルーツ・リキュール（パッソア）	20ml
アーモンド・シロップ（モナン・アーモンド）	10ml
フレッシュ・ライム・ジュース	10ml
スターフルーツ・リキュール（スターリー・バイ・ディタ）	1tsp.

● シェークして、カクテル・グラスに注ぎ、ライム・ピール、レモン・ピール、オレンジ・ピール、マラスキーノ・チェリーを飾る。

第 37 回優勝
Leon（レオン：獅子座）
山田高史

ホワイト・ラム（バカルディ・ホワイト）	30ml
パッションフルーツ・リキュール（キングストン・パッションフルーツ）	20ml
アマレット・シロップ（モナン・アマレット）	10ml
紫蘇リキュール（ドーバー・紫蘇）	5ml
フレッシュ・レモン・ジュース	5ml

● シェークして、カクテル・グラスに注ぎ、グレープフルーツ・ピール、ライム・ピール、レモン・ピール、オレンジ・ピール、ラディッシュを飾る。

第 38 回優勝
レッドカーペット
耳塚史泰

フレーバード・ジン （ブルームズブリー・オレンジ・フレーバー）	30ml
ストロベリー・リキュール （バジェス・クレーム・ド・フレーズ）	15ml
パッションフルーツ・リキュール （アリーゼ・レッド・パッション）	10ml
アマレット・シロップ（モナン・アマレット）	10ml
フレッシュ・レモン・ジュース	5ml

● シェークして、カクテル・グラスに注ぎ、ブラック・オリーブ、ライスペーパー、ベルローズ、デンファレを飾る。

第 39 回優勝
Pallone（パローネ：気球）
高橋直美

フレーバード・ウォッカ （グレイグース・ラ・ポワール）	30ml
ピーチ・リキュール（レジーナ・ホワイト・ピーチ）	10ml
アマレット・リキュール （ディサローノ・アマレット）	10ml
パッションフルーツ・シロップ （モナン・パッションフルーツ）	10ml
フレッシュ・レモン・ジュース	10ml

● シェークして、カクテル・グラスに注ぎ、レモン・ピール、ライム・ピール、グレープフルーツ・ピール、オレンジ・ピール、リンゴの皮を飾る。

第40回優勝
グロリアス（栄光なるさま）
松尾一磨

フレーバード・ウォッカ	
（アブソルート・ベリアサイ）	25ml
パッションフルーツ・リキュール	
（オルデスローエ・マラクーヤ）	20ml
アマレット・リキュール	
（ディサローノ・アマレット）	10ml
グレープフルーツ・シロップ	
（モナン・グレープフルーツ）	10ml
フレッシュ・レモン・ジュース	5ml

● シェークして、カクテル・グラスに注ぎ、ライム・ピール、グレープフルーツ・ピール、オレンジ・ピール、ラディッシュ、タイムを飾る。

第41回優勝
ボニータ
吉本武史

ホワイト・テキーラ（エラドゥーラ・ブラタ）	30ml
ピーチ・リキュール	
（ルジェ・クレーム・ド・ペシェ）	15ml
パッションフルーツ・リキュール（パッソア）	10ml
アマレット・シロップ（モナン・アマレット）	5ml
フレッシュ・ライム・ジュース	10ml

● シェークして、カクテル・グラスに注ぎ、ラディッシュ、ライム・ピール、レモン・ピール、オレンジ・ピールを飾る。

第 42 回優勝
Rise（ライズ：立ち上がる）
坪倉健児

ジン（ロンドン・ヒル）	35ml
メロン・リキュール（ミドリ）	15ml
パッションフルーツ・リキュール	
（キングストン・パッション）	10ml
アーモンド・シロップ（モナン・アーモンド）	5ml
フレッシュ・ライム・ジュース	5ml

●シェークして、カクテル・グラスに注ぎ、大根、ラディッシュ、オレンジ・ピール、グレープフルーツ・ピール、ライム・ピール、食用葉を飾る。

世界大会 優勝作品

第19回
インターナショナル・カクテル・コンペティション(1990年・メキシコシティ)
プレディナー部門優勝

Debutante（デビュタント）
森康成

ホワイト・テキーラ（クエルボ・クラシコ）	35ml
ピーチ・リキュール（デカイパー・オリジナル・ピーチツリー）	28ml
ミント・リキュール（キューゼニア・ホワイト・ミント）	7ml
フレッシュ・レモン・ジュース	1tsp.

●シェークして、カクテル・グラスに注ぎ、マラスキーノ・チェリーを沈める。

第 21 回
インターナショナル・カクテル・コンペティション (1996 年・東京)
アフターディナー部門優勝

Sweet Heart（スイート・ハート）
高貝年擴

バイオレット・リキュール（ボルス・パルフェ・タムール）	20ml
アマレット・リキュール（ディサローノ・アマレット）	15ml
バニラ・シロップ（モナン・バニラ）	15ml
生クリーム	15ml
レッド・キュラソー（マリーブリザール・レッド・キュラソー）	5ml

●バイオレット・リキュール、アマレット・リキュール、バニラ・シロップをシェークして、シナモンパウダーでスノー・スタイルにしたカクテル・グラスに注ぎ、さらに生クリームとレッド・キュラソーをシェークしてフロートさせる。レモン・ピール、マラスキーノ・チェリー、ミントの葉を飾る。

第 21 回
インターナショナル・カクテル・コンペティション（1996 年・東京）
ロングドリンク部門優勝

Milky Way（ミルキー・ウェイ）
岸久

ジン（ビーフィーター）	30ml
アマレット・リキュール（ディサローノ・アマレット）	30ml
ストロベリー・リキュール（グライツァー・ストロベリー）	10ml
ストロベリー・シロップ（モナン・ストロベリー）	15ml
パイナップル・ジュース	90ml

●パイナップル・ジュース以外の材料をシェークして、タンブラーに注ぎ、パイナップル・ジュースで満たす。リンゴ、レモン・ピール、リンゴの皮、パイナップルの葉を飾る。

第1回
ジャパンカップ（2001年・千葉）
グランプリ

SAKURA SAKURA（さくら さくら）
保志雄一

ジン（ゴードン47.3°）	35ml
ピーチ・リキュール（パジェス・クレーム・ド・ペシェ）	10ml
桜リキュール（ジャポネ・桜）	10ml
フレッシュ・レモン・ジュース	5ml

●シェークして、カクテル・グラスに注ぎ、マラスキーノ・チェリー、ライム・ピール、リンゴの皮、グレープフルーツ・ピールを飾る。

ワールド・カクテル・チャンピオンシップス (2011年・ポーランド)
Great Sunrise (グレート・サンライズ)
山田高史

フレーバード・ウォッカ (アブソルート・ベリアサイ)	30ml
ピーチ・リキュール (デカイパー・オリジナル・ピーチツリー)	10ml
パッションフルーツ・シロップ (モナン・パッションフルーツ・フルーツミックス)	15ml
グレープフルーツ・シロップ (モナン・グレープフルーツ)	10ml
マンゴー・ネクター (カライボス・マンゴー)	10ml
スパークリング・ウォーター (マットーニ)	15ml

●スパークリング・ウォーター以外の材料をシェークして、カクテル・グラスに注ぎ、スパークリング・ウォーターを注ぎ、ステアする。オレンジ・ピール、リンゴ、レモン・ピール、パイナップルの葉、マラスキーノ・チェリーを飾る。

ワールド・カクテル・チャンピオンシップス (2012年・北京)
Shining Bloom (シャイニングブルーム)
耳塚史泰

フレーバード・ウオッカ (グレイグース・ラ・ポワール)	20ml
オレンジ・キュラソー (グラン・マルニエ・コルドン・ルージュ)	20ml
ブルーベリー・リキュール (デカイパー・ブルーベリー)	10ml
ココナッツ・シロップ (ファブリ1905 ココナッツ)	15ml
クレームブリュレ・シロップ (モナン・クレームブリュレ)	10ml
生クリーム	15ml

●シェークして、カクテル・グラスに注ぎ、グレープフルーツ・ピール、オレンジ・ピール、パイナップルの葉、マラスキーノ・チェリーを飾る。

ワールド・カクテル・チャンピオンシップス（2013年・チェコ）
WISTERIA（ウィステリア）
高橋直美

ゴールド・ラム（ハバナクラブ3年）	40ml
マスカット・リキュール（パウァン・マスカット）	15ml
ドライ・ベルモット（マルティニ・エクストラ・ドライ）	10ml
オレンジ・キュラソー（グラン・マルニエ・コルドン・ルージュ）	5ml

●ステアして、カクテル・グラスに注ぎ、オレンジ・ピール、グレープフルーツ・ピール、リンゴの皮、パイナップルの葉を飾る。

IBA(国際バーテンダー協会)

　IBA(International Bartenders Association)は、1951年2月にイギリスを会場として、イギリス、デンマーク、フランス、イタリア、スウェーデン、スイスの6ヵ国の代表が集まり礎を築き、11月にオランダを入れた7ヵ国で設立した。一国一協会を原則とし、2022年1月現在、52の加盟国とオブザーバー(加盟希望国)5ヵ国が参加している。

　日本は、アジアでもっとも早い16番目の国として1962年に加盟した。

　IBAはヨーロッパ、アジア、オセアニア、北米、南米の5つの地域に分けられ、会長を中心に、財務、会長秘書を加えたメンバーで役員を構成している。IBAをサポートする各酒類メーカーをアソシエイト・メンバー(賛助会員)といい、年次総会、ワールド・カクテル・チャンピオンシップス(WCC)とワールド・フレアテンディング・チャンピオンシップス(WFC)を支えている。

索引

五十音順索引
アルファベット順索引
ベース別索引

五十音順索引

ア

- アースクェイク　Earthquake……………143
- アイ・オープナー　Eye Opener……………162
- アイスブレーカー　Icebreaker……………217
- アイディアル　Ideal……………146
- アイリッシュ・コーヒー　Irish Coffee……………212
- アイリッシュ・ブラックソーン　Irish Blackthorn……………118
- 青い珊瑚礁　Blue Coral Reef……………138
- アカシア　Acacia……………137
- アップ・トゥ・デイト　Up-To-Date……………124
- アップルジャック・カクテル　Applejack Cocktail……………130
- アディントン　Addington……………238
- アドニス　Adonis……………177
- アニゼット・カクテル　Anisette Cocktail……………141
- アビエイション　Aviation……………138
- アフィニティ　Affinity……………118
- アフター・ディナー　After Dinner……………170
- アブ・ジン・スキー　Ab-gin-sky……………143
- アプリコット・カクテル　Apricot Cocktail……………171
- アプリコット・クーラー　Apricot Cooler……………188
- アプリコット・サワー　Apricot Sour……………232
- アペタイザー　Appetizer……………138
- アメール・ピコン・ハイボール　Amer Picon Highball……………208
- アメリカーノ　Americano……………239
- アメリカン・ビューティー　American Beauty……………126
- アメリカン・レモネード　American Lemonade……………238
- アライズ　Allies……………149
- アラウンド・ザ・ワールド　Around The World……………138
- アラスカ　Alaska……………137
- アラバマ・フィズ　Alabama Fizz……………200
- アレキサンダー　Alexander……………126
- アレキサンダーズ・シスター　Alexander's Sister……………137
- アンバー・ドリーム　Amber Dream……………140
- アンバサダー　Ambassador……………238

イ

- イースト・インディア　East India……………132
- イースト・インディアン　East Indian……………132
- イエロー・ジン　Yellow Gin……………151
- イエロー・パロット　Yellow Parrot……………176

インク・ストリート　Ink Street……………121
イングリッシュ・ブラックソーン　English Blackthorn……………118
インペリアル・フィズ　Imperial Fizz……………200

ウ

ウイスキー・カクテル　Whisky Cocktail……………125
ウイスキー・クラスタ　Whisky Crusta……………192
ウイスキー・コブラー　Whisky Cobbler……………185
ウイスキー・コリンズ　Whisky Collins……………186
ウイスキー・サワー　Whisky Sour……………233
ウイスキー・スウィズル　Whisky Swizzle……………234
ウイスキー・スマッシュ　Whisky Smash……………230
ウイスキー・ソーダ　Whisky & Soda……………209
ウイスキー・デイジー　Whisky Daisy……………194
ウイスキー・トディー　Whisky Toddy……………235
ウイスキー・ハイボール　Whisky Highball……………209
ウイスキー・ブレイザー　Whisky Blazer……………128
ウイスキー・フロート　Whisky Float……………125
ウイスキー・ミスト　Whisky Mist……………249
ウイスキー・リッキー　Whisky Rickey……………226
ウィドウズ・ドリーム　Widow's Dream……………175
ウオッカ・アイスバーグ　Vodka Iceberg……………220
ウオッカ・アップル・ジュース　Vodka & Apple Juice……………249
ウオッカ・ギブソン　Vodka Gibson……………144
ウオッカ・ギムレット　Vodka Gimlet……………144
ウオッカ・スティンガー　Vodka Stinger……………136
ウオッカ・スリング　Vodka Sling……………228
ウオッカティーニ　Vodkatini……………148
ウオッカ・トニック　Vodka & Tonic……………243
ウオッカ・マティーニ　Vodka Martini……………148

エ

エッグ・サワー　Egg Sour……………232
エックス・ワイ・ジィ　X.Y.Z.……………167
エブリボディーズ・アイリッシュ　Everybody's Irish……………124
エメラルド　Emerald……………140
エルクス・オウン　Elk's Own……………120
エル・プレジデンテ　El Presidente……………162
エンジェルズ・ウィング　Angel's Wing……………171
エンジェルズ・キッス　Angel's Kiss……………170
エンジェルズ・ティップ　Angel's Tip……………170
エンジェル・フェイス　Angel Face……………137

オ

オールド・パル　Old Pal……………123
オールドファッションド　Old Fashioned……………218

279

オリエンタル　Oriental…………123
オリンピック　Olympic…………134
オレンジエード　Orangeade…………250
オレンジ・フィズ　Orange Fizz…………201
オレンジ・ブロッサム　Orange Blossom…………150

カ

カウボーイ　Cowboy…………215
カカオ・フィズ　Cacao Fizz…………200
カジノ　Casino…………142
カフェ・ド・パリ　Café de Paris…………141
カフェ・ロワイヤル　Café Royal…………210
カミカゼ　Kamikaze…………217
カリフォルニア・レモネード　California Lemonade…………241
カルーソー　Caruso…………141
カルバドス・カクテル　Calvados Cocktail…………129
カンガルー　Kangaroo…………148
カンパリ・オレンジ　Campari & Orange…………241
カンパリ・ソーダ　Campari & Soda…………208

キ

キール　Kir…………180
キール・アンペリアル　Kir Imperial…………180
キール・ロワイヤル　Kir Royal…………180
キッス・オブ・ファイヤー　Kiss of Fire…………158
ギブソン　Gibson…………144
ギムレット　Gimlet…………144
キャロル　Carrol…………130
キューバ・リバー　Cuba Libre…………209
キューバン・カクテル　Cuban Cocktail…………131
キルシュ・カシス　Kirsch & Cassis…………244
キング・アルフォンソ　King Alfonso…………173

ク

クイーン・エリザベス　Queen Elizabeth…………135、152
クイーンズ・カクテル　Queen's Cocktail…………152
クエーカーズ・カクテル　Quaker's Cocktail…………135
クォーター・デッキ　Quarter Deck…………166
クラシック　Classic…………131
グラスホッパー　Grasshopper…………172
クラリッジ　Claridge…………142
クラレット・コブラー　Claret Cobbler…………185
クラレット・サンガリー　Claret Sangaree…………227
クラレット・パンチ　Claret Punch…………224
グランド・スラム　Grand Slam…………172

	グリーン・アイズ　Green Eyes……………206
	グリーン・アラスカ　Green Alaska……………137
	グリーン・ティー・フィズ　Green Tea Fizz……………200
	グリーン・ルーム　Green Room……………179
	グレイハウンド　Greyhound……………219
	クローバー・クラブ　Clover Club……………143
	クローバー・リーフ　Clover Leaf……………143
	グロッグ　Grog……………210
	クロンダイク・カクテル　Klondike Cocktail……………189
	クロンダイク・クーラー　Klondike Cooler……………189
	クロンダイク・ハイボール　Klondike Highball……………189、209
ケ	ケー・オー・カクテル　K. O. Cocktail……………147
	ケーブルグラム　Cablegram……………241
	ゲーリック・コーヒー　Gaelic Coffee……………212
コ	コーヒー・カクテル　Coffee Cocktail……………178
	コープス・リバイバー　Corpse Reviver……………131
	コープス・リバイバーNO.2　Corpse Reviver NO.2……………131
	ゴールデン・キャデラック　Golden Cadillac……………172
	ゴールデン・グロー　Golden Glow……………140
	ゴールデン・スリッパー　Golden Slipper……………172
	ゴールデン・ドリーム　Golden Dream……………172
	ゴールデン・フィズ　Golden Fizz……………200
	コザック　Cossack……………157
	コスモポリタン　Cosmopolitan……………157
	ゴッドファーザー　God Father……………216
	ゴッドマザー　God Mother……………216
	コペンハーゲン　Copenhagen……………176
	コモドアー　Commodore……………119
	コロネーション　Coronation……………178、179
サ	サイドカー　Sidecar……………135
	ザザ　Zaza……………155
	サンジェルマン　St. Germain……………174
	サンティアゴ　Santiago……………166
	サンライズ　Sunrise……………249
シ	シェリー・コブラー　Sherry Cobbler……………185
	シェリー・サンガリー　Sherry Sangaree……………227
	シェリー・ツイスト　Sherry Twist……………181
	シェリー・フリップ　Sherry Flip……………203

項目	英語	ページ
シカゴ	Chicago	130
ジプシー	Gypsy	157
ジプシー・クイーン	Gypsy Queen	157
ジャーマン・コーヒー	German Coffee	212
ジャックター	Jack Tar	244
ジャック・ローズ	Jack Rose	133
シャディ・グローブ	Shady Grove	190
ジャマイカ・ジョー	Jamaica Joe	163
シャムロック	Shamrock	124
シャンゼリゼ	Champs-Élysées	130
シャンディー・ガフ	Shandy Gaff	237
シャンハイ	Shanghai	167
シャンパン・ア・ロランジュ	Champagne à l'Orange	180
シャンパン・カクテル	Champagne Cocktail	178
シャンパン・カップ	Champagne Cup	193
シャンパン・ジュレップ	Champagne Julep	213
シャンパン・パンチ	Champagne Punch	224
シャンパン・フィズ	Champagne Fizz	198
ジュエル	Jewel	140
ジョージア・ミント・ジュレップ	Georgia Mint Julep	213
ジョン・コリンズ	John Collins	186
シルク・ストッキングス	Silk Stockings	169
シルバー・ストリーク	Silver Streak	153
シルバー・フィズ	Silver Fizz	200
シルバー・ブレット	Silver Bullet	153
ジン・アンド・イット	Gin & It	145
ジン・アンド・フレンチ	Gin & French	145
ジン・イタリアン	Gin Italian	145
ジン・カクテル	Gin Cocktail	145
シンガポール・スリング	Singapore Sling	229
ジン・クラスタ	Gin Crusta	192
ジン・コブラー	Gin Cobbler	185
ジン・サワー	Gin Sour	233
ジン・ジュレップ	Gin Julep	214
ジン・スウィズル	Gin Swizzle	234
ジン・ズーム・カクテル	Gin Zoom Cocktail	136
ジン・スティンガー	Gin Stinger	136
ジン・スマッシュ	Gin Smash	230
ジン・スリング	Gin Sling	228
ジン・デイジー	Gin Daisy	194
シンデレラ	Cinderella	250
ジン・トニック	Gin & Tonic	243

ジン・バック　Gin Buck…………184
ジン・ビターズ　Gin & Bitters…………151
ジン・フィズ　Gin Fizz…………200
ジン・フィックス　Gin Fix…………197
ジン・ベル　Gin-Ver…………145
ジン・リッキー　Gin Rickey…………226

ス

スージー・テイラー　Susie Taylor…………184
ズーム・カクテル　Zoom Cocktail…………136
スィッセス　Suissesse…………174
スカンジナビアン・コーヒー　Scandinavian Coffee…………212
スクリュードライバー　Screwdriver…………247
スコーピオン　Scorpion…………246
スコッチ・キルト　Scotch Kilt…………124
スコッチ・ソーダ　Scotch & Soda…………209
スコッチ・バック　Scotch Buck…………184
スコッチ・ミスト　Scotch Mist…………249
スコティッシュ・ガーズ　Scottish Guards…………125
スター・カクテル　Star Cocktail…………133
スターズ・アンド・ストライプス　Stars & Stripes…………222
スティンガー　Stinger…………136
スティンガー・ロワイヤル　Stinger Royal…………136
ストーン・フェンス　Stone Fence…………248
ストロー・ハット　Straw Hat…………240
スノーボール　Snowball…………247
スパニッシュ・タウン　Spanish Town…………167
スプモーニ　Spumoni…………248
スプリッツァー　Spritzer…………248
スプリング・フィーリング　Spring Feeling…………153
スリー・ミラーズ　Three Millers…………136
スレッジ・ハンマー　Sledge Hammer…………159
スロー・ジン・カクテル　Sloe Gin Cocktail…………174
スロー・ジン・フィズ　Sloe Gin Fizz…………200
スロー・テキーラ　Sloe Tequila…………219

セ

セプテンバー・モーン　September Morn…………167
セブンス・ヘブン　Seventh Heaven…………152

ソ

ソウル・キス　Soul Kiss…………181、182
ソノラ　Sonora…………167
ソルティ・ドッグ　Salty Dog…………219

タ

ダービー・フィズ　Derby Fizz……………198
ダイキリ　Daiquiri………162
タワーリシチ　Tovarisch………159
タンゴ　Tango………153

チ

チェリー・ブロッサム　Cherry Blossom………130
チチ　Chi Chi…………242
チャーチル　Churchill…………119
チャールストン　Charleston…………142
チャイナ・ブルー　China Blue………215
チャイニーズ　Chinese…………161

ツ

ツァリーヌ　Czarine………157

テ

デービス　Davis………179
テールレス・ドッグ　Tailless Dog………219
ティー・エヌ・ティー　T.N.T.…………243
ディキ・ディキ　Diki Diki………132
テキーニ　Tequini…………148
テキーラ・サワー　Tequila Sour…………233
テキーラ・サンセット　Tequila Sunset………207
テキーラ・サンライズ　Tequila Sunrise………248
テキーラ・トニック　Tequila & Tonic…………243
テキーラ・マティーニ　Tequila Martini…………148
テキサス・フィズ　Texas Fizz…………202
テコニック　Tequonic……………243
デザート・ヒーラー　Desert Healer…………242
デニッシュ・メアリー　Danish Mary………242
デプス・ボム　Depth Bomb…………132
デュボネ・カクテル　Dubonnet Cocktail…………179
デュボネ・フィズ　Dubonnet Fizz………199
デュボネ・マンハッタン　Dubonnet Manhattan…………179

ト

ドッグズ・ノーズ　Dog's Nose………236
トム・アンド・ジェリー　Tom & Jerry………212
トム・コリンズ　Tom Collins…………187
ドリーム　Dream………132
トリニティ　Trinity…………149
トロピカル　Tropical…………182

ナ

ナイトキャップ　Nightcap…………134
ナップ・フラッペ　Nap Frappé…………204

ニ
- ニコラシカ　Nikolaschka……………134
- ニッカーボッカー・カクテル　Knickerbocker Cocktail……………163
- ニッカーボッカー・スペシャル　Knickerbocker Special……………163
- ニューヨーク　New York……………123

ネ
- ネイキッド・レディ　Naked Lady……………164
- ネグローニ　Negroni……………217
- ネバダ　Nevada……………165

ノ
- ノックアウト　Knock Out……………147
- ノルマンディー・コーヒー　Normandy Coffee……………212

ハ
- バーガンディー・コブラー　Burgundy Cobbler……………185
- バージン　Virgin……………145
- バーテンダー　Bartender……………139
- ハーバード　Harvard……………133
- ハーバード・クーラー　Harvard Cooler……………188
- バーバラ　Barbara……………156
- パーフェクト・マティーニ　Perfect Martini……………149
- パーフェクト・マンハッタン　Perfect Manhattan……………122
- ハーベイ・ウォールバンガー　Harvey Wallbanger……………243
- バーボン・ソーダ　Bourbon & Soda……………209
- バーボン・ハイボール　Bourbon Highball……………209
- バーボン・バック　Bourbon Buck……………184
- バーボン・ミスト　Bourbon Mist……………249
- バイオレット・フィズ　Violet Fizz……………200
- パイナップル・フィズ　Pineapple Fizz……………201
- ハイランド・クーラー　Highland Cooler……………189
- バカルディ・カクテル　Bacardi Cocktail……………161
- バックス・フィズ　Bucks Fizz……………180、198
- ハニーサックル　Honeysuckle……………163
- ハネムーン　Honeymoon……………133
- パラダイス　Paradise……………150
- バラライカ　Balalaika……………156
- ハリケーン　Hurricane……………120
- パリジャン　Parisian……………150
- パリジャン・ブロンド　Parisian Blonde……………166
- バレンシア　Valencia……………175
- バロン　Baron……………139
- ハワイアン　Hawaiian……………145
- ハンター　Hunter……………120
- バンブー　Bamboo……………177

ヒ

- ビア・スプリッツァー　Beer Spritzer……………236
- ビー・アンド・シー　B & C……………127
- ビー・アンド・ビー　B & B……………127
- ビーズ・ニーズ　Bee's Knees……………139
- ピコン・カクテル　Picon Cocktail……………173
- ビジュー　Bijou……………140
- ビトウィーン・ザ・シーツ　Between the Sheets……………127
- ピニャ・コラーダ　Piña Colada……………246
- ピムズ・カップ　Pimm's Cup……………193
- ビューティー・スポット　Beauty Spot……………139
- ピンク・ジン　Pink Gin……………151
- ピンク・スクァーレル　Pink Squirrel……………174
- ピンク・レディ　Pink Lady……………151
- ピンポン　Ping Pong……………173

フ

- ファーマーズ・ドーター　Farmer's Daughter……………133
- ファーマーズ・ワイフ　Farmer's Wife……………133
- ファジー・ネーブル　Fuzzy Navel……………243
- フィフス・アベニュー　Fifth Avenue……………221
- フーラ・フーラ　Houla Houla……………146
- フォールン・エンジェル　Fallen Angel……………143
- ブザム・カレッサー　Bosom Caresser……………128
- プッシーフット　Pussyfoot……………251
- プラチナ・ブロンド　Platinum Blonde……………165
- ブラックソーン　Blackthorn……………118
- ブラック・ベルベット　Black Velvet……………236
- ブラック・ルシアン　Black Russian……………215
- ブラッディ・サム　Bloody Sam……………240
- ブラッディ・シーザー　Bloody Caesar……………240
- ブラッディ・ブル　Bloody Bull……………239
- ブラッディ・メアリー　Bloody Mary……………240
- ブラッド・アンド・サンド　Blood & Sand……………118
- プランターズ・カクテル　Planter's Cocktail……………165
- プランターズ・パンチ　Planter's Punch……………225
- ブランデー・エッグ・ノッグ　Brandy Egg Nogg……………195
- ブランデー・カクテル　Brandy Cocktail……………129
- ブランデー・クラスタ　Brandy Crusta……………192
- ブランデー・コブラー　Brandy Cobbler……………185
- ブランデー・サワー　Brandy Sour……………233
- プランテーション　Plantation……………165
- ブランデー・スウィズル　Brandy Swizzle……………234
- ブランデー・スカッファ　Brandy Scaffa……………129

ブランデー・スマッシュ　Brandy Smash……………230
ブランデー・スリング　Brandy Sling……………228
ブランデー・デイジー　Brandy Daisy……………194
ブランデー・バック　Brandy Buck……………184
ブランデー・パンチ　Brandy Punch……………223
ブランデー・フィズ　Brandy Fizz……………200
ブランデー・フィックス　Brandy Fix……………197
ブランデー・フリップ　Brandy Flip……………203
ブランデー・ブレイザー　Brandy Blazer……………128
ブランデー・ミルク・パンチ　Brandy Milk Punch……………223
プリンストン　Princeton……………152
プリンセス・メリー　Princess Mary……………151
ブルー・ハワイ　Blue Hawaii……………240
ブルー・ハワイアン　Blue Hawaiian……………240
ブルー・マルガリータ　Blue Margarita……………169
ブルー・ラグーン　Blue Lagoon……………156
ブルー・レディ　Blue Lady……………171
ブル・ショット　Bull Shot……………241
ブルックリン　Brooklyn……………119
ブルドッグ　Bulldog……………171、219
ブルドッグ・ハイボール　Bulldog Highball……………171
フルハウス　Full House……………162
ブレイブ・ブル　Brave Bull……………215
プレーリー・オイスター　Prairie Oyster……………251
ブレックファースト・エッグ・ノッグ　Breakfast Egg Nogg……………196
プレジデント　President……………162
フレンチ・コネクション　French Connection……………216
フレンチ95　French 95……………199
フレンチ75　French 75……………199
フレンチ125　French 125……………199
フローズン・ストロベリー・マルガリータ　Frozen Strawberry Margarita……………206
フローズン・ダイキリ　Frozen Daiquiri……………205
フローズン・マルガリータ　Frozen Margarita……………206
ブロードウェイ・サースト　Broadway Thirst……………168
ブロック・アンド・フォール　Block & Fall……………127
フロリダ　Florida……………250
ブロンクス　Bronx……………140
ブロンクス・ゴールデン　Bronx Golden……………140
ブロンクス・シルバー　Bronx Silver……………141
ブロンクス・テラス　Bronx Terrace……………141
ブロンクス・ドライ　Bronx Dry……………140

ヘ

- ヘアー・オブ・ザ・ドッグ　Hair of the Dog……120
- ヘミングウェイ・スペシャル　Hemingway Special……163
- ベリーニ　Bellini……177
- ベル・ジン　Ver-Gin……145
- ベルベット・ハンマー　Velvet Hammer……175
- ベルモット・カクテル　Vermouth Cocktail……182
- ベルモット・カシス　Vermouth & Casis……249
- ベルモット・キュラソー　Vermouth & Curaçao……249
- ベルモット・ハーフ・アンド・ハーフ　Vermouth Half & Half……238

ホ

- ポーカー　Poker……164
- ホーセズ・ネック（ブランデー）　Horse's Neck (Brandy)……244
- ポート・フリップ　Port Flip……203
- ポート・ワイン・コブラー　Port Wine Cobbler……185
- ポート・ワイン・サンガリー　Port Wine Sangaree……227
- ポーラー・ショート・カット　Polar Short Cut……166
- ホール・イン・ワン　Hole in One……120
- ボストン・クーラー　Boston Cooler……188
- ボストン・フリップ　Boston Flip……203
- ホット・ウイスキー・トディー　Hot Whisky Toddy……235
- ホット・エッグ・ノッグ　Hot Egg Nogg……212
- ホット・ジン・スリング　Hot Gin Sling……228
- ホット・バタード・ラム　Hot Buttered Rum……211
- ホット・バタード・ラム・カウ　Hot Buttered Rum Cow……211
- ホット・ブランデー・エッグ・ノッグ　Hot Brandy Egg Nogg……211
- ホット・ブランデー・トディー　Hot Brandy Toddy……235
- ホノルル　Honolulu……146
- ボビー・バーンズ　Bobby Burns……119
- ボルガ　Volga……159
- ボルガ・ボートマン　Volga Boatman……159
- ボルチモア・エッグ・ノッグ　Baltimore Egg Nogg……195
- ホワイト・ウィングス　White Wings……136
- ホワイト・ウェイ　White Way……136
- ホワイト・カーゴ　White Cargo……153
- ホワイト・サテン　White Satin……175
- ホワイト・スパイダー　White Spider……136
- ホワイト・リリー　White Lily……154
- ホワイト・ルシアン　White Russian……220
- ホワイト・レディ　White Lady……154
- ホワイト・ローズ　White Rose……154
- ポンピエ　Pompier……249
- ボンベイ　Bombay……128

マ

マイアミ　Miami……………164
マイアミ・ビーチ　Miami Beach……………164
マイタイ　Mai Tai……………245
マウンテン　Mountain……………122
マウント・フジ　Mt. Fuji……………181
マグノリア・ブロッサム　Magnolia Blossom……………147
マタドール　Matador……………217
マティーニ　Martini……………148
マティーニ（エキストラ・ドライ）　Martini (Extra Dry)……………148
マティーニ（オン・ザ・ロック）　Martini (On The Rock)……………149
マティーニ（スイート）　Martini (Sweet)……………149
マティーニ（ドライ）　Martini (Dry)……………148
マティーニ（ミディアム）　Martini (Medium)……………149
マデイラ・サンガリー　Madeira Sangaree……………227
マミーズ・サザン・シスター　Mamie's Southern Sister……………184
マミーズ・シスター　Mamie's Sister……………184
マミー・テイラー　Mamie Taylor……………184
マルガリータ　Margarita……………168
マンハッタン　Manhattan……………121
マンハッタン（ドライ）　Manhattan (Dry)……………122
マンハッタン（ミディアム）　Manhattan (Medium)……………122

ミ

ミモザ　Mimosa……………180
ミリオネア　Millionaire……………164、165
ミリオン・ダラー　Million Dollar……………150
ミント・クーラー　Mint Cooler……………189
ミント・ジュレップ　Mint Julep……………214
ミント・ビア　Mint Beer……………236
ミント・フラッペ　Mint Frappé……………204

ム

ムーン・ライト　Moon Light……………133

メ

メアリー・ピックフォード　Mary Pickford……………164
メキシカン　Mexican……………169
メリー・ウィドウ　Merry Widow……………173

モ

モーニング・カクテル　Morning Cocktail……………134
モーニング・グローリー・フィズ　Morning Glory Fizz……………201
モスコ・ミュール　Moscow Mule……………190
モッキンバード　Mockingbird……………169
モヒート　Mojito……………231
モンクス・コーヒー　Monks' Coffee……………212

	モンテカルロ　Monte Carlo……………122
ヤ	ヤング・マン　Young Man……………136
ユ	雪国　Yukiguni……………160
	ユニオン・ジャック　Union Jack……………153、222
ヨ	ヨコハマ　Yokohama……………154
ラ	ライ・ハイボール　Rye Highball……………209
	ライムエード　Limeade……………250
	ラスティ・ネイル　Rusty Nail……………219
	ラッフルズ・スリング　Raffles Sling……………229
	ラム・クーラー　Rum Cooler……………190
	ラム・クラスタ　Rum Crusta……………192
	ラム・コブラー　Rum Cobbler……………185
	ラム・コリンズ　Rum Collins……………187
	ラム・サワー　Rum Sour……………233
	ラム・ジュレップ　Rum Julep……………214
	ラム・スウィズル　Rum Swizzle……………234
	ラム・スマッシュ　Rum Smash……………230
	ラム・デイジー　Rum Daisy……………194
	ラム・トニック　Rum & Tonic……………243
	ラム・バック　Rum Buck……………184
	ラム・フィズ　Rum Fizz……………200
リ	リトル・プリンセス　Little Princess……………164
ル	ルシアン　Russian……………158
	ルシアン・ベア　Russian Bear……………156、158
	ルビー・フィズ　Ruby Fizz……………201
レ	レインボー　Rainbow……………221
	レッド・アイ　Red Eye……………237
	レッド・バード　Red Bird……………237
	レッド・バイキング　Red Viking……………218
	レディーズ・カクテル　Ladies' Cocktail……………121
	レディ・キラー　Lady Killer……………247
	レブヒート　Rebujito……………246
	レモネード　Lemonade……………250

ロ

ローズ　Rose……………181
ロード・ランナー　Road Runner……………158
ロイヤル・クローバー・クラブ　Royal Clover Club……………143
ロイヤル・コーヒー　Royal Coffee……………212
ロイヤル・フィズ　Royal Fizz……………200
ロサンゼルス　Los Angeles……………121
ロブ・ロイ　Rob Roy……………123
ロベルタ　Roberta……………158
ロング・アイランド・アイス・ティー　Long Island Iced Tea……………245
ロンドン・バック　London Buck……………184

ワ

ワード・エイト　Ward Eight……………125
ワード・カクテル　Ward Cocktail……………125
ワイン・クーラー　Wine Cooler……………191
ワイン・コブラー　Wine Cobbler……………185

アルファベット順索引

A

Ab-gin-sky　アブ・ジン・スキー……143
Acacia　アカシア……137
Addington　アディントン……238
Adonis　アドニス……177
Affinity　アフィニティ……118
After Dinner　アフター・ディナー……170
Alabama Fizz　アラバマ・フィズ……200
Alaska　アラスカ……137
Alexander　アレキサンダー……126
Alexander's Sister　アレキサンダーズ・シスター……137
Allies　アライズ……149
Ambassador　アンバサダー……238
Amber Dream　アンバー・ドリーム……140
American Beauty　アメリカン・ビューティー……126
American Lemonade　アメリカン・レモネード……238
Americano　アメリカーノ……239
Amer Picon Highball　アメール・ピコン・ハイボール……208
Angel Face　エンジェル・フェイス……137
Angel's Kiss　エンジェルズ・キッス……170
Angel's Tip　エンジェルズ・ティップ……170
Angel's Wing　エンジェルズ・ウィング……171
Anisette Cocktail　アニゼット・カクテル……141
Appetizer　アペタイザー……138
Applejack Cocktail　アップルジャック・カクテル……130
Apricot Cocktail　アプリコット・カクテル……171
Apricot Cooler　アプリコット・クーラー……188
Apricot Sour　アプリコット・サワー……232
Around The World　アラウンド・ザ・ワールド……138
Aviation　アビエイション……138

B

Bacardi Cocktail　バカルディ・カクテル……161
Balalaika　バラライカ……156
Baltimore Egg Nogg　ボルチモア・エッグ・ノッグ……195
Bamboo　バンブー……177
B & B　ビー・アンド・ビー……127
B & C　ビー・アンド・シー……127
Barbara　バーバラ……156
Baron　バロン……139
Bartender　バーテンダー……139

Beauty Spot　ビューティー・スポット……………139
Beer Spritzer　ビア・スプリッツァー……………236
Bee's Knees　ビーズ・ニーズ……………139
Bellini　ベリーニ……………177
Between the Sheets　ビトウィーン・ザ・シーツ……………127
Bijou　ビジュー……………140
Black Russian　ブラック・ルシアン……………215
Blackthorn　ブラックソーン……………118
Black Velvet　ブラック・ベルベット……………236
Block & Fall　ブロック・アンド・フォール……………127
Blood & Sand　ブラッド・アンド・サンド……………118
Bloody Bull　ブラッディ・ブル……………239
Bloody Caesar　ブラッディ・シーザー……………240
Bloody Mary　ブラッディ・メアリー……………240
Bloody Sam　ブラッディ・サム……………240
Blue Coral Reef　青い珊瑚礁……………138
Blue Hawaii　ブルー・ハワイ……………240
Blue Hawaiian　ブルー・ハワイアン……………240
Blue Lady　ブルー・レディ……………171
Blue Lagoon　ブルー・ラグーン……………156
Blue Margarita　ブルー・マルガリータ……………169
Bobby Burns　ボビー・バーンズ……………119
Bombay　ボンベイ……………128
Bosom Caresser　ブザム・カレッサー……………128
Boston Cooler　ボストン・クーラー……………188
Boston Flip　ボストン・フリップ……………203
Bourbon & Soda　バーボン・ソーダ……………209
Bourbon Buck　バーボン・バック……………184
Bourbon Highball　バーボン・ハイボール……………209
Bourbon Mist　バーボン・ミスト……………249
Brandy Blazer　ブランデー・ブレイザー……………128
Brandy Buck　ブランデー・バック……………184
Brandy Cobbler　ブランデー・コブラー……………185
Brandy Cocktail　ブランデー・カクテル……………129
Brandy Crusta　ブランデー・クラスタ……………192
Brandy Daisy　ブランデー・デイジー……………194
Brandy Egg Nogg　ブランデー・エッグ・ノッグ……………195
Brandy Fix　ブランデー・フィックス……………197
Brandy Fizz　ブランデー・フィズ……………200
Brandy Flip　ブランデー・フリップ……………203
Brandy Milk Punch　ブランデー・ミルク・パンチ……………223
Brandy Punch　ブランデー・パンチ……………223
Brandy Scaffa　ブランデー・スカッファ……………129

Brandy Sling　ブランデー・スリング……228
Brandy Smash　ブランデー・スマッシュ……230
Brandy Sour　ブランデー・サワー……233
Brandy Swizzle　ブランデー・スウィズル……234
Brave Bull　ブレイブ・ブル……215
Breakfast Egg Nogg　ブレックファースト・エッグ・ノッグ……196
Broadway Thirst　ブロードウェイ・サースト……168
Bronx　ブロンクス……140
Bronx Dry　ブロンクス・ドライ……140
Bronx Golden　ブロンクス・ゴールデン……140
Bronx Silver　ブロンクス・シルバー……141
Bronx Terrace　ブロンクス・テラス……141
Brooklyn　ブルックリン……119
Bucks Fizz　バックス・フィズ……180、198
Bull Shot　ブル・ショット……241
Bulldog　ブルドッグ……171、219
Bulldog Highball　ブルドッグ・ハイボール……171
Burgundy Cobbler　バーガンディー・コブラー……185

C

Cablegram　ケーブルグラム……241
Cacao Fizz　カカオ・フィズ……200
Café de Paris　カフェ・ド・パリ……141
Café Royal　カフェ・ロワイヤル……210
California Lemonade　カリフォルニア・レモネード……241
Calvados Cocktail　カルバドス・カクテル……129
Campari & Orange　カンパリ・オレンジ……241
Campari & Soda　カンパリ・ソーダ……208
Carrol　キャロル……130
Caruso　カルーソー……141
Casino　カジノ……142
Champagne à l'Orange　シャンパン・ア・ロランジュ……180
Champagne Cocktail　シャンパン・カクテル……178
Champagne Cup　シャンパン・カップ……193
Champagne Fizz　シャンパン・フィズ……198
Champagne Julep　シャンパン・ジュレップ……213
Champagne Punch　シャンパン・パンチ……224
Champs-Élysées　シャンゼリゼ……130
Charleston　チャールストン……142
Cherry Blossom　チェリー・ブロッサム……130
Chicago　シカゴ……130
Chi Chi　チチ……242
China Blue　チャイナ・ブルー……215
Chinese　チャイニーズ……161

Churchill　チャーチル…………119
Cinderella　シンデレラ…………250
Claret Cobbler　クラレット・コブラー…………185
Claret Punch　クラレット・パンチ…………224
Claret Sangaree　クラレット・サンガリー…………227
Claridge　クラリッジ…………142
Classic　クラシック…………131
Clover Club　クローバー・クラブ…………143
Clover Leaf　クローバー・リーフ…………143
Coffee Cocktail　コーヒー・カクテル…………178
Commodore　コモドアー…………119
Copenhagen　コペンハーゲン…………176
Coronation　コロネーション…………178、179
Corpse Reviver　コープス・リバイバー…………131
Corpse Reviver NO.2　コープス・リバイバーNO.2…………131
Cosmopolitan　コスモポリタン…………157
Cossack　コザック…………157
Cowboy　カウボーイ…………215
Cuba Libre　キューバ・リバー…………209
Cuban Cocktail　キューバン・カクテル…………131
Czarine　ツァリーヌ…………157

D

Daiquiri　ダイキリ…………162
Danish Mary　デニッシュ・メアリー…………242
Davis　デービス…………179
Depth Bomb　デプス・ボム…………132
Derby Fizz　ダービー・フィズ…………198
Desert Healer　デザート・ヒーラー…………242
Diki Diki　ディキ・ディキ…………132
Dog's Nose　ドッグズ・ノーズ…………236
Dream　ドリーム…………132
Dubonnet Cocktail　デュボネ・カクテル…………179
Dubonnet Fizz　デュボネ・フィズ…………199
Dubonnet Manhattan　デュボネ・マンハッタン…………179

E

Earthquake　アースクエイク…………143
East India　イースト・インディア…………132
East Indian　イースト・インディアン…………132
Egg Sour　エッグ・サワー…………232
Elk's Own　エルクス・オウン…………120
El Presidente　エル・プレジデンテ…………162
Emerald　エメラルド…………140
English Blackthorn　イングリッシュ・ブラックソーン…………118

Everybody's Irish　エブリボディーズ・アイリッシュ……………124
Eye Opener　アイ・オープナー……………162

F

Fallen Angel　フォールン・エンジェル……………143
Farmer's Daughter　ファーマーズ・ドーター……………133
Farmer's Wife　ファーマーズ・ワイフ……………133
Fifth Avenue　フィフス・アベニュー……………221
Florida　フロリダ……………250
French Connection　フレンチ・コネクション……………216
French 95　フレンチ95……………199
French 125　フレンチ125……………199
French 75　フレンチ75……………199
Frozen Daiquiri　フローズン・ダイキリ……………205
Frozen Margarita　フローズン・マルガリータ……………206
Frozen Strawberry Margarita　フローズン・ストロベリー・マルガリータ……………206
Full House　フルハウス……………162
Fuzzy Navel　ファジー・ネーブル……………243

G

Gaelic Coffee　ゲーリック・コーヒー……………212
Georgia Mint Julep　ジョージア・ミント・ジュレップ……………213
German Coffee　ジャーマン・コーヒー……………212
Gibson　ギブソン……………144
Gimlet　ギムレット……………144
Gin & Bitters　ジン・ビターズ……………151
Gin & French　ジン・アンド・フレンチ……………145
Gin & It　ジン・アンド・イット……………145
Gin & Tonic　ジン・トニック……………243
Gin Buck　ジン・バック……………184
Gin Cobbler　ジン・コブラー……………185
Gin Cocktail　ジン・カクテル……………145
Gin Crusta　ジン・クラスタ……………192
Gin Daisy　ジン・デイジー……………194
Gin Fix　ジン・フィックス……………197
Gin Fizz　ジン・フィズ……………200
Gin Italian　ジン・イタリアン……………145
Gin Julep　ジン・ジュレップ……………214
Gin Rickey　ジン・リッキー……………226
Gin Sling　ジン・スリング……………228
Gin Smash　ジン・スマッシュ……………230
Gin Sour　ジン・サワー……………233
Gin Stinger　ジン・スティンガー……………136
Gin Swizzle　ジン・スウィズル……………234
Gin-Ver　ジン・ベル……………145

Gin Zoom Cocktail　ジン・ズーム・カクテル……………136
God Father　ゴッドファーザー……………216
God Mother　ゴッドマザー……………216
Golden Cadillac　ゴールデン・キャデラック……………172
Golden Dream　ゴールデン・ドリーム……………172
Golden Fizz　ゴールデン・フィズ……………200
Golden Glow　ゴールデン・グロー……………140
Golden Slipper　ゴールデン・スリッパー……………172
Grand Slam　グランド・スラム……………172
Grasshopper　グラスホッパー……………172
Green Alaska　グリーン・アラスカ……………137
Green Eyes　グリーン・アイズ……………206
Green Room　グリーン・ルーム……………179
Green Tea Fizz　グリーン・ティー・フィズ……………200
Greyhound　グレイハウンド……………219
Grog　グロッグ……………210
Gypsy　ジプシー……………157
Gypsy Queen　ジプシー・クイーン……………157

H

Hair of the Dog　ヘアー・オブ・ザ・ドッグ……………120
Harvard　ハーバード……………133
Harvard Cooler　ハーバード・クーラー……………188
Harvey Wallbanger　ハーベイ・ウォールバンガー……………243
Hawaiian　ハワイアン……………145
Hemingway Special　ヘミングウェイ・スペシャル……………163
Highland Cooler　ハイランド・クーラー……………189
Hole in One　ホール・イン・ワン……………120
Honeymoon　ハネムーン……………133
Honeysuckle　ハニーサックル……………163
Honolulu　ホノルル……………146
Horse's Neck (Brandy)　ホーセズ・ネック（ブランデー）……………244
Hot Brandy Egg Nogg　ホット・ブランデー・エッグ・ノッグ……………211
Hot Brandy Toddy　ホット・ブランデー・トディー……………235
Hot Buttered Rum　ホット・バタード・ラム……………211
Hot Buttered Rum Cow　ホット・バタード・ラム・カウ……………211
Hot Egg Nogg　ホット・エッグ・ノッグ……………212
Hot Gin Sling　ホット・ジン・スリング……………228
Hot Whisky Toddy　ホット・ウイスキー・トディー……………235
Houla Houla　フーラ・フーラ……………146
Hunter　ハンター……………120
Hurricane　ハリケーン……………120

I

Icebreaker　アイスブレーカー……………217
Ideal　アイディアル……………146
Imperial Fizz　インペリアル・フィズ……………200
Ink Street　インク・ストリート……………121
Irish Blackthorn　アイリッシュ・ブラックソーン……………118
Irish Coffee　アイリッシュ・コーヒー……………212

J

Jack Rose　ジャック・ローズ……………133
Jack Tar　ジャックター……………244
Jamaica Joe　ジャマイカ・ジョー……………163
Jewel　ジュエル……………140
John Collins　ジョン・コリンズ……………186

K

Kamikaze　カミカゼ……………217
Kangaroo　カンガルー……………148
King Alfonso　キング・アルフォンソ……………173
Kir　キール……………180
Kir Imperial　キール・アンペリアル……………180
Kir Royal　キール・ロワイヤル……………180
Kirsch & Cassis　キルシュ・カシス……………244
Kiss of Fire　キッス・オブ・ファイヤー……………158
Klondike Cocktail　クロンダイク・カクテル……………189
Klondike Cooler　クロンダイク・クーラー……………189
Klondike Highball　クロンダイク・ハイボール……………189、209
Knickerbocker Cocktail　ニッカーボッカー・カクテル……………163
Knickerbocker Special　ニッカーボッカー・スペシャル……………163
Knock Out　ノックアウト……………147
K. O. Cocktail　ケー・オー・カクテル……………147

L

Ladies' Cocktail　レディーズ・カクテル……………121
Lady Killer　レディ・キラー……………247
Lemonade　レモネード……………250
Limeade　ライムエード……………250
Little Princess　リトル・プリンセス……………164
London Buck　ロンドン・バック……………184
Long Island Iced Tea　ロング・アイランド・アイス・ティー……………245
Los Angeles　ロサンゼルス……………121

M

Madeira Sangaree　マデイラ・サンガリー……………227
Magnolia Blossom　マグノリア・ブロッサム……………147
Mai Tai　マイタイ……………245
Mamie's Sister　マミーズ・シスター……………184
Mamie's Southern Sister　マミーズ・サザン・シスター……………184

Mamie Taylor　マミー・テイラー……………184
Manhattan　マンハッタン……………121
Manhattan (Dry)　マンハッタン(ドライ)……………122
Manhattan (Medium)　マンハッタン(ミディアム)……………122
Margarita　マルガリータ……………168
Martini　マティーニ……………148
Martini (Dry)　マティーニ(ドライ)……………148
Martini (Extra Dry)　マティーニ(エキストラ・ドライ)……………148
Martini (Medium)　マティーニ(ミディアム)……………149
Martini (On The Rock)　マティーニ(オン・ザ・ロック)……………149
Martini (Sweet)　マティーニ(スイート)……………149
Mary Pickford　メアリー・ピックフォード……………164
Matador　マタドール……………217
Merry Widow　メリー・ウィドウ……………173
Mexican　メキシカン……………169
Miami　マイアミ……………164
Miami Beach　マイアミ・ビーチ……………164
Millionaire　ミリオネア……………164、165
Million Dollar　ミリオン・ダラー……………150
Mimosa　ミモザ……………180
Mint Beer　ミント・ビア……………236
Mint Cooler　ミント・クーラー……………189
Mint Frappé　ミント・フラッペ……………204
Mint Julep　ミント・ジュレップ……………214
Mockingbird　モッキンバード……………169
Mojito　モヒート……………231
Monks' Coffee　モンクス・コーヒー……………212
Monte Carlo　モンテカルロ……………122
Moon Light　ムーン・ライト……………133
Morning Cocktail　モーニング・カクテル……………134
Morning Glory Fizz　モーニング・グローリー・フィズ……………201
Moscow Mule　モスコ・ミュール……………190
Mountain　マウンテン……………122
Mt. Fuji　マウント・フジ……………181

N

Naked Lady　ネイキッド・レディ……………164
Nap Frappé　ナップ・フラッペ……………204
Negroni　ネグローニ……………217
Nevada　ネバダ……………165
New York　ニューヨーク……………123
Nightcap　ナイトキャップ……………134
Nikolaschka　ニコラシカ……………134
Normandy Coffee　ノルマンディー・コーヒー……………212

O

Old Fashioned　オールドファッションド……………218
Old Pal　オールド・パル……………123
Olympic　オリンピック……………134
Orangeade　オレンジエード……………250
Orange Blossom　オレンジ・ブロッサム……………150
Orange Fizz　オレンジ・フィズ……………201
Oriental　オリエンタル……………123

P

Paradise　パラダイス……………150
Parisian　パリジャン……………150
Parisian Blonde　パリジャン・ブロンド……………166
Perfect Manhattan　パーフェクト・マンハッタン……………122
Perfect Martini　パーフェクト・マティーニ……………149
Picon Cocktail　ピコン・カクテル……………173
Pimm's Cup　ピムズ・カップ……………193
Piña Colada　ピニャ・コラーダ……………246
Pineapple Fizz　パイナップル・フィズ……………201
Ping Pong　ピンポン……………173
Pink Gin　ピンク・ジン……………151
Pink Lady　ピンク・レディ……………151
Pink Squirrel　ピンク・スクァーレル……………174
Plantation　プランテーション……………165
Planter's Cocktail　プランターズ・カクテル……………165
Planter's Punch　プランターズ・パンチ……………225
Platinum Blonde　プラチナ・ブロンド……………165
Poker　ポーカー……………164
Polar Short Cut　ポーラー・ショート・カット……………166
Pompier　ポンピエ……………249
Port Flip　ポート・フリップ……………203
Port Wine Cobbler　ポート・ワイン・コブラー……………185
Port Wine Sangaree　ポート・ワイン・サンガリー……………227
Prairie Oyster　プレーリー・オイスター……………251
President　プレジデント……………162
Princess Mary　プリンセス・メリー……………151
Princeton　プリンストン……………152
Pussyfoot　プッシーフット……………251

Q

Quaker's Cocktail　クエーカーズ・カクテル……………135
Quarter Deck　クォーター・デッキ……………166
Queen Elizabeth　クイーン・エリザベス……………135、152
Queen's Cocktail　クイーンズ・カクテル……………152

R

Raffles Sling　ラッフルズ・スリング……………229
Rainbow　レインボー……………221
Rebujito　レブヒート……………246
Red Bird　レッド・バード……………237
Red Eye　レッド・アイ……………237
Red Viking　レッド・バイキング……………218
Road Runner　ロード・ランナー……………158
Roberta　ロベルタ……………158
Rob Roy　ロブ・ロイ……………123
Rose　ローズ……………181
Royal Clover Club　ロイヤル・クローバー・クラブ……………143
Royal Coffee　ロイヤル・コーヒー……………212
Royal Fizz　ロイヤル・フィズ……………200
Ruby Fizz　ルビー・フィズ……………201
Rum & Tonic　ラム・トニック……………243
Rum Buck　ラム・バック……………184
Rum Cobbler　ラム・コブラー……………185
Rum Collins　ラム・コリンズ……………187
Rum Cooler　ラム・クーラー……………190
Rum Crusta　ラム・クラスタ……………192
Rum Daisy　ラム・デイジー……………194
Rum Fizz　ラム・フィズ……………200
Rum Julep　ラム・ジュレップ……………214
Rum Smash　ラム・スマッシュ……………230
Rum Sour　ラム・サワー……………233
Rum Swizzle　ラム・スウィズル……………234
Russian　ルシアン……………158
Russian Bear　ルシアン・ベア……………156、158
Rusty Nail　ラスティ・ネイル……………219
Rye Highball　ライ・ハイボール……………209

S

Salty Dog　ソルティ・ドッグ……………219
Santiago　サンティアゴ……………166
Scandinavian Coffee　スカンジナビアン・コーヒー……………212
Scorpion　スコーピオン……………246
Scotch & Soda　スコッチ・ソーダ……………209
Scotch Buck　スコッチ・バック……………184
Scotch Kilt　スコッチ・キルト……………124
Scotch Mist　スコッチ・ミスト……………249
Scottish Guards　スコティッシュ・ガーズ……………125
Screwdriver　スクリュードライバー……………247
September Morn　セプテンバー・モーン……………167
Seventh Heaven　セブンス・ヘブン……………152

Shady Grove　シャディ・グローブ……………190
Shamrock　シャムロック……………124
Shandy Gaff　シャンディー・ガフ……………237
Shanghai　シャンハイ……………167
Sherry Cobbler　シェリー・コブラー……………185
Sherry Flip　シェリー・フリップ……………203
Sherry Sangaree　シェリー・サンガリー……………227
Sherry Twist　シェリー・ツイスト……………181
Sidecar　サイドカー……………135
Silk Stockings　シルク・ストッキングス……………169
Silver Bullet　シルバー・ブレット……………153
Silver Fizz　シルバー・フィズ……………200
Silver Streak　シルバー・ストリーク……………153
Singapore Sling　シンガポール・スリング……………229
Sledge Hammer　スレッジ・ハンマー……………159
Sloe Gin Cocktail　スロー・ジン・カクテル……………174
Sloe Gin Fizz　スロー・ジン・フィズ……………200
Sloe Tequila　スロー・テキーラ……………219
Snowball　スノーボール……………247
Sonora　ソノラ……………167
Soul Kiss　ソウル・キス……………181、182
Spanish Town　スパニッシュ・タウン……………167
Spring Feeling　スプリング・フィーリング……………153
Spritzer　スプリッツァー……………248
Spumoni　スプモーニ……………248
Star Cocktail　スター・カクテル……………133
Stars & Stripes　スターズ・アンド・ストライプス……………222
St. Germain　サンジェルマン……………174
Stinger　スティンガー……………136
Stinger Royal　スティンガー・ロワイヤル……………136
Stone Fence　ストーン・フェンス……………248
Straw Hat　ストロー・ハット……………240
Suissesse　スィッセス……………174
Sunrise　サンライズ……………249
Susie Taylor　スージー・テイラー……………184

T

Tailless Dog　テールレス・ドッグ……………219
Tango　タンゴ……………153
Tequila & Tonic　テキーラ・トニック……………243
Tequila Martini　テキーラ・マティーニ……………148
Tequila Sour　テキーラ・サワー……………233
Tequila Sunrise　テキーラ・サンライズ……………248
Tequila Sunset　テキーラ・サンセット……………207

Tequini　テキーニ……………148
Tequonic　テコニック……………243
Texas Fizz　テキサス・フィズ……………202
Three Millers　スリー・ミラーズ……………136
T. N. T.　ティー・エス・ティー……………243
Tom & Jerry　トム・アンド・ジェリー……………212
Tom Collins　トム・コリンズ……………187
Tovarisch　タワーリシチ……………159
Trinity　トリニティ……………149
Tropical　トロピカル……………182

U

Union Jack　ユニオン・ジャック……………153、222
Up-To-Date　アップ・トゥ・デイト……………124

V

Valencia　バレンシア……………175
Velvet Hammer　ベルベット・ハンマー……………175
Ver-Gin　ベル・ジン……………145
Vermouth & Casis　ベルモット・カシス……………249
Vermouth & Curaçao　ベルモット・キュラソー……………249
Vermouth Cocktail　ベルモット・カクテル……………182
Vermouth Half & Half　ベルモット・ハーフ・アンド・ハーフ……………238
Violet Fizz　バイオレット・フィズ……………200
Virgin　バージン……………145
Vodka & Apple Juice　ウオッカ・アップル・ジュース……………249
Vodka & Tonic　ウオッカ・トニック……………243
Vodka Gibson　ウオッカ・ギブソン……………144
Vodka Gimlet　ウオッカ・ギムレット……………144
Vodka Iceberg　ウオッカ・アイスバーグ……………220
Vodka Martini　ウオッカ・マティーニ……………148
Vodka Sling　ウオッカ・スリング……………228
Vodka Stinger　ウオッカ・スティンガー……………136
Vodkatini　ウオッカティーニ……………148
Volga　ボルガ……………159
Volga Boatman　ボルガ・ボートマン……………159

W

Ward Cocktail　ワード・カクテル……………125
Ward Eight　ワード・エイト……………125
Whisky & Soda　ウイスキー・ソーダ……………209
Whisky Blazer　ウイスキー・ブレイザー……………128
Whisky Cobbler　ウイスキー・コブラー……………185
Whisky Cocktail　ウイスキー・カクテル……………125
Whisky Collins　ウイスキー・コリンズ……………186
Whisky Crusta　ウイスキー・クラスタ……………192

Whisky Daisy　ウイスキー・デイジー……………194
Whisky Float　ウイスキー・フロート……………125
Whisky Highball　ウイスキー・ハイボール……………209
Whisky Mist　ウイスキー・ミスト……………249
Whisky Rickey　ウイスキー・リッキー……………226
Whisky Smash　ウイスキー・スマッシュ……………230
Whisky Sour　ウイスキー・サワー……………233
Whisky Swizzle　ウイスキー・スウィズル……………234
Whisky Toddy　ウイスキー・トディー……………235
White Cargo　ホワイト・カーゴ……………153
White Lady　ホワイト・レディ……………154
White Lily　ホワイト・リリー……………154
White Rose　ホワイト・ローズ……………154
White Russian　ホワイト・ルシアン……………220
White Satin　ホワイト・サテン……………175
White Spider　ホワイト・スパイダー……………136
White Way　ホワイト・ウェイ……………136
White Wings　ホワイト・ウィングス……………136
Widow's Dream　ウィドウズ・ドリーム……………175
Wine Cobbler　ワイン・コブラー……………185
Wine Cooler　ワイン・クーラー……………191

X

X.Y.Z.　エックス・ワイ・ジィ……………167

Y

Yellow Gin　イエロー・ジン……………151
Yellow Parrot　イエロー・パロット……………176
Yokohama　ヨコハマ……………154
Young Man　ヤング・マン……………136
Yukiguni　雪国……………160

Z

Zaza　ザザ……………155
Zoom Cocktail　ズーム・カクテル……………136

ベース別索引

ウイスキー・ベース

アイリッシュ・コーヒー	Irish Coffee……212
アイリッシュ・ブラックソーン	Irish Blackthorn……118
アップ・トゥ・デイト	Up-To-Date……124
アフィニティ	Affinity……118
インク・ストリート	Ink Street……121
インペリアル・フィズ	Imperial Fizz……200
ウイスキー・カクテル	Whisky Cocktail……125
ウイスキー・クラスタ	Whisky Crusta……192
ウイスキー・コブラー	Whisky Cobbler……185
ウイスキー・コリンズ	Whisky Collins……186
ウイスキー・サワー	Whisky Sour……233
ウイスキー・スウィズル	Whisky Swizzle……234
ウイスキー・スマッシュ	Whisky Smash……230
ウイスキー・ソーダ	Whisky & Soda……209
ウイスキー・デイジー	Whisky Daisy……194
ウイスキー・トディー	Whisky Toddy……235
ウイスキー・ハイボール	Whisky Highball……209
ウイスキー・ブレイザー	Whisky Blazer……128
ウイスキー・フロート	Whisky Float……125
ウイスキー・ミスト	Whisky Mist……249
ウイスキー・リッキー	Whisky Rickey……226
エブリボディーズ・アイリッシュ	Everybody's Irish……124
エルクス・オウン	Elk's Own……120
オールド・パル	Old Pal……123
オールドファッションド	Old Fashioned……218
オリエンタル	Oriental……123
カウボーイ	Cowboy……215
カリフォルニア・レモネード	California Lemonade……241
クロンダイク・クーラー	Klondike Cooler……189
ケーブルグラム	Cablegram……241
ゲーリック・コーヒー	Gaelic Coffee……212
ゴッドファーザー	God Father……216
コモドアー	Commodore……119
シャムロック	Shamrock……124
ジョン・コリンズ	John Collins……186
スコッチ・キルト	Scotch Kilt……124
スコッチ・ソーダ	Scotch & Soda……209
スコッチ・バック	Scotch Buck……184

日本語	英語	ページ
スコッチ・ミスト	Scotch Mist	249
スコティッシュ・ガーズ	Scottish Guards	125
ストーン・フェンス	Stone Fence	248
ダービー・フィズ	Derby Fizz	198
チャーチル	Churchill	119
ニューヨーク	New York	123
パーフェクト・マンハッタン	Perfect Manhattan	122
バーボン・ソーダ	Bourbon & Soda	209
バーボン・ハイボール	Bourbon Highball	209
バーボン・バック	Bourbon Buck	184
バーボン・ミスト	Bourbon Mist	249
ハイランド・クーラー	Highland Cooler	189
ハリケーン	Hurricane	120
ハンター	Hunter	120
ブラックソーン	Blackthorn	118
ブラッド・アンド・サンド	Blood & Sand	118
ブルックリン	Brooklyn	119
フレンチ95	French 95	199
ヘアー・オブ・ザ・ドッグ	Hair of the Dog	120
ホール・イン・ワン	Hole in One	120
ボストン・フリップ	Boston Flip	203
ホット・ウイスキー・トディー	Hot Whisky Toddy	235
ボビー・バーンズ	Bobby Burns	119
マウンテン	Mountain	122
マミーズ・サザン・シスター	Mamie's Southern Sister	184
マミー・テイラー	Mamie Taylor	184
マンハッタン	Manhattan	121
マンハッタン(ドライ)	Manhattan (Dry)	122
マンハッタン(ミディアム)	Manhattan (Medium)	122
ミリオネア	Millionaire	164、165
ミント・クーラー	Mint Cooler	189
ミント・ジュレップ	Mint Julep	214
モーニング・グローリー・フィズ	Morning Glory Fizz	201
モンテカルロ	Monte Carlo	122
ライ・ハイボール	Rye Highball	209
ラスティ・ネイル	Rusty Nail	219
レディーズ・カクテル	Ladies' Cocktail	121
ロサンゼルス	Los Angeles	121
ロブ・ロイ	Rob Roy	123
ワード・エイト	Ward Eight	125
ワード・カクテル	Ward Cocktail	125

ブランデー・ベース

日本語名	英語名	ページ
アップルジャック・カクテル	Applejack Cocktail	130
アフター・ディナー	After Dinner	170
アメリカン・ビューティー	American Beauty	126
アレキサンダー	Alexander	126
イースト・インディア	East India	132
エッグ・サワー	Egg Sour	232
オリンピック	Olympic	134
カフェ・ロワイヤル	Café Royal	210
カルバドス・カクテル	Calvados Cocktail	129
キャロル	Carrol	130
キューバン・カクテル	Cuban Cocktail	131
キルシュ・カシス	Kirsch & Cassis	244
クイーン・エリザベス	Queen Elizabeth	135
クエーカーズ・カクテル	Quaker's Cocktail	135
クラシック	Classic	131
クロンダイク・カクテル	Klondike Cocktail	189
コーヒー・カクテル	Coffee Cocktail	178
コープス・リバイバー	Corpse Reviver	131
コロネーション	Coronation	179
サイドカー	Sidecar	135
シカゴ	Chicago	130
ジャーマン・コーヒー	German Coffee	212
ジャック・ローズ	Jack Rose	133
シャンゼリゼ	Champs-Élysées	130
ジョージア・ミント・ジュレップ	Georgia Mint Julep	213
ズーム・カクテル	Zoom Cocktail	136
スター・カクテル	Star Cocktail	133
スティンガー	Stinger	136
スティンガー・ロワイヤル	Stinger Royal	136
スリー・ミラーズ	Three Millers	136
チェリー・ブロッサム	Cherry Blossom	130
ディキ・ディキ	Diki Diki	132
デプス・ボム	Depth Bomb	132
ドリーム	Dream	132
ナイトキャップ	Nightcap	134
ニコラシカ	Nikolaschka	134
ノルマンディー・コーヒー	Normandy Coffee	212
ハーバード	Harvard	133
ハーバード・クーラー	Harvard Cooler	188
ハネムーン	Honeymoon	133
ビー・アンド・シー	B & C	127
ビー・アンド・ビー	B & B	127

ビトウィーン・ザ・シーツ　Between the Sheets……………127
ファーマーズ・ドーター　Farmer's Daughter……………134
ファーマーズ・ワイフ　Farmer's Wife……………134
ブザム・カレッサー　Bosom Caresser……………128
ブランデー・エッグ・ノッグ　Brandy Egg Nogg……………195
ブランデー・カクテル　Brandy Cocktail……………129
ブランデー・クラスタ　Brandy Crusta……………192
ブランデー・コブラー　Brandy Cobbler……………185
ブランデー・サワー　Brandy Sour……………233
ブランデー・スウィズル　Brandy Swizzle……………234
ブランデー・スカッファ　Brandy Scaffa……………129
ブランデー・スマッシュ　Brandy Smash……………230
ブランデー・スリング　Brandy Sling……………228
ブランデー・デイジー　Brandy Daisy……………194
ブランデー・バック　Brandy Buck……………184
ブランデー・パンチ　Brandy Punch……………223
ブランデー・フィズ　Brandy Fizz……………200
ブランデー・フィックス　Brandy Fix……………197
ブランデー・フリップ　Brandy Flip……………203
ブランデー・ブレイザー　Brandy Blazer……………128
ブランデー・ミルク・パンチ　Brandy Milk Punch……………223
ブレックファースト・エッグ・ノッグ　Breakfast Egg Nogg……………196
フレンチ・コネクション　French Connection……………216
フレンチ125　French 125……………199
ブロック・アンド・フォール　Block & Fall……………127
ホーセズ・ネック(ブランデー)　Horse's Neck (Brandy)……………244
ホット・ブランデー・エッグ・ノッグ　Hot Brandy Egg Nogg……………211
ホット・ブランデー・トディー　Hot Brandy Toddy……………235
ボンベイ　Bombay……………128
ムーン・ライト　Moon Light……………133
モーニング・カクテル　Morning Cocktail……………134
ヤング・マン　Young Man……………136
ロイヤル・コーヒー　Royal Coffee……………212

ジン・ベース

アースクェイク　Earthquake……………143
アイディアル　Ideal……………146
青い珊瑚礁　Blue Coral Reef……………138
アカシア　Acacia……………137
アニゼット・カクテル　Anisette Cocktail……………141
アビエイション　Aviation……………138
アブ・ジン・スキー　Ab-gin-sky……………143
アペタイザー　Appetizer……………138

日本語	英語	ページ
アライズ	Allies	149
アラウンド・ザ・ワールド	Around The World	138
アラスカ	Alaska	137
アラバマ・フィズ	Alabama Fizz	200
アレキサンダーズ・シスター	Alexander's Sister	137
アンバー・ドリーム	Amber Dream	140
イエロー・ジン	Yellow Gin	151
エメラルド	Emerald	140
エンジェル・フェイス	Angel Face	137
オレンジ・フィズ	Orange Fizz	201
オレンジ・ブロッサム	Orange Blossom	150
カジノ	Casino	142
カフェ・ド・パリ	Café de Paris	141
カルーソー	Caruso	141
ギブソン	Gibson	144
ギムレット	Gimlet	144
クイーン・エリザベス	Queen Elizabeth	152
クイーンズ・カクテル	Queen's Cocktail	152
クラリッジ	Claridge	142
グリーン・アラスカ	Green Alaska	137
クローバー・クラブ	Clover Club	143
クローバー・リーフ	Clover Leaf	143
コープス・リバイバー NO.2	Corpse Reviver NO.2	131
ゴールデン・グロー	Golden Glow	140
ゴールデン・フィズ	Golden Fizz	200
ザザ	Zaza	155
シャディ・グローブ	Shady Grove	190
ジュエル	Jewel	140
シルバー・ストリーク	Silver Streak	153
シルバー・フィズ	Silver Fizz	200
シルバー・ブレット	Silver Bullet	153
ジン・アンド・イット	Gin & It	145
ジン・アンド・フレンチ	Gin & French	145
ジン・イタリアン	Gin Italian	145
ジン・カクテル	Gin Cocktail	145
シンガポール・スリング	Singapore Sling	229
ジン・クラスタ	Gin Crusta	192
ジン・コブラー	Gin Cobbler	185
ジン・サワー	Gin Sour	233
ジン・ジュレップ	Gin Julep	214
ジン・スウィズル	Gin Swizzle	234
ジン・ズーム・カクテル	Gin Zoom Cocktail	136

日本語名	英語名	ページ
ジン・スティンガー	Gin Stinger	136
ジン・スマッシュ	Gin Smash	230
ジン・スリング	Gin Sling	228
ジン・デイジー	Gin Daisy	194
ジン・トニック	Gin & Tonic	243
ジン・バック	Gin Buck	184
ジン・ビターズ	Gin & Bitters	151
ジン・フィズ	Gin Fizz	200
ジン・フィックス	Gin Fix	197
ジン・ベル	Gin-Ver	145
ジン・リッキー	Gin Rickey	226
スプリング・フィーリング	Spring Feeling	153
セブンス・ヘブン	Seventh Heaven	152
タンゴ	Tango	153
チャールストン	Charleston	142
テキサス・フィズ	Texas Fizz	202
デザート・ヒーラー	Desert Healer	242
トム・コリンズ	Tom Collins	187
トリニティ	Trinity	149
ネグローニ	Negroni	217
ノックアウト	Knock Out	147
バージン	Virgin	145
バーテンダー	Bartender	139
パーフェクト・マティーニ	Perfect Martini	149
パラダイス	Paradise	150
パリジャン	Parisian	150
バロン	Baron	139
ハワイアン	Hawaiian	145
ビーズ・ニーズ	Bee's Knees	139
ビジュー	Bijou	140
ビューティー・スポット	Beauty Spot	139
ピンク・ジン	Pink Gin	151
ピンク・レディ	Pink Lady	151
フーラ・フーラ	Houla Houla	146
フォールン・エンジェル	Fallen Angel	143
ブラッディ・サム	Bloody Sam	240
プリンストン	Princeton	152
プリンセス・メリー	Princess Mary	151
ブルドッグ・ハイボール	Bulldog Highball	171
フレンチ75	French 75	199
ブロンクス	Bronx	140
ブロンクス・ゴールデン	Bronx Golden	140

	ブロンクス・シルバー	Bronx Silver……………141
	ブロンクス・テラス	Bronx Terrace……………141
	ブロンクス・ドライ	Bronx Dry……………140
	ベル・ジン	Ver-Gin……………145
	ホット・ジン・スリング	Hot Gin Sling……………228
	ホノルル	Honolulu……………146
	ホワイト・ウィングス	White Wings……………136
	ホワイト・ウェイ	White Way……………136
	ホワイト・カーゴ	White Cargo……………153
	ホワイト・リリー	White Lily……………154
	ホワイト・レディ	White Lady……………154
	ホワイト・ローズ	White Rose……………154
	マウント・フジ	Mt. Fuji……………181
	マグノリア・ブロッサム	Magnolia Blossom……………147
	マティーニ	Martini……………148
	マティーニ(エキストラ・ドライ)	Martini (Extra Dry)……………148
	マティーニ(オン・ザ・ロック)	Martini (On The Rock)……………149
	マティーニ(スイート)	Martini (Sweet)……………149
	マティーニ(ドライ)	Martini (Dry)……………148
	マティーニ(ミディアム)	Martini (Medium)……………149
	マミーズ・シスター	Mamie's Sister……………184
	ミリオン・ダラー	Million Dollar……………150
	メリー・ウィドウ	Merry Widow……………173
	ユニオン・ジャック	Union Jack……………153
	ヨコハマ	Yokohama……………154
	ラッフルズ・スリング	Raffles Sling……………229
	ロイヤル・クローバー・クラブ	Royal Clover Club……………143
	ロイヤル・フィズ	Royal Fizz……………200
	ロンドン・バック	London Buck……………184
ウオッカ・ベース	ウオッカ・アイスバーグ	Vodka Iceberg……………220
	ウオッカ・アップル・ジュース	Vodka & Apple Juice……………249
	ウオッカ・ギブソン	Vodka Gibson……………144
	ウオッカ・ギムレット	Vodka Gimlet……………144
	ウオッカ・スティンガー	Vodka Stinger……………136
	ウオッカ・スリング	Vodka Sling……………228
	ウオッカティーニ	Vodkatini……………148
	ウオッカ・トニック	Vodka & Tonic……………243
	ウオッカ・マティーニ	Vodka Martini……………148
	カミカゼ	Kamikaze……………217
	カンガルー	Kangaroo……………148
	キッス・オブ・ファイヤー	Kiss of Fire……………158

グレイハウンド	Greyhound……………219
コザック	Cossack……………157
コスモポリタン	Cosmopolitan……………157
ゴッドマザー	God Mother……………216
ジプシー	Gypsy……………157
ジプシー・クイーン	Gypsy Queen……………157
スクリュードライバー	Screwdriver……………247
スレッジ・ハンマー	Sledge Hammer……………159
ソルティ・ドッグ	Salty Dog……………219
タワーリシチ	Tovarisch……………159
チチ	Chi Chi……………242
ツァリーヌ	Czarine……………157
テールレス・ドッグ	Tailless Dog……………219
バーバラ	Barbara……………156
ハーベイ・ウォールバンガー	Harvey Wallbanger……………243
バラライカ	Balalaika……………156
ブラック・ルシアン	Black Russian……………215
ブラッディ・シーザー	Bloody Caesar……………240
ブラッディ・ブル	Bloody Bull……………239
ブラッディ・メアリー	Bloody Mary……………240
ブルー・ラグーン	Blue Lagoon……………156
ブル・ショット	Bull Shot……………241
ブルドッグ	Bulldog……………219
ホワイト・スパイダー	White Spider……………136
ボルガ	Volga……………159
ボルガ・ボートマン	Volga Boatman……………159
ホワイト・ルシアン	White Russian……………220
モスコ・ミュール	Moscow Mule……………190
雪国	Yukiguni……………160
ルシアン	Russian……………158
ルシアン・ベア	Russian Bear……………156、158
レディ・キラー	Lady Killer……………247
ロード・ランナー	Road Runner……………158
ロベルタ	Roberta……………158

ラム・ベース

アイ・オープナー	Eye Opener……………162
エックス・ワイ・ジィ	X.Y.Z.……………167
エル・プレジデンテ	El Presidente……………162
キューバ・リバー	Cuba Libre……………209
クォーター・デッキ	Quarter Deck……………166
グリーン・アイズ	Green Eyes……………206
グロッグ	Grog……………210

サンティアゴ　Santiago	166
ジャックター　Jack Tar	244
ジャマイカ・ジョー　Jamaica Joe	163
シャンハイ　Shanghai	167
スージー・テイラー　Susie Taylor	184
スコーピオン　Scorpion	246
スパニッシュ・タウン　Spanish Town	167
セプテンバー・モーン　September Morn	167
ソノラ　Sonora	167
ダイキリ　Daiquiri	162
チャイニーズ　Chinese	161
トム・アンド・ジェリー　Tom & Jerry	212
ニッカーボッカー・カクテル　Knickerbocker Cocktail	163
ニッカーボッカー・スペシャル　Knickerbocker Special	163
ネイキッド・レディ　Naked Lady	164
ネバダ　Nevada	165
パイナップル・フィズ　Pineapple Fizz	201
バカルディ・カクテル　Bacardi Cocktail	161
ハニーサックル　Honeysuckle	163
パリジャン・ブロンド　Parisian Blonde	166
ピニャ・コラーダ　Piña Colada	246
プラチナ・ブロンド　Platinum Blonde	165
プランターズ・カクテル　Planter's Cocktail	165
プランターズ・パンチ　Planter's Punch	225
プランテーション　Plantation	165
ブルー・ハワイ　Blue Hawaii	240
ブルー・ハワイアン　Blue Hawaiian	240
フルハウス　Full House	162
プレジデント　President	162
フローズン・ダイキリ　Frozen Daiquiri	205
ヘミングウェイ・スペシャル　Hemingway Special	163
ポーカー　Poker	164
ポーラー・ショート・カット　Polar Short Cut	166
ボストン・クーラー　Boston Cooler	188
ホット・エッグ・ノッグ　Hot Egg Nogg	212
ホット・バタード・ラム　Hot Buttered Rum	211
ホット・バタード・ラム・カウ　Hot Buttered Rum Cow	211
マイアミ　Miami	164
マイアミ・ビーチ　Miami Beach	164
マイタイ　Mai Tai	245
ミリオネア　Millionaire	164、165
メアリー・ピックフォード　Mary Pickford	164

モヒート	Mojito……………231
ラム・クーラー	Rum Cooler……………190
ラム・クラスタ	Rum Crusta……………192
ラム・コブラー	Rum Cobbler……………185
ラム・コリンズ	Rum Collins……………187
ラム・サワー	Rum Sour……………233
ラム・ジュレップ	Rum Julep……………214
ラム・スウィズル	Rum Swizzle……………234
ラム・スマッシュ	Rum Smash……………230
ラム・デイジー	Rum Daisy……………194
ラム・トニック	Rum & Tonic……………243
ラム・バック	Rum Buck……………184
ラム・フィズ	Rum Fizz……………200
リトル・プリンセス	Little Princess……………164

テキーラ・ベース

アイスブレーカー	Icebreaker……………217
アンバサダー	Ambassador……………238
サンライズ	Sunrise……………249
シルク・ストッキングス	Silk Stockings……………169
ストロー・ハット	Straw Hat……………240
スロー・テキーラ	Sloe Tequila……………219
ティー・エヌ・ティー	T.N.T.……………243
テキーニ	Tequini……………148
テキーラ・サワー	Tequila Sour……………233
テキーラ・サンセット	Tequila Sunset……………207
テキーラ・サンライズ	Tequila Sunrise……………248
テキーラ・トニック	Tequila & Tonic……………243
テキーラ・マティーニ	Tequila Martini……………148
テコニック	Tequonic……………243
ブラッディ・ブル	Bloody Bull……………239
ブルー・マルガリータ	Blue Margarita……………169
ブレイブ・ブル	Brave Bull……………215
フローズン・ストロベリー・マルガリータ	Frozen Strawberry Margarita……………206
フローズン・マルガリータ	Frozen Margarita……………206
ブロードウェイ・サースト	Broadway Thirst……………168
マタドール	Matador……………217
マルガリータ	Margarita……………168
メキシカン	Mexican……………169
モッキンバード	Mockingbird……………169

リキュール・ベース

アフター・ディナー　After Dinner…………170

アプリコット・カクテル　Apricot Cocktail…………171

アプリコット・クーラー　Apricot Cooler…………188

アプリコット・サワー　Apricot Sour…………232

アメール・ピコン・ハイボール　Amer Picon Highball…………208

イエロー・パロット　Yellow Parrot…………176

イングリッシュ・ブラックソーン　English Blackthorn…………118

ウィドウズ・ドリーム　Widow's Dream…………175

エンジェルズ・ウィング　Angel's Wing…………171

エンジェルズ・キッス　Angel's Kiss…………170

エンジェルズ・ティップ　Angel's Tip…………170

カカオ・フィズ　Cacao Fizz…………200

カンパリ・オレンジ　Campari & Orange…………241

カンパリ・ソーダ　Campari & Soda…………208

キング・アルフォンソ　King Alfonso…………173

グラスホッパー　Grasshopper…………172

グランド・スラム　Grand Slam…………172

グリーン・ティー・フィズ　Green Tea Fizz…………200

ゴールデン・キャデラック　Golden Cadillac…………172

ゴールデン・スリッパー　Golden Slipper…………172

ゴールデン・ドリーム　Golden Dream…………172

サンジェルマン　St. Germain…………174

スィッセス　Suissesse…………174

スターズ・アンド・ストライプス　Stars & Stripes…………222

スノーボール　Snowball…………247

スプモーニ　Spumoni…………248

スロー・ジン・カクテル　Sloe Gin Cocktail…………174

スロー・ジン・フィズ　Sloe Gin Fizz…………200

チャイナ・ブルー　China Blue…………215

ナップ・フラッペ　Nap Frappé…………204

バイオレット・フィズ　Violet Fizz…………200

バレンシア　Valencia…………175

ピコン・カクテル　Picon Cocktail…………173

ピムズ・カップ　Pimm's Cup…………193

ピンク・スクァーレル　Pink Squirrel…………174

ピンポン　Ping Pong…………173

ファジー・ネーブル　Fuzzy Navel…………243

フィフス・アベニュー　Fifth Avenue…………221

ブルー・レディ　Blue Lady…………171

ブルドッグ　Bulldog…………171

ベルベット・ハンマー　Velvet Hammer…………175

ホワイト・サテン　White Satin…………175

	ミント・フラッペ　Mint Frappé……………204
	メリー・ウィドウ　Merry Widow……………173
	モンクス・コーヒー　Monks' Coffee……………212
	ユニオン・ジャック　Union Jack……………222
	ルビー・フィズ　Ruby Fizz……………201
	レインボー　Rainbow……………221
ワイン・ベース	アディントン　Addington……………238
	アドニス　Adonis……………177
	アメリカーノ　Americano……………239
	アメリカン・レモネード　American Lemonade……………238
	イースト・インディアン　East Indian……………132
	キール　Kir……………180
	キール・アンペリアル　Kir Imperial……………180
	キール・ロワイヤル　Kir Royal……………180
	クラレット・コブラー　Claret Cobbler……………185
	クラレット・サンガリー　Claret Sangaree……………227
	クラレット・パンチ　Claret Punch……………224
	グリーン・ルーム　Green Room……………179
	クロンダイク・ハイボール　Klondike Highball……………209
	コーヒー・カクテル　Coffee Cocktail……………178
	コロネーション　Coronation……………178
	シェリー・コブラー　Sherry Cobbler……………185
	シェリー・サンガリー　Sherry Sangaree……………227
	シェリー・ツイスト　Sherry Twist……………181
	シェリー・フリップ　Sherry Flip……………203
	シャンパン・ア・ロランジュ　Champagne à l'Orange……………180
	シャンパン・カクテル　Champagne Cocktail……………178
	シャンパン・カップ　Champagne Cup……………193
	シャンパン・ジュレップ　Champagne Julep……………213
	シャンパン・パンチ　Champagne Punch……………224
	シャンパン・フィズ　Champagne Fizz……………198
	スプリッツァー　Spritzer……………248
	ソウル・キス　Soul Kiss……………181
	デービス　Davis……………179
	デュボネ・カクテル　Dubonnet Cocktail……………179
	デュボネ・フィズ　Dubonnet Fizz……………199
	デュボネ・マンハッタン　Dubonnet Manhattan……………179
	トロピカル　Tropical……………182
	バーガンディー・コブラー　Burgundy Cobbler……………185
	バックス・フィズ　Bucks Fizz……………180、198
	バレンシア　Valencia……………175

	バンブー　Bamboo…………177	
	ベリーニ　Bellini…………177	
	ベルモット・カクテル　Vermouth Cocktail…………182	
	ベルモット・カシス　Vermouth & Casis…………249	
	ベルモット・キュラソー　Vermouth & Curaçao…………249	
	ベルモット・ハーフ・アンド・ハーフ　Vermouth Half & Half…………238	
	ポート・フリップ　Port Flip…………203	
	ポート・ワイン・コブラー　Port Wine Cobbler…………185	
	ポート・ワイン・サンガリー　Port Wine Sangaree…………227	
	ボルチモア・エッグ・ノッグ　Baltimore Egg Nogg…………195	
	ポンピエ　Pompier…………249	
	マウント・フジ　Mt. Fuji…………181	
	マデイラ・サンガリー　Madeira Sangaree…………227	
	ミモザ　Mimosa…………180	
	レブヒート　Rebujito…………246	
	ローズ　Rose…………181	
	ワイン・クーラー　Wine Cooler…………191	
	ワイン・コブラー　Wine Cobbler…………185	
ビール・ベース	シャンディー・ガフ　Shandy Gaff…………237	
	ドッグズ・ノーズ　Dog's Nose…………236	
	ビア・スプリッツァー　Beer Spritzer…………236	
	ブラック・ベルベット　Black Velvet…………236	
	ミント・ビア　Mint Beer…………236	
	レッド・アイ　Red Eye…………237	
	レッド・バード　Red Bird…………237	
アクアビット・ベース	コペンハーゲン　Copenhagen…………176	
	スカンジナビアン・コーヒー　Scandinavian Coffee…………212	
	デニッシュ・メアリー　Danish Mary…………242	
	レッド・バイキング　Red Viking…………218	
ノン・アルコール	オレンジエード　Orangeade…………250	
	シンデレラ　Cinderella…………250	
	プッシーフット　Pussyfoot…………251	
	プレーリー・オイスター　Prairie Oyster…………251	
	フロリダ　Florida…………250	
	ライムエード　Limeade…………250	
	レモネード　Lemonade…………250	

主 要 参 考 文 献

◎BOOTH'S HANDBOOK OF COCKTAILS AND MIXED DRINKS (John Doxat, Arthur Barker, London, 1966)
◎COCKTAILS AND MIXED DRINKS (Charles A Tuck, Kaye & Ward, London, 1967)
◎DRINK DIRECTORY, THE (Lionel Braun & Marion Gorman, The Bobbs-Merrill Co. Inc., Indianapolis, 1982)
◎DRINKING IN VOGUE (Henry McNulty, André Deutsch, London 1987)
◎ESQUIRE DRINK BOOK (Frederic A Birmingham, Harper & Low Publishers, Inc., New York, 1956)
◎FINE ART OF MIXING DRINKS, THE (David A Embury, Dolfine Books Edition, New York, 1961)
◎INTERNATIONAL GUIDE TO DRINKS (United Kingdom Bartenders Guild, Hutchinson & Co. Ltd., London, 1986)
◎LAROUSSE BOOK OF COCKTAILS, THE (Librairie Larousse Holt, Rinehart & Winston, New York, 1985)
◎MR. BOSTON DELUXE OFFICIAL BARTENDER'S GUIDE (Mr. Boston Distiller Corp., Warner Communications, Co., New York 1981)
◎OFFICIAL IBA COCKTAILS, THE (IBA International Cocktail Committee, 1987)
◎PENGUIN BOOK OF SPIRITS AND LIQUEURS THE (Pamela Vandyke Price, Penguin Books Ltd., London, 1979)
◎POCKET BARTENDER'S GUIDE, THE (Michael Jackson, Simon & Schuster, New York, 1979)
◎SAVOY COCKTAIL BOOK, THE (The Savoy Hotel Ltd., Constable, London, 1965)
◎TRADER VIC'S BARTENDER'S GUIDE (Trader Vic. Doubleday & Co., New York, 1972)
◎TROPICAL BAR BOOK (Charles Shumann, Stewart, Tabori & Chang Inc., New York, 1989)

◎ウイスキー博物館(梅棹忠夫・開高健／講談社／1979)
◎改正酒税法の手引き(国税庁酒税課監修／大蔵財務協会／1989)
◎カクテール全書(木村與三男／ひかりのくに／1962)
◎カクテルの本(間庭辰蔵／婦人画報社／1966)
◎カクテル百科12ヵ月(品川潤／金園社／1968)
◎ザ・サントリーカクテルブック(サントリー・電通・TBS・ブリタニカ／1984)
◎Te Secret of Mixing Cocktails(中田政三・京阪神貿易観光協会／1955)
◎J.B.A.スタンダード・カクテール・ブック(日本バーテンダー協会連合会・日本バーテンダー会館出版局／1962)
◎酒税法令通達集〈平成19年度版〉(税務理事協会／2007)
◎図解カクテル(浜田昌吾・日本文芸社／1968)
◎世界の酒(坂口謹一郎／岩波書店／1957)
◎世界の酒事典(稲 保幸／柴田書店／1971)
◎世界の名酒事典 '89～'90年版(講談社／1989)
◎全洋酒情報事典 PART1 蒸留酒 '90～'91年版(時事通信社／1989)
◎バーテンダー教本1、2、3(サントリースクール／柴田書店／1980)
◎バーテンダーズマニュアル(副西英三・花崎一夫・堀切恵子／柴田書店／1987)
◎ウイスキー通(土屋守／新潮社／2007年)

一般社団法人 日本バーテンダー協会

　日本バーテンダー協会の入会手続きは、協会ホームページ(www.bartender.or.jp)で受け付けています。

一般社団法人 日本バーテンダー協会　お問い合わせ先　nba@bartender.or.jp

改訂　NBA 新オフィシャル・カクテルブック

初版発行	2009年6月30日
改訂版初版発行	2016年11月15日
改訂版4版発行	2024年4月30日

著者ⓒ	一般社団法人 日本バーテンダー協会
発行者	丸山兼一
発行所	株式会社柴田書店
	〒113-8477　東京都文京区湯島3-26-9　イヤサカビル
	営業部　　　03-5816-8282（注文・問合せ）
	書籍編集部　03-5816-8260
	URL　https://www.shibatashoten.co.jp
印刷	NISSHA株式会社
製本	大口製本印刷株式会社

ISBN978-4-388-06249-2
本書収録内容の無断転載・複写（コピー）・引用・データ配信などの行為は固く禁じます。
乱丁・落丁本はお取り替えいたします。

Printed in Japan